城市轨道交通
消防与环控系统检修

主　编　刘乙橙　杨　韬
副主编　王晓霞　朱　超　杜香荣
参　编　陈丽涵　袁　玲　曾彩云
　　　　彭　玮　闫　刚　晋　刚
　　　　张丹丹

机械工业出版社

本书参考城市轨道交通运维企业消防与环控岗位的安全工作规程、检修规程、作业指导书等技术类文件编写，以向企业提供高质量的消防与环控系统设备检修人员为基础目标，以培养"现场工程师"为提升目标，融合了消防与环控岗位已应用的智慧化新工艺、新技术。

本书共分为6个模块，主要内容包括城市轨道交通环境与设备监控系统、城市轨道交通通风空调系统、城市轨道交通智能环控控制系统、城市轨道交通火灾自动报警系统、城市轨道交通自动化灭火系统和城市轨道交通智慧消防系统。

本书可作为职业教育城市轨道交通类专业用书，也可作为城市轨道交通机电设备检修人员、城市轨道交通车辆运营管理人员及相关人员的岗位培训教材，还可作为城市轨道交通运营企业及城市轨道交通更新改造参与人员的学习参考书。

为方便教学，本书配有电子课件、电子教案等资源。凡选用本书作为授课教材的教师均可登录www.cmpedu.com，以教师身份注册后免费下载，或来电咨询，咨询电话：010-88379201。

图书在版编目（CIP）数据

城市轨道交通消防与环控系统检修 / 刘乙橙，杨韬主编. -- 北京：机械工业出版社，2024.10. -- ISBN 978-7-111-76683-4

I. U239.5；X73

中国国家版本馆 CIP 数据核字第 2024R0K977 号

机械工业出版社（北京市百万庄大街22号　邮政编码100037）
策划编辑：师　哲　　　　　责任编辑：师　哲　谷慧思
责任校对：陈　越　刘雅娜　封面设计：张　静
责任印制：李　昂
北京捷迅佳彩印刷有限公司印刷
2025年1月第1版第1次印刷
210mm×285mm・16.5印张・458千字
标准书号：ISBN 978-7-111-76683-4
定价：49.00元

电话服务　　　　　　　　　网络服务
客服电话：010-88361066　　机　工　官　网：www.cmpbook.com
　　　　　010-88379833　　机　工　官　博：weibo.com/cmp1952
　　　　　010-68326294　　金　书　网：www.golden-book.com
封底无防伪标均为盗版　　机工教育服务网：www.cmpedu.com

前 言

编写背景

随着"云技术""智慧城市"等理念的提出,传统基建的数字化赋能及智慧化升级是当前我国基础设施建设发展的重要方向,新一代信息技术驱动下的智慧轨道交通运营成为智慧城市的主要标志之一。各大轨道交通企业着力搭建初级、中级与高级的技术工人三级金字塔技术体系,希望高等职业教育院校培养的学生在设备熟悉程度、网络架构和简单故障处置等方面具有较强的能力。

课程定位

本书参考城市轨道交通运维企业消防与环控岗位的安全工作规程、检修规程、作业指导书等技术类文件编写,以向企业提供高质量的消防与环控系统设备检修人员为基础目标,以培养"现场工程师"为提升目标,融合了消防与环控岗位已应用的智慧化新工艺、新技术。

本书适用于城市轨道交通类专业群平台课,也适用于城市轨道交通运营管理、城市轨道交通机电技术及城市轨道车辆应用技术专业的核心课程或拓展课程,也可供从事城市轨道交通规划、设计和检修的技术人员参考使用。

特点及创新

本书整体上按照"大模块+单任务"的架构,内容紧密围绕城市轨道交通环控系统、消防系统运维需求及真实案例展开,做到"所学所见即岗位所需所用"。本书共6个模块,包括城市轨道交通环境与设备监控系统、城市轨道交通通风空调系统、城市轨道交通智能环控控制系统、城市轨道交通火灾自动报警系统、城市轨道交通自动化灭火系统和城市轨道交通智慧消防系统。各模块任务是基于企业一线工作情境,从简单到复杂设置的,各教学任务以企业真实案例导入,在任务学习后配有任务实施及评价。同时,在书中融入了科学精神、工程思维、创新意识和数字素养,注重劳动精神、工匠精神、劳模精神的培养。本书所有图片与视频均来源于企业的真实案例。本书实现了"纸质+数字资源"的有机融合,体现了"互联网+"新形态教材理念,扫描书中二维码即可观看相应资源,满足"人人皆学、处处能学、时时可学"的学习要求,并提供"能学、助教、助训"的课程资源。

编写团队

本书由四川交通职业技术学院刘乙橙、成都地铁运营有限公司杨韬任主编。模块一由成都工贸职业技术学院王晓霞、国电南京自动化有限公司朱超编写,模块二由成都工贸职业技术学院陈丽涵、成都地铁运营有限公司杨韬编写，模块三由杨韬、成都工贸职业技术学院袁玲编写，模块四由成都地铁运营有限公司曾彩云、上海电力安装第二工程有限公司杜香荣、成都工贸职业技术学院彭玮、郑州职业技术学院张丹丹、上海东方泵业（集团）有限公司闫刚和晋刚编写，模块五由刘乙橙、曾彩云、朱超、杜香荣编写，模块六由刘乙橙、杨韬编写。刘乙橙、张丹丹负责编写本书的全部思政内容，刘乙橙、杨韬负责本书的统筹工作。

配套资源

本书配套有 PPT、视频等辅助教学资源，其中图片与视频资源由诺蒂菲尔（中国）有限公司、上海东方泵业（集团）有限公司、西安核设备有限公司卫士消防设备分公司提供。

致谢

感谢四川交通职业技术学院所有领导和同事在本书编写过程中给予的大力支持。特别感谢消防资源网与磐龙安全技术有限公司授权本书使用磐龙旗下的消防资源网和消防大讲堂的视频资源。感谢各轨道交通企业和上海东方泵业（集团）有限公司各位专家对本书提出的宝贵建议。在本书编写过程中，编者查阅和参考了大量文献资料，在此向参考文献的作者致以诚挚的谢意。

由于编者水平所限，书中若有疏漏之处，敬请广大读者批评指正，以便进一步完善。

编　者

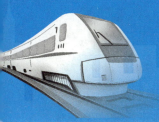

二维码索引

名　称	二维码	页码	名　称	二维码	页码
环境与设备控制功能性介绍		8	隧道模式控制（OCC工作站）		50
通风空调介绍		24	隧道模式控制（车站下发）		50
大系统		24	空调柜内部镜头		65
BAS小系统模式控制		24	空调清洗维护		73
水系统		27	环控电控柜年检		87
防火阀及排烟口		32	冷水机组停机故障处理		89
室外风井及新风通道		33	防火卷帘联动控制		130
隧道通风系统		43	FAS联动声光报警与广播轮循播放		132
隧道通风系统模式控制		46	应急疏散照明		132

（续）

名　　称	二维码	页码	名　　称	二维码	页码
感温电缆测试		146	消防水系统之浮球阀		184
车控室消防设备及 FAS 主机检修		146	消防水系统之闸阀		184
FAS 手报触发		146	消防水系统之消防蝶阀		185
FAS 烟感触发		146	消防水系统之止回阀		186
车站放烟测试		146	消防水系统之倒流防止器		186
车站消防联动现场实拍		146	消防水系统之排气阀		186
FAS 系统公共区联动测试		148	消防水系统之安全泄放装置		188
消防电话设置及模块箱检修		151	自动喷水灭火系统		200
轨道交通气灭系统介绍		161	巡检中的消防水炮炮体		205
IG541 气灭系统		171	消防水炮		206
柜式七氟丙烷		172	消防水炮 1		206
消防水系统之室内消火栓		182	消防水炮 2		206

（续）

名　称	二维码	页码	名　称	二维码	页码
高压细水雾释放		206	气灭联动测试		225
城轨电力廊道内细水雾释放		207	区间电动蝶阀测试		226
开式细水雾灭火系统		209	消防泵控制柜运行状态		226
闭式细水雾灭火系统		209	车站消防联动监视页面		246
消火栓系统巡检		218			

目 录

前言

二维码索引

模块一 城市轨道交通环境与设备监控系统 ………………… 1

  任务一 城市轨道交通环境与设备监控系统认知 ………… 2

  任务二 BAS 检修与应急故障处置 ………………………… 14

模块二 城市轨道交通通风空调系统 ……………………… 23

  任务一 车站通风空调系统认知 …… 24

  任务二 区间隧道通风系统认知 …… 42

  任务三 环控通风空调系统设备检修与应急故障处置 ……… 55

模块三 城市轨道交通智能环控控制系统 ………………… 95

  任务 城市轨道交通智能环控控制系统认知 ……………… 96

模块四 城市轨道交通火灾自动报警系统 ………………… 111

  任务一 城市轨道交通火灾自动报警系统认知 …………… 112

  任务二 城市轨道交通消防联动控制 … 129

  任务三 火灾自动报警系统检修与应急故障处置 ………… 138

模块五 城市轨道交通自动化灭火系统 ………………… 160

  任务一 城市轨道交通气体灭火系统认知 ………………… 161

  任务二 城市轨道交通消火栓系统认知 ………………… 178

  任务三 城市轨道交通自动喷水灭火系统认知 …………… 194

  任务四 城市轨道交通消防水炮与高压细水雾灭火装置认知 …… 203

  任务五 自动化灭火系统检修与应急故障处置 ……………… 213

模块六 城市轨道交通智慧消防系统 ……………………… 242

  任务 城市轨道交通智慧消防系统认知 …………………… 243

参考文献 ……………………… 254

模块一

城市轨道交通环境与设备监控系统

任务一　城市轨道交通环境与设备监控系统认知

任务目标

知识目标：
1. 认识城市轨道交通环境与设备监控系统（BAS）。
2. 掌握BAS的组成及运行控制。

能力目标：
1. 能概括BAS的架构。
2. 能快速区分BAS的末端设备。

素养目标：
1. 培养良好的团队合作意识。
2. 培养认真、踏实、专注的习惯和爱岗敬业精神。

任务导入

南京地铁一号线一期工程（八卦洲大桥南站—中国药科大学站）采用BAS对全线车站、车辆段、区间隧道内设置的各种正常运营保障设施和事故紧急救灾设施进行实时监控管理，并确保系统的安全可靠运行。在例行的计划性检修中，专业人员通过释放烟雾来模拟车站不同区域的火灾发生情况，重点测试地下车站在发生火灾事故后，BAS能否顺利接收火灾自动报警系统（FAS）发送的火灾模式信号，并根据预设程序调度车站内的机电设备，尤其是环控通风系统设备能否顺利转入灾害工况，并按设计灾害工况及时有效运行，最终保障乘客的人身安全。车站BAS设备如图1-1所示。

图1-1　车站BAS设备

知识课堂

一、BAS概述

城市轨道交通环境与设备监控系统（BAS）是对地铁建筑物内环境与空气条件、通风、给排水、照明、乘客导向、自动扶梯及电梯、防淹门等建筑设备和系统进行集中监视、控制和管理的系统。BAS可为乘客和运营人员提供舒适的环境，同时节约能源、降低运营费用。

BAS监控内容：正常运营模式、灾害模式及异常工况模式的判定及执行；受控设备的顺序启停及联锁保护；大功率设备启停的延时配合；按主、备配置的设备运行时间平衡；车站公共区和重要设备房的温度调节与节能控制和运行时间、故障停机、启停、故障次数等统计。BAS监控对象示意图如图1-2所示。

二、BAS的组成及功能

城市轨道交通BAS实行"两级管理（控制中心和车站）、三级控制（中央级、车站级和现场级）"模式。车站级BAS架构如图1-3所示。BAS的中央级控制以子系统方式集成于综合监控系统，并由综合监控系统实现功能配置，设置于控制中心的中央控制室；BAS的车站级控制设置在车站（含地下区间隧道）、场段等地，通过冗余通信接口与车站级综合监控系统连接，实现车站级信息集中上传；BAS的现场级控制设置在车站、区间隧道、车辆段及停车场等地，主要通过输入/输出模块实现监控。

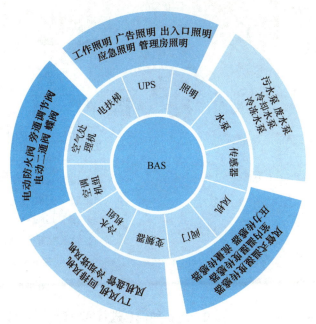

图1-2 BAS监控对象示意图

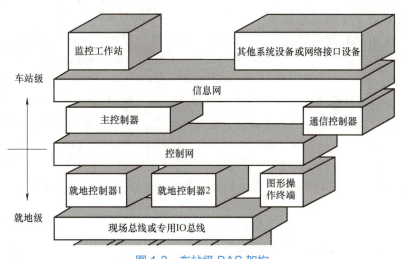

图1-3 车站级BAS架构

BAS在车站级单独组网后接入所在车站的综合监控系统网络，并通过综合监控骨干网络形成连接控制中心的全线监控网络。典型地下车站BAS的构成如图1-4所示。BAS的设备监控界面以子系统方式集成在综合监控系统工作站软件界面，供值班人员上位管理工作使用。

1. 中央级BAS的组成及功能

中央级BAS的重要作用是对车站通风空调、给排水、EPS等设备进行监控，特别是以整体方式显示和控制区间隧道的通风系统设备。中央级BAS集成在综合监控系统中，其监控功能由综合监控系统实现，功能如下：

1）监视、记录各车站和管理设备用房的温度、湿度等环境参数。记录全线路各受控主要设备的运行状态，统计受控设备运行时间并掌控运行时间均衡，根据运营要求实现维修及检修的预告警，生成检维修报告。

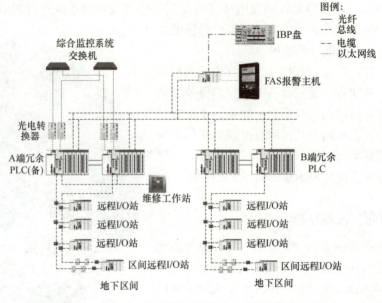

图1-4 典型地下车站BAS的构成

2）对各种信息进行实时记录、历史记录；可以进行查询和分析，自行编辑报表，生成日、周、月报表；进行档案资料的记录和存储；能打印各类根据运营需要而自由配置的数据统计报表、操作和报警信息。

3）接受通信系统的同步时钟信号，并把时钟信号下达到各车站，实现全线BAS时间统一。

2. 车站级BAS的组成及功能

车站级BAS由PLC控制器、工业交换机、输入/输出模块（RI/O）、各类变送器、BAS工作站等设备组成。其主要功能为监视并记录车站（或场段）中典型区域及重要设备房的温度、湿度等环境参数；接受车站级FAS的火灾模式指令，控制车站（或场段）通风空调及相关设备转入灾害模式运行；具备车站控制室人工应急操作功能，即利用综合后备盘（IBP）（或消防联动控制盘）上的紧急按钮控制防排烟设备按火灾模式运行；监控本车站（或场段）的通风空调系统、给排水系统、自动扶梯、智能照明系统、消防应急电源（EPS）等设备的运行，并将受控设备运行状态、报警信号及测试点数据及时上传至中央级控制中心，接受和转发中央级下达的模式控制指令；发生故障时及时发出报警。车站级BAS的典型网络如图1-5所示。

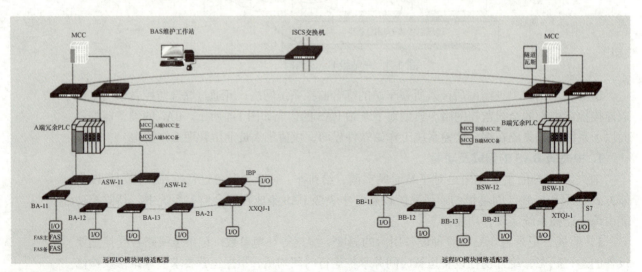

图1-5 车站级BAS的典型网络

（1）PLC 控制器　由 CPU 模块、电源模块、通信模块、数据同步模块等组成。采用可编程存储器，用于存储执行逻辑运算、顺序运算、计时、计数和算术运算的指令，通过数字或模拟输入输出进行环控、给排水等设备的监视与控制，从而实现城市轨道交通机电设备的数字化操作，PLC 如图 1-6a 所示。

（2）工业交换机　工业交换机是组成 BAS 底层冗余双工业以太网（环网）的基础硬件设备，提供的以太网 RJ45 接口和光纤接口用于建立车站主机和控制器网络之间的通信连接，实现复杂工业环境中的实时以太网数据传输，工业交换机如图 1-6b 所示。

a)　　　　　　　　　　　　b)

图 1-6　PLC 与工业交换机

a）PLC　b）工业交换机

（3）RI/O　连接 PLC 和受控设备的通道，用于接收和采集来自输入设备的各种信号并向受控设备转发控制信号，通过配置地址实现不同设备的监控［RI/O 连接示意如图 1-7a 所示（红框内），现场 RI/O 连接如图 1-7b 所示］。在城市轨道交通中常采用数字量输入模块（DI 模块）、数字量输出模块（DO 模块）、模拟量输入模块（AI 模块）和模拟量输出模块（AO 模块），集中安装在专用的箱体内。

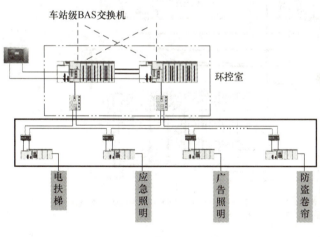 

a)　　　　　　　　　　　　b)

图 1-7　RI/O 连接示意与现场 RI/O 连接

a）RI/O 连接示意　b）现场 RI/O 连接

（4）各类变送器　温、湿度传感器（图 1-8）是将安装位置周围的温度量和湿度量转换成电信号的设备或装置，由 BAS 向环控系统的 PID 控制提供数据；二氧化碳浓度传感器（图 1-9），安装于公共区，用于感知公共区域的环境情况，作为车站环控模式优化调整基础，增加乘客的舒适度。

 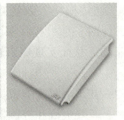
图1-8 温、湿度传感器

图1-9 二氧化碳浓度传感器

（5）BAS工作站　专用工业级PC，提供HMI工作操作显示界面，用于监视各设备的工作情况，可通过鼠标操作控制车站机电受控设备，实现简化设备操控难度的目的，如通过模式控制按钮控制环控设备的程序化动作及反馈。

3. BAS现场级控制的组成及功能

现场级控制由主、从PLC控制器（PLC的硬件冗余系统如图1-10所示）、RI/O、各类通信网关、交换机搭建的以太环网或现场总线、各类变送器和调节阀等组成。现场级监控设备一般集中于环控电控室，部分分散设置于现场被监控设备的附近，一般在通风空调配电室（或低压室）、照明配电间、通风空调机房、冷水机房、水泵房、自动扶梯等附近设就地控制柜（箱）等，主要实现监控系统与受控设备之间的接口功能。

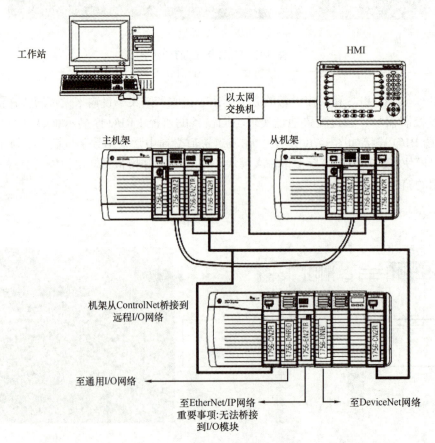
图1-10　PLC的硬件冗余系统

PLC主控制器与从控制器之间、主控制器与IBP盘RI/O之间、主控制器与该端现场RI/O之间、从控制器与该端现场RI/O之间均通过由交换机构建的光纤环型以太网进行连接，传输介质为光纤。城市轨道交通的车站BAS组网方式可归纳为两种：一种为车站A/B端的下位末端设备全部接入一个大环网形式（见图1-11）；另一种为车站A/B端的下位末端设备独立成环，即A/B端设备单独组成一个小型环网形式（见图1-12）。每一台PLC控制器以及RI/O节点采用DLR（设备级环网）分别与不同的交换机连接，实现各个控制器之间可靠的数据通信，如图 1-13 所示。

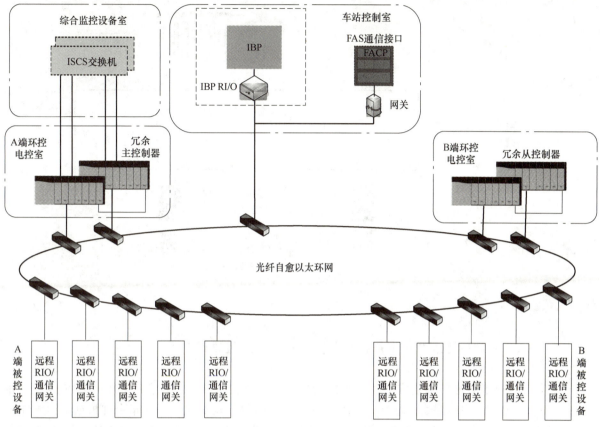

图 1-11　双端冗余配置 PLC 的以太环型网络结构构成示意图

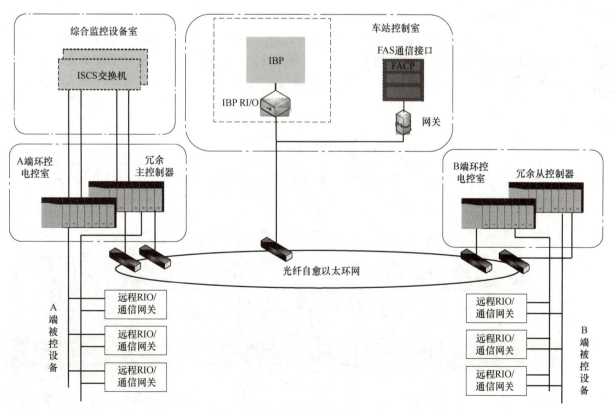

图 1-12　双端冗余配置 PLC 的混合网络结构构成示意图

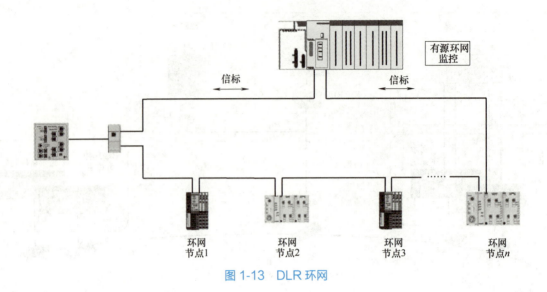

图 1-13 DLR 环网

三、BAS运行控制

BAS运行控制包括单体设备点动控制、模式控制、连锁保护等。

1. 单体设备点动控制

BAS以子系统形式集成于综合监控系统，在综合监控系统（ISCS）工作站BAS监控界面（或车站BAS维护工作站）上实现面向单体设备的控制。BAS接收操作指令并根据连锁条件控制单体设备的启停。点动控制由操作人员下发，车站BAS PLC具体执行控制任务，并进行设备连锁逻辑判断。

2. 模式控制

（1）正常运行模式　按照温度（季节）模式对车站通风空调设备实施节能化管理，根据现场布设的温、湿度等各类传感器的测量值判断环境情况，控制机电设备以适配负荷运行，控制现场空调通风、送排风等设备，给乘客提供良好的乘车环境。ISCS界面BAS模式控制表如图1-14所示。

环境与设备控制功能性介绍

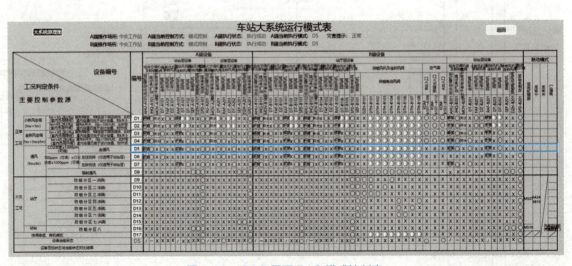

图 1-14　ISCS 界面 BAS 模式控制表

（2）阻塞模式控制　阻塞模式是列车在区间隧道内停车超时需启动隧道通风设备的送风

模式，其主要由中央级下发控制命令，车站操作员获得授权后可手动控制本站相关的隧道阻塞模式。

(3) 焓值自动控制　它是在正常工况下面向车站空调系统设备的一种自动控制方式。BAS将实时检测车站空气参数并进行焓值运算，根据室内、外焓值和温度，确定空调运行工况，实时控制空调设备运行，如控制空调新风机的运行、各种风阀的开闭幅度、冷水机组的启停控制等。

(4) 时间表控制　它是根据车站运行环境及监控要求，预设时间点并到期自动执行某种模式的控制方式。正常工况下设备运行控制基本上采用时间表控制方式。时间表控制以设备、设备组或系统为单位，确定设备在某段时间内的运行状态。BAS为每个车站配置多个时间表，PLC根据时间自动判断并执行时间表的控制内容，相应控制设备启动或停止。

(5) 灾害情况下的运行模式　其分为车站火灾和列车区间隧道火灾两种形式。车站火灾通常由车站级BAS进行控制；列车区间隧道火灾通常由中央级BAS进行控制，车站BAS进行辅助控制。

车站发生火灾时，车站级BAS响应灾害模式指令，控制现场通风空调、机电设备转入灾害模式运行。紧急情况下也可直接通过车站控制室IBP盘的模式按钮完成灾害模式启动。IBP盘作为车站综合监控系统的后备控制盘，具有系统内最高操作权限。

当隧道区间发生火灾时，由中央级BAS下发火灾区间模式指令；如果车站BAS维护工作站获得操作权，在OCC值班人员的统一协调下以手动方式在IBP盘或车站工作站单击待执行的隧道通风模式控制按钮，实现区间模式指令的下发。车站ISCS界面BAS区间隧道模式控制原理图如图1-15所示。

(6) 异常模式控制　异常模式一般针对不同运营状态与工况，如非正常运营工况（如列车晚点、车站突发客流、道岔故障、列车故障、沿线设备系统故障等）和紧急运营工况（如地震、人防门关闭、有毒气、发生恐怖事件等），这些工况都需要环控系统发挥作用加以应对。可根据不同工况，选择不同异常情况对应的车站环控系统进行模式控制，以适应不同工况对设备的运行要求。

3. 连锁保护

连锁保护功能是对通风、空调系统设备进行保护，BAS依据工艺要求和设备安全要求设定连锁关系。当启动设备、停止设备时，自动检查连锁关系，以确保设备操作安全。灾害工况和正常工况下对设备有不同的连锁条件。正常工况下，应尽可能地保护设备，采用较为严格的连锁保护条件；灾害工况下，须尽可能发挥设备的防灾功能，降低设备的连锁保护条件。不同的系统可以有不同的连锁保护条件。

4. 控制优先级

隧道通风系统模式优先级由低到高为正常模式、阻塞模式、火灾模式。当系统以正常模式运行期间发生区间阻塞或火灾时，BAS接收阻塞或火灾模式控制指令（自动触发或手动下发）后，由正常模式转换为阻塞或火灾模式运行；当隧道通风系统运行在阻塞模式时，BAS接收火灾模式控制指令（自动触发或手动下发）后，则由阻塞模式转换为火灾模式。

车站通风空调系统模式优先级由低到高为正常模式、火灾模式。当系统运行在正常模式期间车站发生火灾，BAS接收到火灾模式命令（自动触发或手动下发）后，调度车站通风空调系统由正常模式转换为火灾模式运行。

时间表的控制优先级低于模式控制和手动控制。不同优先级间切换时，只允许由低优先级切换到高优先级，只有高优先级的工况撤销后才允许回到低优先级。系统可以直接由任意正常模式或时间表切换到火灾模式，但不允许直接由火灾模式切换到正常模式。需注意的是，只有在火灾模式撤销后，才能切换回正常模式。

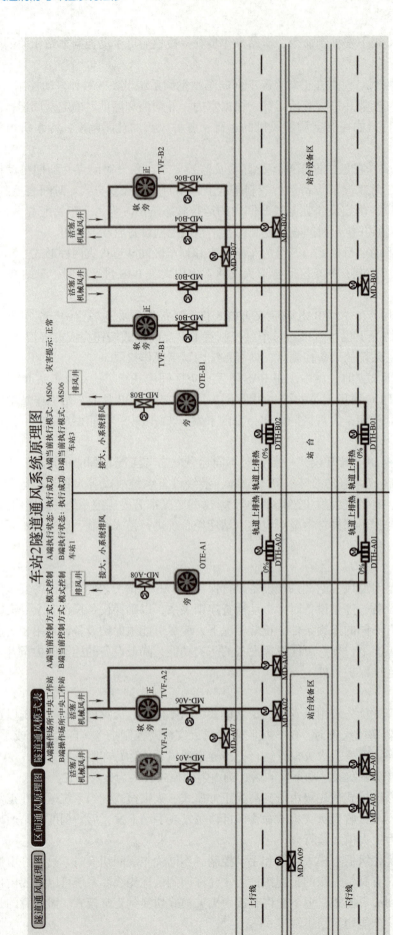

图 1-15 车站 ISCS 界面 BAS 区间隧道模式控制原理图

课堂思考

请结合 BAS 控制模式思考地下车站与高架、地面车站架构及明显差异。

课后知识回顾

城市轨道交通环境与设备监控系统认知	课后知识回顾	班级： 姓名：

1. 城市轨道交通 BAS 概述

1）FAS 与 BAS 通过_____进行数据交换和优先级控制。

2）车站 BAS 由_____、_____、_____等设备组成。

3）车站主机和控制器网络之间的通信连接使用_____。

4）简述 BAS 的设置目的。

2. 城市轨道交通 BAS 的组成及功能

1）城市轨道交通 BAS 的主要设备包括_____、_____、_____、_____等。

2）城市轨道交通 BAS 的 PLC 采用_____的冗余机制配置，同时收、发数据并处理。

3）_____输入温度和湿度信号，对公共区域空调机的冷水阀进行最优节能控制。

3. BAS 运行控制

1）简述车站 BAS 控制功能包括哪些（至少 5 种）。

2）简述 BAS 控制优先级由低到高的顺序是什么，有什么要求。

任务实施及评价

【任务实施】

认知准备：BAS 末端设备实物、末端设备状态图片、多媒体设备等。

【操作步骤】

序号	图片	说明
1		左图所示设备的名称为_____

（续）

序号	图片	说明
2		左图所示设备的名称为_____，作用是_____
3		左图所示设备的名称为_____，在城市轨道交通中多采用_____的冗余配置方式，作用是_____
4		左图所示设备的名称为_____，作用是_____
5		左图所示为车站 BAS 网络架构，图中所示可获取车站 BAS 连接关系信息（回答至少 3 项）：例：车站主机和控制器网络之间采用网络接口（TAP）进行通信连接_____、_____、_____根据车站 BAS 网络架构简单描述全线系统架构：_____

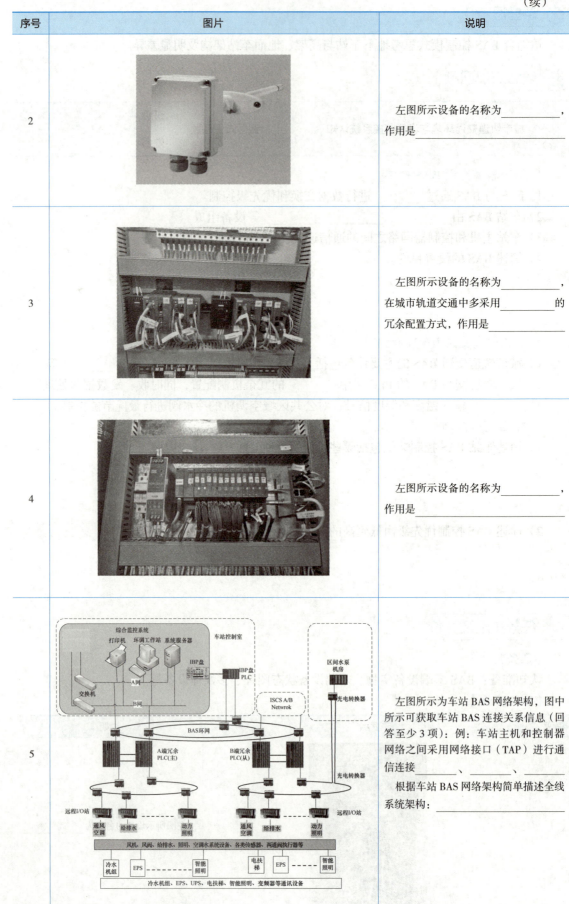

【任务评价】

【课证融通考评单】城市轨道交通环境与设备监控系统认知		日期：	
姓名：	班级：	学号：	教师签名：
自评：□熟练 □不熟练	互评：□熟练 □不熟练	师评：□合格 □不合格	
日期：	日期：	日期：	

城市轨道交通环境与设备监控系统认知【评分细则】							
序号	评分项	得分条件	分值	自评	互评	师评
1	接受任务	明确工作任务，理解任务在企业工作中的重要程度	5			
2	前置知识	本次实训前需要掌握的知识	5			
3	能力评价	1）能根据图片识别 BAS 设备	7			
		2）能根据图片描述设备的工作状态	8			
		3）能结合车站 BAS 网络架构，简述城市轨道交通全线 BAS 架构	15			
		4）能结合车站 BAS 网络架构，根据描述正确画出线路安装示意图（连接关系）	15			
		5）能结合车站 BAS 网络架构，正确画出现场级 BAS 末端设备的连接	15			
4	素养评价	1）工作计划性强，安排得当	4			
		2）团队合作能力强，善于沟通合作	4			
		3）自主学习能力强，勇于克服困难	4			
		4）严谨认真，积极参与课堂	4			
		5）演示文稿制作精美、汇报演讲能力强	4			
5	评价反馈	1）能快速、正确地识别图片中的设备	5			
		2）在任务实施过程中能发现问题	5			
		总分	100			

视野拓展

助力碳达峰、碳中和，城市轨道交通打造绿色节能示范工程

我国明确提出，力争在 2030 年前实现碳达峰、2060 年前实现碳中和。实现碳达峰、碳中和是一场广泛而深刻的经济社会系统性变革。习近平总书记指出，要把碳达峰、碳中和纳入经济社会发展和生态文明建设整体布局，建立健全绿色低碳循环发展的经济体系，推动经济社会发展全面绿色转型。

城市轨道交通作为大容量公共交通基础设施，是城市引导承载低碳出行的骨干交通方式，肩负着绿色低碳发展、节能减排的重任。宁波城市轨道交通立足生态文明建设新发展阶段，自觉、准确、全面贯彻绿色低碳新发展理念，坚持绿色低碳高质量发展道路，打造"基于云平台的智能能源系统节能示范工程"，为构建绿色低碳城市轨道交通、助推经济社会绿色高质量发展贡献力量。

宁波城市轨道交通以碳达峰、碳中和战略为导向，以"更节能、更先进、更友好"为目标，以数字化、智能化为手段，紧紧围绕节能减排、绿色低碳、智能高效的主题，以 3 号线二期、4 号线、5 号线一期工程为依托，打造"基于云平台的智能能源系统节能示范工程"，并在

城市轨道交通行业率先提出"供、用、管"协同一体的综合节能技术体系，为城市轨道交通行业实现更高水平的节能减排，迈向绿色低碳、可持续发展的道路输出方案。在管理侧，研究构建基于云平台、大数据的能源管理系统，以数字化管理手段，优化节能策略，实现能源系统的智能化、精细化管理；在供能侧，全面采用绿色新能源技术，从能源输送、能源转换、能源结构等多个角度挖掘节能潜力；在用能侧，研究应用车站通风空调全局优化技术、直流集中供电智能照明技术，从车站通风空调系统、照明系统等多系统提升节能降耗水平。

任务二　BAS 检修与应急故障处置

任务目标

知识目标：
1. 掌握 BAS 计划性检修的工作内容。
2. 掌握 BAS 设备维修保养与作业标准内容。
3. 掌握 BAS 故障应急处置的流程。

能力目标：
1. 能按照保养与作业标准对 BAS 进行周期性检修及专项检修。
2. 发生具体故障时，能对 BAS 进行应急处置。
3. 能全面地认识问题、灵活地分析问题和解决问题。

素养目标：
1. 培养安全意识和标准、规范操作意识。
2. 培养一丝不苟、精益求精的工匠精神。

任务导入

成都地铁 5 号线 BAS 对 41 座车站、1 座车辆段、2 座停车场的通风空调系统设备、给排水设备、自动扶梯、照明设备、导向标志、车站事故照明电源等车站设备进行全面、有效地自动化监控及管理，确保设备处于安全可靠、高效节能的最佳运行状态。

BAS 作为子系统完全融入综合监控系统，其中央级、车站级设备及功能由综合监控系统实现。BAS 现场级通过过程控制技术，对地铁通风空调系统等设备设施按功能、运行工况和环境标准等要求进行监测、控制和科学管理，配合火灾自动报警系统等为地铁线路创造安全可靠的乘车环境，并达到节能目的。

知识课堂

一、BAS设备计划性检修的周期与工作内容

BAS 设备检修可分为按照时间划分的周期性计划检修和针对单一问题或项目的专项维修（简称专项修）。

1. 周期性计划检修

计划检修按照时间划分为月度计划检修（月检）、半年期计划检修（半年检）和每年期计划检修（年检）。

（1）月检　对 BAS 设备及末端设备的外观检查、外观清洁、巡视检查。通过专用工作站检查故障报警记录、查看设备运行状态等；对 I/O 模块箱开箱检查内部设备或模块的运行

状态、指示灯等；填写月度检修记录，发现异常后及时调校、排除。月检是 BAS 计划性检修周期内的最小时间单位检修，目的是确保 BAS 设备及末端设备的工作环境，发现异常及时处理。

（2）半年检　除完成月检全部工作内容外，还需对设备电路电缆标识及接头紧固性进行检查、对系统基本功能进行测试。其目的是利用专用工作站、综合监控工作站或 IBP 盘监控操作，测试系统功能是否正常。因测试内容需启动通风环控系统的风机、风阀等设备，故 BAS 半年检一般与通风空调系统同站作业，以同步完成 BAS 与通风空调系统的接口功能测试。半年检是对全线车站 BAS 设备及末端设备进行一次较为全面的保养与质量检查；完成检查结果进行分析后，对故障率较高的部件应进行预防性更换（如处于潮湿环境的模块）。

（3）年检　除完成月检和半年检的全部内容外，还需对机械特性（即设备安装的稳固性、标识标牌的固定、接地线缆的紧固等）与电气特性（如电气防火、接地性能等）进行测试，对零部件进行年度保养或计划性更换，对运行记录进行导出另存与病毒查杀等。年检的目的是对 BAS 设备及末端设备的软硬件进行全面检修，确保系统可靠运行。年检可对设备质量进行评估、统计、分析，为后期大、中修积累真实而详实的基础数据。

2. 专项检修工作内容

在城市轨道交通 BAS 中使用的 PLC 和专用工作站主板安装有 BIOS 电池，因 PLC 工作站为全天候运行设备，为避免 BIOS 电池无电故障导致时间错误，造成系统配置丢失，因此常以专项修的方式在规定时间对 BIOS 电池进行集中批量更换。

对于设置有 BAS 独立不间断电源供电系统（UPS）的线路（一般存在于较早开通线路车站、站间距较大的中间风井 BAS），定期对 UPS 电池进行充放电有利于电池健康运行。因此需对 BAS 专用 UPS 进行规定时间间隔的放电测试。放电测试相关的放电前、放电开始及放电结束时的电压、电流参数都必须如实记录。线路设置有车站综合 UPS 供电的，不进行单系统的 BAS UPS 定时放电测试。

二、BAS 设备维修保养与作业标准

1. 月检

序号	作业内容	作业标准	补充说明及简图
1	BAS PLC 主控制器检修	检查 BAS PLC 主控制器电源、通信线缆、各类模块： 1. DC24V 电源模块供电指示灯绿色，网关通信，指示灯周期闪烁 2. 目测连接电缆紧固，接头无异样，无裸露导线，柜内设备安装紧固，柜内无异物 3. 网关运行正常，网关连接电缆无松动 4. PLC 电源模块指示灯常绿；CPU 模块、以太网模块、总线模块、冗余模块运行正常 5. 风扇运行正常；空气开关分/合正常，标示完整；接地线完整无松动（电表测试无漏电现象）；控制柜内设备清洁，无尘积	

(续)

序号	作业内容	作业标准	补充说明及简图
2	BAS就地控制箱检修	检查BAS就地控制箱内电源、通信线缆、各类模块及机柜附属设备运行是否正常，检查柜体表面及柜内卫生： 1. 控制箱完好，表面清洁无尘积 2. 24V电源指示灯常绿 3. 箱体接地线紧固无松动 4. 通信适配器（或者接口模块）的通信状态指示灯正常（绿色常亮）	
3	BAS交换机检修	检查BAS工作站网络状态图是否正常 1. 通信功能：工作站能够Ping命令检测BAS交换机及相关网络设备，无丢包 2. 指示灯状态：各端口指示灯正常（绿色闪烁）	
4	BAS维护工作站检修	检查BAS工作站电源指示灯、显示器、平台软件界面、时钟是否正常 1. 电源指示灯为绿色；显示器无坏点，键盘鼠标可正常使用；能Ping命令检测通车站服务器网关 2. 能成功进入综合监控系统平台软件界面并对其操作，时钟正常；平台无死机以及通信中断现象	

2. 半年检

序号	作业内容	作业标准	补充说明及简图
1	BAS PLC主控制器检修	除月检内容外，需断电打扫卫生及PLC冗余测试 1. 使用吹风机和毛扫对机架、模块除尘，控制柜内设备清洁，无尘积 2. 查看并清除PLC程序内的错误日志 3. 通过插拔同轴电缆（或关闭主备PLC电源），测试主备PLC自动切换功能，测试过程中无网络中断、设备离线等情况	

(续)

序号	作业内容	作业标准	补充说明及简图
2	BAS 就地控制箱检修	除完成月检全部项目外： 1. 连接电缆应紧固，无裸露导线，箱内无异物 2. 电源模块、适配器模块、接线端子、继电器底座、继电器、断路器、三孔插座应安装紧固；I/O 模块端子底座安装紧固无松动 3. 模块每个通道数据接收应正常	
3	BAS 网络交换机检修	除月检内容外，还需检查交换机日志信息及模块运行状态是否正常： 1. 日志信息中无网络通信故障报警 2. 交换机页面显示，每个模块或卡件通信正常	
4	BAS 维护工作站检修	除月检内容外，还需清洁工作站、检查工作站运行情况及抽测接口功能是否正常： 1. 使用毛扫、干棉布除尘，工作站无积尘；电路、电缆完好无破损 2. 重启工作站，重启后联动进程正常开启；一般情况下，CPU 的使用率应低于 10% 3. HMI 正常监控 EPS、温湿度传感器、电梯、给排水等设备；综合监控平台能正常监控环控通风系统，照明系统、空调水系统等 BAS 监控设备，并能实现相应设备单控、模式控制和焓值控制	

3. 年检

序号	作业内容	作业标准	补充说明及简图
1	BAS PLC 主控制器检修	除半年检项目外，还需检查模块 LED 灯状态及存储卡状态、支架安装情况、线缆连接情况及模块运行情况： 1. 紧固模块，更换已损坏的接头、RJ45 或光纤接口 2. 模块 LED 运行状态指示灯常绿，通信指示灯闪烁，网线连接紧固无松动或损坏 3. 电缆连接紧固无松动，电缆无损坏，紧固已松动的模块	

(续)

序号	作业内容	作业标准	补充说明及简图
2	BAS网络交换机检修	除半年检项目外，还需进行网络接线紧固及丢包率检查：通过电缆或光缆测试仪检查所有交换机连接电缆是否完好（含光缆和双绞线），接线应紧固，连接应完好	
3	BAS维护工作站检修	除半年检项目外，还需开展工作站杀毒、工程备份及工作站清灰： 1. 工作站防病毒软件应运行正常，扫描无病毒 2. 工作站内、外应无积尘 3. 应对工作站工程进行备份	

三、BAS故障应急处置

1. BAS控制器和模块故障应急处置

通过工作站查询故障发生时间及故障详细信息；在到达现场后，对设备进行断电复位。若设备故障依旧，应及时启动专项检查及维修。

1）若网络完全失效或PLC控制器冗余功能失效，通报环控调度，申请环控位或就地位运行，并在故障现场安排环控设备操作人员值守。检查各模块状态指示灯，确定故障点。

2）若为软件故障，在设备现场利用移动工作站连接设备，对设备程序进行更新。若为硬件故障，更换故障设备，导入备份程序，修复故障。

2. BAS维护工作站故障应急处置

BAS维护工作站是不同于综合监控工作站的备用监控工作站，其故障不影响BAS其余设备运行。到达故障现场，在排除工作站断电及硬件损伤后，应按照"先软件后硬件"方式处置，对于卡滞软件可通过重启软件或重启软件进程进行处置；如果故障依旧则重启计算机，进入操作系统、启动系统应用软件，检查操作功能是否正常。

1）若设备故障依旧，重点检查故障设备外部电路连接和内部硬盘、CPU、板卡、内存、电源、电缆等，必要时更换故障配件。检查操作系统及软件参数设置是否正常，更新软件或修改错误参数。

2）若故障依旧，在设备现场利用工程师移动工作站顶替工作站工作。确定故障原因后，更换备件或更新软件修复故障，替换临时顶替的工程师移动工作站即便携式计算机。

3. BAS网络故障应急处置

在工作站上检查故障发生时间及故障详细信息后，无法及时修复的应向OCC申请降级运行，并在受影响的站点安排专业人员值守。排查故障时，应重点检查网络节点设备，如交换机、光电转换器等的工作状态，更换故障设备；还应检查网络电缆、光缆的连接情况，使用备用电缆和光纤进行替换。

4. BAS UPS主要故障应急处置

1）蓄电池故障。因蓄电池变形、漏液、过热等原因造成的故障，在切除蓄电池供电电路后，通过市电经逆变器供给负载设备，及时对蓄电池进行维护、更换，待故障处理完毕后，恢复蓄电池供电。

2）主机故障。因主机内模块故障，不能将市电或蓄电池提供的电能逆变供给负载，应转换到由市电直接供给负载状态，并切除蓄电池开关后对故障模块进行维护或更换。故障排除后，投入主机，将市电或蓄电池提供的电源经逆变后供给负载设备。

3）输入电源故障。因输入电源故障，设备会自动切换到蓄电池供电的状态，断开 UPS 电源输入开关，并切除一些非关键设备，保证关键设备的供电，处理电源故障。待故障处理完毕后，合上 UPS 电源输入开关，再由市电经逆变后供给负载，并对蓄电池进行充电。

课堂思考

请结合 BAS 的操作与维护知识，概括分析 BAS 设备在巡检和现场检修作业中步骤及标准的主要异同点。

课后知识回顾

BAS 检修与应急故障处置	课后知识回顾	班级：
		姓名：

1. BAS 设备维修保养与作业标准

1）检查 PLC 正常状态下 DC24V 电源模块供电指示灯_____，网关通信指示灯_____。

2）检查 BAS 维护工作站，正常状态下平台无_____以及通信_____现象。

3）BAS PLC 主控制器检修的冗余测试：关闭主 PLC 电源，检测备机是否_____，全程不发生系统_____。

4）BAS 控制器和模块主要故障处置，在到达现场后应及时对设备进行_____。

5）BAS 维护工作站主要故障处置，排除硬件故障后，应重启计算机，进入_____、启动_____，检查_____是否正常。

6）发生 BAS 网络故障无法及时修复时，应及时申请_____。

2. BAS 设备检修与应急处置

1）简述 BAS 半年检时 PLC 主控制器的检修流程及作业标准。

2）简述 BAS 网络故障的应急处置。

任务实施及评价

【任务实施】

认知准备：熟悉 BAS 专业检修作业流程、标准及应急故障处置方法。

【操作步骤】

_____号线 BAS 维修（半年）记录表

车站名称：　　　　　　检修人：　　　　　　检修时间：

设备位置/名称		检修内容	检修结果	故障说明
环控电控室	配电柜	环境温度、清洁卫生、照明情况检查	☐	
		UPS 设备运行情况、参数检查	☐	
		蓄电池状态检查	☐	
		UPS 放电测试情况	☐	
		电缆接线、开关状态检查	☐	
		柜体封堵情况检查	☐	
	控制柜	柜内温度、清洁卫生、照明情况检查	☐	
		PLC 各模块运行情况、状态指示灯检查	☐	
		冗余测试	☐	
		交换机运行状态检查	☐	
		网关运行状态检查	☐	
		光纤转换盒状态检查	☐	
		各类电缆、开关、端子连接情况检查	☐	
		柜体封堵情况检查	☐	
照明配电室/空调机房	就地控制箱	柜内温度、清洁卫生、照明情况检查	☐	
		各模块运行情况、状态指示灯检查	☐	
		网关运行状态检查	☐	
		电缆接线、开关状态检查	☐	
		模块、继电器安装紧固	☐	
		柜体封堵情况检查	☐	
车控室	IBP 盘后柜	柜内温度、清洁卫生、照明情况检查	☐	
		PLC 各模块运行情况、状态指示灯检查	☐	
		电缆接线、开关状态检查	☐	
BAS 维护工作站	硬件	电源指示灯	☐	
		网络连接	☐	
		键盘鼠标	☐	
		机箱风扇	☐	
	软件	用户访问及页面显示	☐	
		系统时间	☐	
		BAS 系统图状态	☐	
		温、湿度传感器测量数据	☐	
		历史记录导出	☐	
		应用工程软件数据备份	☐	
		病毒查杀	☐	
	接口测试	EPS 接口	☐	
		环控系统执行情况	☐	
		冰蓄冷及常规冷源系统接口	☐	
		照明导向接口	☐	
		电梯\扶梯接口	☐	
		给排水接口	☐	
备注		若检查结果正常，则在☐内画"√"，否则画"×"，并在故障说明中说明故障现象、是否处理、处理现象。若在该站无此设备，则在故障说明中备注"无此设备"		

【任务评价】

【课证融通考评单】BAS 检修与应急故障处置		日期：	
姓名：	班级：	学号：	教师签名：
自评：□熟练 □不熟练	互评：□熟练 □不熟练	师评：□合格 □不合格	
日期：	日期：	日期：	

BAS 检修与应急故障处置【评分细则】

序号	评分项	得分条件	分值	自评	互评	师评
1	接受任务	明确工作任务，理解任务在企业工作中的重要程度	5			
2	前置知识	本次实训前需要掌握的知识	5			
3	能力评价	1）能根据 BAS 设备作用，简述计划性检修的一般要求	5			
		2）能够描述 BAS 主要故障及应急处理措施及程序	10			
		3）能按照车站 BAS 工作单，对设备进行巡检作业	10			
		4）能结合车站 BAS 现场检修标准，进行检修作业	20			
		5）能根据 BAS 主要故障表征，采取措施应急处置	15			
4	素养评价	1）工作计划性强，安排得当	4			
		2）团队合作能力强，善于沟通合作	4			
		3）自主学习能力强，勇于克服困难	4			
		4）严谨认真，积极参与课堂	4			
		5）演示文稿制作精美、汇报演讲能力强	4			
5	评价反馈	1）能快速、正确地识别图片中的设备	5			
		2）在任务实施过程中能发现问题	5			
		总分	100			

视野拓展

夜间 4 小时"地铁医生"奏响劳动者之歌

凌晨，城市从喧嚣走向寂静，大多数人已酣然入睡，而灯火通明的地铁站内，幽深静谧的地铁隧道里，地铁检修人员的工作才刚刚开始。作为城市的交通动脉，地铁在结束一天的运营后，如何养精蓄锐备战次日的忙碌？在后半夜的地铁隧道里，奏响着一曲怎样的劳动者之歌？

精检细修　绝不放过任何一个安全隐患

当末班车驶离站台，值班人员确认最后一名乘客离开地铁站后，车站各出、入口陆续关闭。随着站内照明系统被调暗，站台、站厅内，地铁维保人员启动作业，对车站内各项设施设备进行检修——打开自动售票机后盖，对售票机内部零件进行清洁，同时更换老化破损部件；调试闸机扇门开关功能，调整扇门间隙数值；检修电扶梯内的链条、齿轮、安全开关，确保白天电梯运营安全无碍。地铁检修，离不开一个"细"字。

除了车站设施设备维修，车站通风空调滤网消杀清洁工作同样重要。在车站夹层的设备区，伴随呼呼的风机运转声音，工作人员用高压水枪仔细地冲洗空调滤网。地铁站大部分位于地下，车站内人员密集。因此，车站通风空调设备运行一段时间后，就需要专人拆下滤网进行清洗消毒，彻底清洁，以时刻保持车站内空气清洁，保障乘客身体健康，提升乘客乘车的舒适度。

"望、闻、问、切"，地铁的检修人员就像医生一样，每天都在为地铁的健康保驾护航。通常情况下，地铁检修人员需要及时完成设备的应急抢修，还要在固定的周期内对各项设备进行全面检查。夜间工作的地铁人就像是夙夜不懈、枕戈待旦的斗士。遇到突发情况，他们反应迅速、果断处置；在漫长的夜晚，他们坚守岗位，不惧艰苦，与设备机械进行无声的对话。

模块二

城市轨道交通通风空调系统

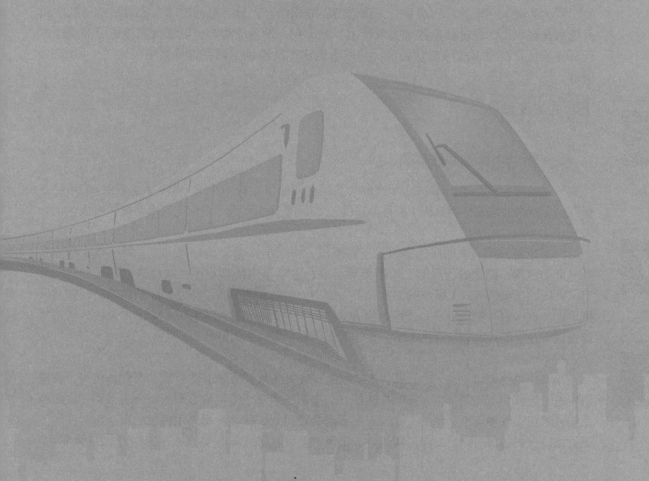

任务一　车站通风空调系统认知

🎯 任务目标

知识目标：
1. 掌握车站通风空调系统的组成和运行模式。
2. 掌握车站通风空调系统主要设备的结构及特点。
3. 掌握车站通风空调水系统的组成。

能力目标：
1. 能识别车站通风空调系统各部分设备。
2. 能辨别制冷机组的各部分组成并说明特点。

素养目标：
1. 培养总结归纳、举一反三的能力。
2. 培养对比分析、解决问题的能力。

📊 任务导入

地铁车站通风空调系统的目标是确保车站内部空气流通、温度适宜、湿度适中，为乘客创造一个舒适、安全的乘车环境。某城市轨道交通公司始终致力于提升运营安全、优化乘客体验，组织了车站通风空调系统检修大比武活动，活动题目设定立足于专业维保实际，从车站空调大系统、小系统再到水系统，理论与实战相结合，旨在全面检验大家对车站通风空调系统的掌握程度。通过模拟各种突发情况，如火灾、设备故障等，要求大家迅速、准确地进行环控通风系统设备故障应急处理。某城市地铁车站通风空调系统小系统原理图，如图2-1所示。

📖 知识课堂

通风空调介绍

大系统

BAS小系统模式控制

一、车站通风空调系统的组成

车站通风空调系统由车站站厅站台公共区空调通风兼排烟系统（简称大系统）、车站设备管理用房空调通风兼排烟系统（简称小系统）、空调循环水系统（简称空调水系统）组成。

1. 大系统

大系统是采用一次回风的定风量空调系统，由风亭、组合式空调机组、新风机、回排风机、电动风阀、防火阀、风道、消声器等组成，主要作用是对站厅、站台进行通风和空气调节，火灾时排除烟气。大系统的主要设备一般集中、对称地分布于车站站厅层两端的环控通风机房内。机房内一般设置一台或两台组合式空调机组，每台机组对应一台回/排风机；车站每端设置一台空调新风机，提供车站公共区的新风量，如图2-2和图2-3所示。

2. 小系统

小系统由空调箱、送/排风机、各类风阀、防火阀及管道等部件组成，对设备机房、管理用房进行通风和空气调节，火灾时排除烟气。小系统中对于需设置空调的设备房采用一次回风系统或风机盘管加新风系统的方式；对于不需要设置空调的设备房采用机械通风系统；在气体灭火系统保护的房间内，要在房间的进、出风管上设置防烟防火阀，如图2-4和图2-5所示。

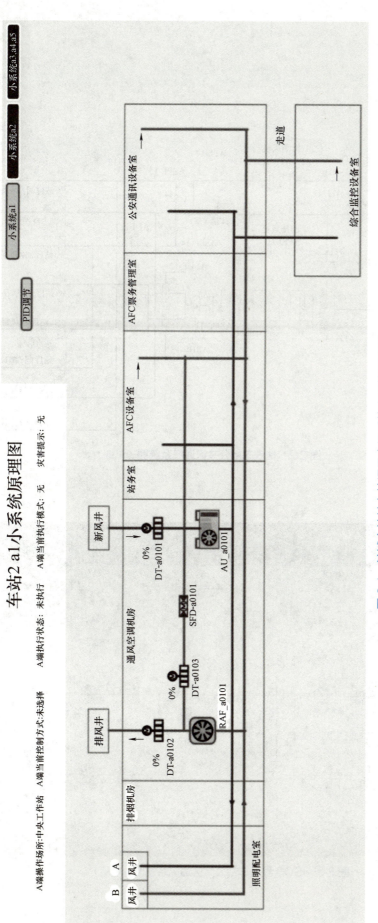

图 2-1 某城市地铁车站通风空调系统小系统原理图

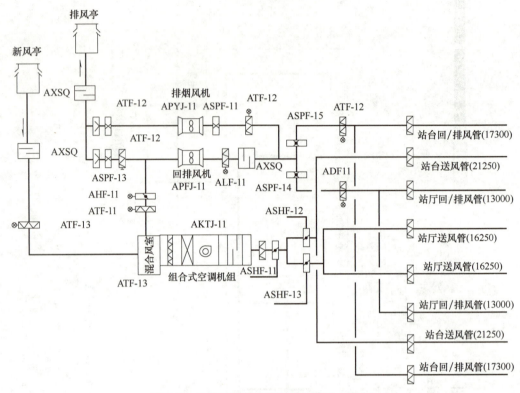

图 2-2 地铁车站公共区通风系统图(单端)

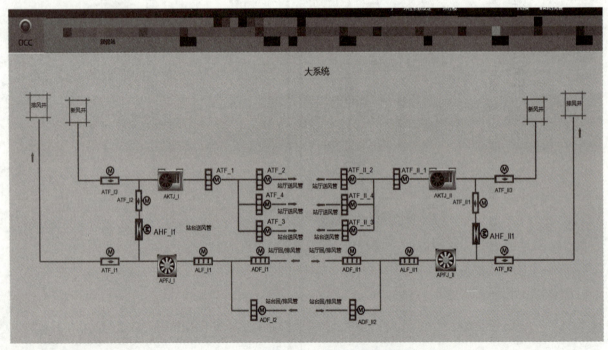

图 2-3 ISCS 界面车站公共区通风系统图(单端)

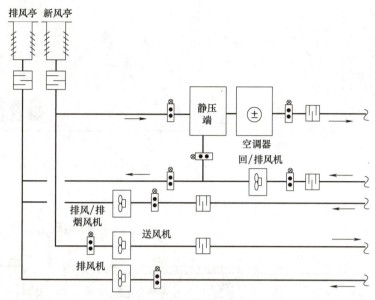

图 2-4 地铁车站设备区通风系统图

3. 空调水系统

车站空调水系统为车站通风空调系统提供冷源,当车站执行小新风、全新风空调模式时,车站空调水系统投入运行,根据末端负荷的大小调节空调水系统设备的运行状态,输出恒温的冷冻水供车站空调使用。BAS 根据运行模式联动控制空调水系统开、关机。当空调水系统接收开机命令时,由冷源集中控制柜实现对系统内各设备的策略控制,达到使系统节能高效运行的目的。

水系统

二、车站通风空调系统的运行模式

1. 正常运行模式

车站正常运行模式采用焓值控制,大、小系统根据焓值转换分为小新风空调模式、全新风空调模式、全通风模式 3 种模式。同一时间,大、小系统分别只能执行一种模式,模式之间的转换由 BAS 监测的站内、外空气温、湿度数值进行空气焓值计算后判断决定。

(1) 小新风空调模式 当外界空气焓值大于车站空调大系统回风空气焓值时,采用小新风空调模式。制冷空调系统启动,新风机运行,部分回/排风排出地面,部分作为回风与空调新风机输送的外界新风混合,经由空调机组冷却处理后送至站厅、站台公共区,这种模式称为小新风空调模式。小新风空调模式特点:降温除湿,保证最小新风量,部分回风循环,实现减耗。

(2) 全新风空调模式 当外界空气焓值小于或等于车站空调大系统回风空气焓值时,采用全新风空调模式。制冷空调系统启动,全新风机运行,外界空气经由空调机组冷却处理后送至站厅、站台公共区,排风则全部排出地面,这种运行模式称为全新风空调模式。全新风空调模式特点:降温除湿,全新风,无回风循环。

(3) 全通风模式 当外界空气温度小于空调送风温度时,停止水系统的冷水机组运行,采用全通风模式。制冷系统关停,外界空气不经冷却处理直接送至站厅、站台公共区,排风则全部排出地面,这种运行模式称为全通风模式。全通风模式特点:全新风通风,冷水系统停止。

2. 火灾模式

(1) 公共区火灾 车站公共区发生火灾时,大系统执行火灾模式,该站的空调水系统、小系统均停止运行。车站公共区有防烟分区的车站,根据防烟分区执行不同的火灾模式。

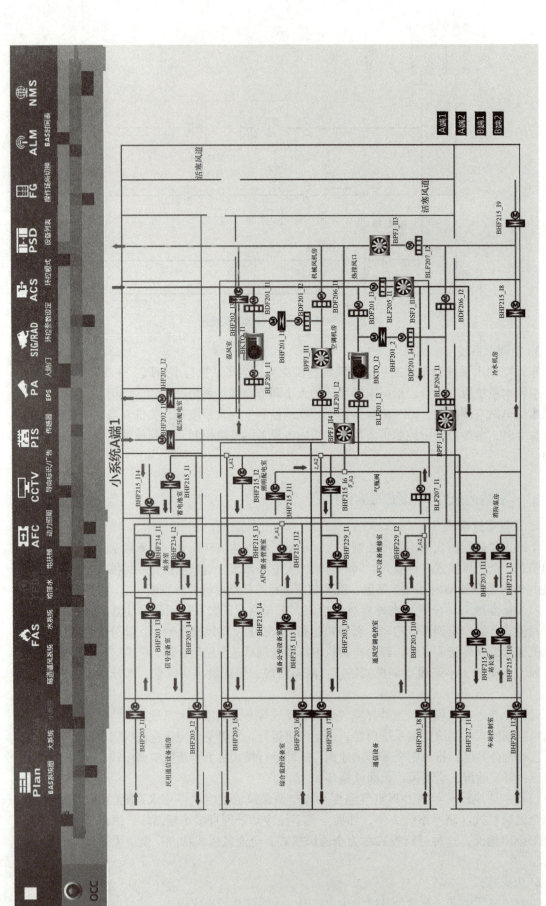

图 2-5　ISCS 界面车站设备区通风系统图

站厅层发生火灾时，停止空调水系统，关闭站厅、站台送风及站台回风管路的防火阀，开启车站两端排烟风机管路的防火阀，开启排烟风机，烟雾经风井排至地面，新风经车站出入口或新风井进入站厅，如图 2-6 所示。

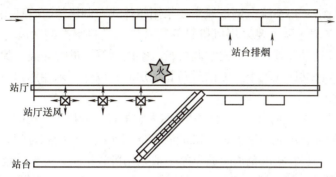

图 2-6　站厅层发生火灾时的排烟

站台层发生火灾时，关闭站台送风防火阀及站厅回风防火阀，开启排烟风机，利用站台排烟系统将烟气经风井排至地面；同时打开两侧的站台门首、末端辅助排烟滑动门，利用隧道通风系统辅助排烟功能，将站台烟雾抽排至区间隧道（部分线路增大排烟风机功率，并在站台区域两端设置大型集中排烟口排烟，因此可不打开站台门首、末端辅助排烟滑动门）。为使出入口、疏散楼梯形成迎面新鲜气流，还需保证站厅站台连通口处的向下风速不低于 1.5m/s，以防止烟气因热压作用逆向串至站厅层，如图 2-7 所示。

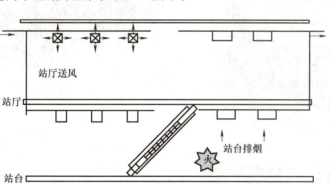

图 2-7　站台层发生火灾时的排烟

（2）设备区火灾　根据设备防火等级的要求，设备区用房可分为气灭保护房间和一般房间。气灭保护房间设置的防烟防火阀由气体灭火系统控制，其他防烟防火阀受火灾自动报警系统（FAS）控制，防火阀的监视由 FAS 完成。当车站一端执行小系统火灾模式时，车站的大系统、空调水系统停止运行，与该模式无关的小系统全部关闭。

1）对于具有气体灭火系统保护范围的房间。当发生火灾时，小系统执行相应的火灾模式，由气体灭火系统首先联动控制关闭该保护区的送、排风支管上的防烟防火阀，然后喷洒灭火气体；达到设计要求的淹没时间后，消防人员进入保护区内确认火灾已扑灭，手动将火灾发生房间的小系统模式切换对应的灾后排气模式。

2）同一防火分区内总面积大于 200m² 的房间或建筑面积大于 50m² 不具有气灭系统保护的房间。当某房间发生火灾时，在消防联动控制下将服务于该房间的通风空调系统转换至预定排烟模式，同时启动房间外的内走道排烟系统共同排烟，利于消防人员进入着火区域灭火。

3）同一防火分区内总面积小于 200m²，且建筑面积小于 50m² 不具有气灭系统保护的房间。火灾时，着火房间不进行排烟，而着火房间外地走道如果设置有机械排烟系统（和楼梯间加压送风系统）将被启动，实施走道排烟。

三、车站主要通风空调设备及设施

1. 空气处理器

空气处理器包括组合式空调机组、整体式空调机组、风机盘管等。车站大系统空调送风主要采用组合式空调机组,小系统空调送风主要采用整体式空调机组,管理用房及设备用房、过道、出入口等位置空调送风主要采用风机盘管。其作用是将室内的回风与室外新风进行混合后,通过集中的空气处理装置(组合式空调机组、空调箱等)进行降温、除湿,再通过主风道和各个支管风道进入公共区或每个所需的设备管理房间,以保证末端用户对温度、湿度、洁净度及气流速度的要求。

(1) 组合式空调机组 组合式空调机组又称为装配式空调机组(见图2-8)。它由若干个有不同空气处理功能的预制单元组装而成,既能满足空调通风,又能满足消防排烟。组合式空调机组的结构如图2-9所示。城市轨道交通车站一般采用卧式结构,主要功能段包括新风段、过滤段、表冷段、风机段、消声段及送风段。初效平板式过滤器与中效袋式过滤器如图2-10所示,表冷器与挡水板如图2-11所示。组合式空调机组自身不带冷源,需空调水系统提供7℃左右的冷凝水,在表冷器进行热交换,经过空调机组表冷器冷却后的空气由空调机组内的离心式风机(见图2-12)送至车站公共区站厅和站台。

图2-8　组合式空调机组

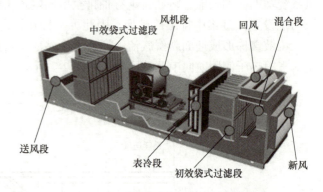

图2-9　组合式空调机组的结构

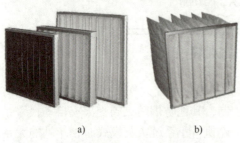

a)　　　　　　　b)

图2-10　初效平板式过滤器与中效袋式过滤器
a)初效平板式过滤器　b)中效袋式过滤器

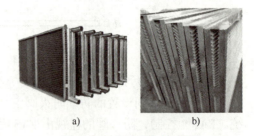

a)　　　　　　　b)

图2-11　表冷器与挡水板
a)表冷器　b)挡水板

图2-12　离心式风机

（2）**整体式空调机组**　整体式空调机组将各种空气处理设备和风机设置在一个箱体内，如图 2-13 所示。按其布置方式可将其分为立式、卧式等。城市轨道交通地下车站设备区通风系统常用的整体式空调机组有吊装式和柜式两种，安装于通风空调机房内，大型车站还按需增设独立的空调机房（小型机组采用吊装方式固定）。

（3）**风机盘管**　风机盘管是中央空调的末端产品，由换热器、水管、过滤器、风扇、接水盘、排气阀、支架等组成，如图 2-14 所示。其工作原理是机组内不断地再循环所在房间或室外的空气，使空气通过冷水（热水）盘管后被冷却（加热），以保持房间温度的恒定。风机盘管冷凝水盘集水原理，如图 2-15 所示。在车站，风机盘管普遍安装在天花板上，且尽量不安装在设备上方以防止滴水损坏设备。

图 2-13　整体式空调机组

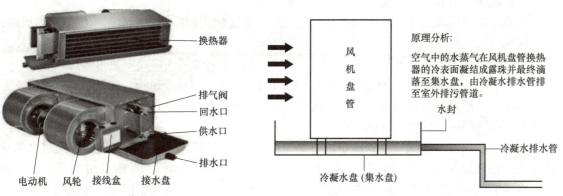

图 2-14　风机盘管　　　　　图 2-15　风机盘管冷凝水盘集水原理

2. 变频多联空调系统

变频多联空调系统又称为 VRV 空调系统，是通过控制压缩机的制冷剂循环量和进入室内换热器的制冷剂流量，适时满足室内冷、热负荷要求的直接蒸发式制冷系统。VRV 空调系统以压缩制冷剂为输送介质，一台室外机通过配管连接多台室内机，室外主机由外侧换热器、压缩机和其他附件组成。VRV 空调系统示意图，如图 2-16 所示。VRV 空调系统主要应用于车辆段、停车场及 OCC 等的办公区域，新建线路中对于影响行车的重要设备房（如通信设备房、信号设备房、屏蔽门控制室等）设置 VRV 空调系统作为常规通风空调系统的冗余系统。

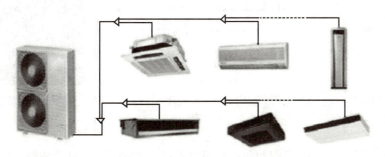

图 2-16　VRV 空调系统示意图

3. 大、小系统风机

风机是气体输送的动力设备，空调工程常用的风机按照工作原理不同可以分为离心式、轴流式和贯流式 3 种。地铁常用的送风机、排风机、排热风机、隧道风机等均为轴流式风机。在车站通风空调系统中，大、小系统的新风机、回、排风机、排风机和排烟风机均为轴流式风机,如图 2-17 所示。

4. 风阀

风阀一般用在空调、通风系统管道中,用来调节风管的风量,也可用于新风与回风的混合调节;在防排烟系统中主要作为火灾工况下参与防排烟气流组织和控制作用。通过执行机构/电动执行机构控制扇门的开闭。根据用途不同,风阀可分为单体电动风阀、手动风量调节阀、防火类阀门、止回阀等。

图 2-17 轴流式风机

(1) **单体电动风阀** 单体电动风阀由阀体、叶片、电动执行机构、限位器等组成,主要用于车站大、小系统相对截面不大的风道或风管调节送/排风量。城市轨道交通中采用多叶型钢制风阀,由伺服电动机驱动,分为普通型和耐高温型两类。单体电动风阀根据控制功能分为通断型电动风阀和调节型电动风阀。

通断型电动风阀用于实现风机连锁功能或通风系统模式切换功能。对于风机的连锁风阀,按"风阀开—风机开,风机关—风阀关"的流程操作;对用于工况转换的风阀,则按车站模式控制表操作,以满足系统各种工况下的使用要求。通断型电动风阀接线图如图 2-18a 所示。

调节型电动风阀用于全空气空调系统的新风阀、组合空调器旁通阀,实现空调季的新风需求及过度季节通风调节的控制。火灾工况下调节型电动风阀需全开或全关,按火灾模式运行。调节型电动风阀接线图如图 2-18b 所示。

(2) **手动风量调节阀** 手动风量调节阀简称"手动风阀",是指车站通风空调系统风管或风道上,由风阀和执行机构组成,用于调节、平衡支路风量的阀门,如图 2-19 所示。它一般安装在风管三通处等位置,根据各管路风量要求调整至适当位置后锁紧固定。在送风管路上设置常温型调节阀,在回、排风(兼排烟)管路上设置耐高温调节阀。车站耐高温型手动风量调节阀应能在 250℃条件下连续有效工作 1h(不同城市线路车站的具体参数有差异),车辆段耐高温型手动风量调节阀应能在 280℃条件下连续有效工作 0.5h(不同城市线路车辆段的具体参数有差异)。

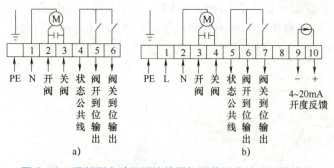 

图 2-18 通断型电动风阀接线图与调节型电动风阀接线图
a) 通断型电动风阀接线图 b) 调节型电动风阀接线图

图 2-19 手动风量调节阀

(3) **防火类阀门** 防烟防火阀和防火阀设置在通风空调送/排风系统以及防排烟系统的管路上,在城市轨道交通中一般安装在风管穿越防火分隔(防火墙、空调机房、气体灭火系统保护房间、重要房间的墙体、楼板)处及分支管处等位置,起防止烟、火沿风管蔓延的作用。防火阀的结构如图 2-20 所示。

(4) **止回阀** 止回阀(见图 2-21)由阀框、阀板、转轴组成,起止回作用,防止气流倒灌,保护后续设备。当风机运行时,阀片开启角度取决于风速;当风机停止运行时,阀片自

防火阀及排烟口

动关闭。一般在排风管路上设置常温型止回阀，在回排风（兼排烟）管路上设置耐高温型止回阀。

图 2-20　防火阀的结构

图 2-21　止回阀

5. 通风管道及风管配件

通风管道是通风空调工程空气输送的通道，包括新风风管、送风风管、排风风管、排烟风管等。按照风管的材质可将其分为金属风管和非金属风管两大类。城市轨道交通的通风空调系统中普遍使用以镀锌钢板为基材的金属风管，如图 2-22 所示。风管外部采用防火隔板包裹以增加耐火、隔热性能。另外，城市轨道交通还存在以砖、混凝土为材料制作的风管，利用建筑空间阻隔形成通风风道。

图 2-22　镀锌风管

为更好完成气流输送，通风管道离不开风管配件支持。通风管路系统通常由直风管和各种异形配件（如弯头、变径管、三通、四通、天圆地方）和各种风阀组合而成，如图 2-23 所示。

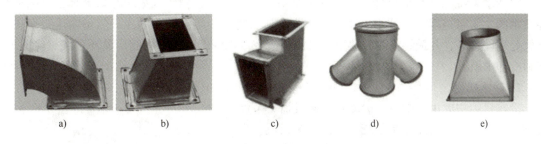

图 2-23　风管配件

a）弯头　b）变径管　c）三通　d）四通　e）天圆地方

6. 风口

风口又称为空气分布器，一般安装在空调系统的风管上。风口的主要作用：将空调风管内经过处理后的空气按设计要求引入空调房间；将空调房间内的空气引回空调系统进行再处理；从室外引入新风；进行空调区的排风、排烟。

城市轨道交通中常按风口的用途将其分为送风口、回风口、新风口、排风口、排烟风口等。在地铁环控系统中常用百叶送风口（单、双、三层等）、圆形或方形散流器、送吸式散流器、流线型散流器、送风孔板和网式回风口等。因风口多设置于车站吊顶上方，为便于查找，在风口附近的可视区域使用不同颜色的标识（如丝带）以便于识别。

7. 通风控制柜

通风控制柜主要包括环控电控柜、射流风机控制箱和就地开关箱等，其中环控电控柜用于控制所有车站通风系统末端设备，射流风机控制箱用于射流风机的就地控制，就地开关箱用于末端设备就地分断。

环控电控柜为封闭式户内成套设备,其功能为向车站及区间部分通风空调用电设备提供电源并实现其控制要求。空调机组、排烟风机、送风机及风阀等设备的主回路、保护电器、控制电器等均安装在电控柜内。其主要对车站及区间内的温度、湿度、气流速度、噪声以及事故、火灾情况下人员安全疏散措施等进行全面控制,创造合适的人工环境,满足乘客和工作人员生理和心理上对环境的要求,同时也保障地铁列车和其他设备的正常运行。

环控电控柜以 PLC 为控制核心,各车站的风机、风阀、组合式空调器及隧道排热风机等主要采用集中控制。环控电控柜分别设在车站两端的环控电控室内(大型车站将视需求适当增加环控电控柜的数量);个别远离控制室的风机,其电控柜(箱)设在风机附近,以通信协议方式与就近端环控电控室的主控柜内 PLC 相连。主控柜的 PLC 通过冗余配置的以太网与车站 BAS 通信,接受 BAS 下发的通风空调运行模式控制命令,PLC 按模式命令完成对相应风机、风阀、组合空调器等设备的控制并接受反馈动作信息。通风控制柜如图 2-24 所示。

图 2-24 通风控制柜

四、车站空调水系统的组成

城市轨道交通车站中设置有独立的冷水机组,分别根据大、小系统空调冷负荷进行冷水机组选型。一般大系统空调配置 2 台制冷量不低于 1000kW 的冷水机组,小系统空调配置 1 台制冷量不低于 500kW 的冷水机组,3 台冷水机组组合运行。

空调水系统除冷水机组外,还包括冷却塔、分集水器、膨胀水箱、冷却水泵、冷冻水泵、各类水阀、水管道等。空调水系统以水作为介质,将冷、热源产生的冷、热量输送给换热器、空气处理设备等,并最终将冷、热量供给用户。空调水系统通常分为制冷循环系统、冷冻水系统和冷却水系统。

1. 冷水机组

冷水机组主要由压缩机、冷凝器、蒸发器、节流装置、润滑系统、启动控制系统、保护系统组成。冷水机组有螺杆式、离心式和活塞式,当前城市轨道交通地下车站应用最广泛的冷水机组为水冷式螺杆冷水机组,如图 2-25 所示。

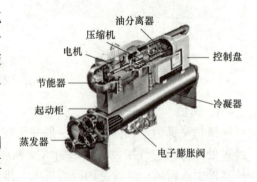

图 2-25 水冷式螺杆冷水机组

(1) 压缩机 压缩机又称为制冷系统的"心脏",压缩机在制冷系统的作用:从蒸发器中吸低压制冷剂蒸气,保证蒸发器内一定的蒸发压力;提高压力(压缩),以创造在较高温度下冷凝的条件;输送制冷剂,使制冷剂完成制冷循环。

(2) 换热器 地铁车站冷水机组的蒸发器与冷凝器均为卧式壳管式换热器。这种换热器主要由钢板卷制的筒体、换热管、两个焊接在筒体两端用于固定换热管的管板组成。换热管以胀接或焊接的方式固定在管板上并形成密封。管板外侧有端盖,端盖的内部有隔板,以使换热管内的流动介质可以多次往返流动,从一侧端盖向另一侧端盖流动。其中介质每流动 1 次称为 1 个流程。

1）蒸发器。蒸发器是制冷系统的吸热设备。低温低压的液态制冷剂在传热壁的一侧汽化吸热，另一侧使环境介质（空气或水）放热被冷却。城市轨道交通常使用降膜式蒸发器。

2）冷凝器。卧式壳管式冷凝器是一种壳管式换热器，分为氨用和氟利昂用两种。它们在结构上大体相同，只是在局部细节和金属材料的选用上有所差异。壳体是一个由钢板卷制焊接成的圆柱形筒体，筒体的两端焊有两块圆形的管板，两个管板钻有许多位置对应的小孔，在每对相对应的小孔中装入1根管子，管子的两端用胀接法或焊接法紧固在管板的管孔内，组成一组换热直管管束。卧式壳管式冷凝器如图2-26所示。

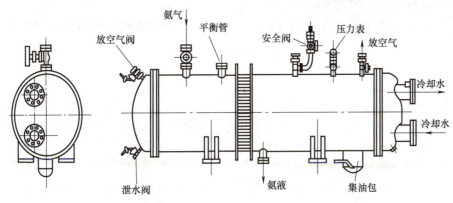

图 2-26 卧式壳管式冷凝器

卧式壳管式冷凝器两端装有铸铁的端盖，冷却水的进出水管接头设在同一侧的端盖上，冷却水下进上出，以保证运行时冷凝器中所有管子始终被冷却水充满，不会在上部存有空气。冷却水每向一端流动1次称为1个"水程"。制冷剂过热蒸气从筒体顶部进气口进入，由筒体下部出液管流入储液器中。在另一侧的端盖上，上部有一个放空气阀，供开始运行时放掉水一侧的空气，以免影响冷却水的流通；下部有一个泄水阀，用以在设备长期停止使用时放尽冷却水，以防止冬季冻裂水管。对于氨制冷系统，通常在筒体下部设置集污包，以便积存润滑油及机械杂质。卧式壳管式冷凝器外形如图2-27所示。

3）节流装置。节流装置的主要作用：对从冷凝器中出来的高压液体制冷剂进行节流降压；根据系统负荷变化，动态调整进入蒸发器的制冷剂液体的数量。常用的节流部件有毛细管、热力膨胀阀、浮球式膨胀阀、电子膨胀阀等。

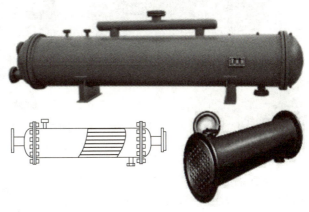

图 2-27 卧式壳管式冷凝器外形

2. 冷却塔

冷却塔俗称冷水塔、凉水塔等，是一种广泛应用的热力设备，其作用是通过热质交换将高温冷却水的热量散入大气，从而降低冷却水的温度。冷却塔系统一般包括填料、布水器、喷头、集水池、补水装置、风机等几个部分。冷却塔的分类方式有很多，按空气与水接触的方式，可分成湿式冷却塔和干式冷却塔；按通风方式可分为自然通风冷却塔和机械通风冷却塔，机械通风冷却塔分为抽风式和鼓风式两种；按水和空气的流动方向可分为横流式冷却塔（见图2-28）和逆流式冷却塔两种。

城市轨道交通中多采用横流式、鼓风式冷却塔，横流式冷却塔主要应用于地铁车站具备地面安装、半下沉和全下沉安装的车站；鼓风式冷却塔主要用于地面无安装条件，需全部安装在地下风道内的车站，多放置于风井内，既节约安装空间，又能消除噪声影响。

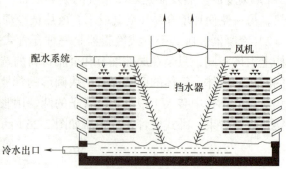

图 2-28　横流式冷却塔

3. 空调水泵

冷冻水系统通过冷冻水泵进行循环，冷却水系统通过冷却水泵进行水的输送和循环。城市轨道交通车站空调水系统使用的冷冻水泵和冷却水泵普遍采用单级单吸卧式清水离心泵（见图 2-29），安装在车站设备区的通风空调机房内。离心泵主要由泵体、叶轮、轴承、联轴器、机械密封和电动机等组成。标准站均设置两台冷却水泵并联运行，且互为备用；两台冷冻水泵并联运行，且互为备用。冷冻水泵输水水温为 7~12℃（可修改），闭式循环；冷却水泵输水水温为 32~37℃（可修改），开式循环。

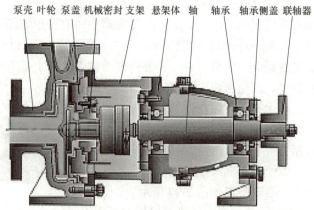

图 2-29　离心泵

4. 分、集水器

分水器是将一路进水分散为几路输出的设备，集水器是将多路进水汇集为一路输出的设备，如图 2-30 所示。分、集水器由主管、分路支管、排污口、排气口、压力表、温度计等组成，外表面做防腐或保温处理。分、集水器的筒体上根据需要连接多个进、出水管，可将

图 2-30　分、集水器

各路水汇集或将一路水分流，筒体上装有压力表或温度计，可方便观察筒体内水流状态，筒体的下端部装有排污口。它一方面将主干管的水按需要进行流量分配，保证各区域分支环路的流量满足负荷需要，同时要将各分支回路的水流汇集，并且输入回水主干管中，实现循环运行。

5. 水过滤器及水处理设备

通常在水泵入口、水系统各换热器及调节阀等入口处安装有水过滤设备，以防止杂物进入系统堵塞管道或污染设备。城市轨道交通常用 Y 形过滤器，因其滤网与阀体成一个锐角，外形

很像字母"Y",所以称之为 Y 形过滤器(见图 2-31)。过滤器通常安装在减压阀、泄压阀、定水位阀或其他设备的进口端(一般安装在位于地面的冷却塔、环控机房内等区域的管道),用来消除介质中的杂质,以保护阀门及设备的正常使用。当需要清洗时,只要将可拆卸的滤筒取出,去除滤出的杂质后,重新装入即可,其使用、维护较方便。

6. 水处理仪

水处理仪是用于水系统中的一种除垢、防垢、杀菌、灭藻、除铁锈、防腐蚀的设备,如电子水处理仪(见图 2-32)、离子棒、电子除垢仪。水处理仪是采用物理方法进行水处理的专用仪器,在保持原水化学成分的基础上,通过改变水分子的物理结构,达到防垢、除垢的效果。城市轨道交通中,水处理仪一般安装在车站内的冷水机房或通风空调机房内。

7. 膨胀水箱

如图 2-33 所示,膨胀水箱被广泛应用于中央空调、锅炉、热水器、变频、恒压供水设备中。它一般由钢板制成,通常是圆形或矩形,水箱内、外具备防腐功能,箱上连有膨胀管、溢流管、信号管、排水管及循环管等管路。其一般设于空调水系统最高点之上,其底部应高于系统最高管道或设备顶部。轨道交通中一般将其设置于站外地面区域,多位于绿化带内。

图 2-31 Y 形过滤器

图 2-32 电子水处理仪

图 2-33 膨胀水箱

五、车站空调水系统工作原理

1. 制冷循环系统

制冷循环系统采用蒸气压缩式制冷循环,由压缩机、蒸发器、冷凝器、节流机构 4 大部件组成。经压缩机压缩后出来的高温高压制冷剂气体,流经冷凝器放热冷凝,成为低温低压液态制冷剂,经节流装置节流降压后进入蒸发器吸热蒸发,成为高温高压气态制冷剂后进入压缩机循环压缩。蒸气压缩式制冷循环原理如图 2-34 所示。

2. 冷冻水系统

冷冻水系统主要由冷冻水泵、分水器、集水器及管路等组成。在冷冻水泵的驱动下,冷冻水流入冷水机组蒸发器内,与蒸发器内的制冷剂进行热交换,蒸发器吸热,冷冻水放热降温至设定温度。降温后的冷冻水沿空调管路流至各个空调末端设备,为末端提供冷量。冷冻水系统循环原理如图 2-35 所示。冷冻水供水温度、压缩机负荷调节、冷水机组的各种保护均由冷水机组自带的控制器调节。冷冻水采用膨胀水箱定压补水装置,压力控制由补水装置提供。

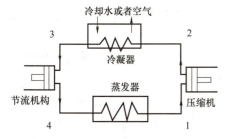
图 2-34 蒸气压缩式制冷循环原理

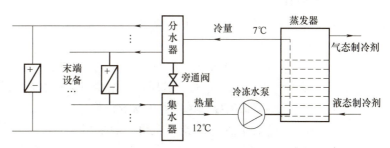
图 2-35 冷冻水系统循环原理

3. 冷却水系统

冷却水系统主要由冷却水泵、冷却塔及管路等组成。冷却水在冷却水泵的驱动下，从冷凝器获得热量沿着管路流至冷却塔，在冷却塔中与空气进行热量交换，放出热量后降温至设定温度。降温后的冷却水沿着管路流回冷凝器，与冷凝器进行热量交换，继续进行下一个循环。冷却水系统循环原理如图 2-36 所示。城市轨道交通中，冷却水的补充由冷却塔浮球阀控制市政给水管道（即自来水管）完成。冷却水泵、冷却塔与冷水机组一对一运行，互为备用，能够实现自动切换。冷却塔风扇与冷却水温连锁，根据水温控制冷却塔投入运行的数量。

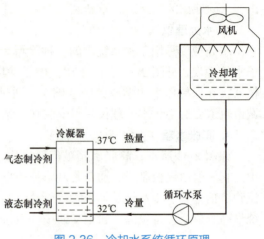

图 2-36　冷却水系统循环原理

课堂思考

请结合车站通风空调水系统的组成，画出空调水系统的运行原理图。

课后知识回顾

车站通风空调系统认知	课后知识回顾	班级： 姓名：

1. 车站通风空调系统的组成

1）车站通风空调系统由车站站厅站台公共区空调通风系统兼排烟系统（简称_____）、车站设备管理用房空调通风兼排烟系统（简称_____）和空调循环水系统（简称_____）组成。

2）大系统主要设备一般集中、对称地分布于车站站厅层两端的环控通风机房，机房内一般分别设置组合式空调机组，每台机组对应_____台回 / 排风机；车站每端设置 1 台空调_____，提供车站公共区的新风量。

3）车站空调_____为车站通风空调系统提供冷源，当车站执行小新风、全新风空调模式时，车站空调水系统投入运行，根据末端负荷的大小调节空调水系统设备的运行，输出恒温的_____水供车站空调使用。

2. 车站通风空调系统的运行模式

1）采用焓值控制时，大、小系统根据焓值转换可分为_____工况、_____工况和_____工况 3 种。

2）小新风运行模式特点：降温除湿，保证最小_____，部分_____循环，实现减耗。

3）车站公共区发生火灾时，大系统执行_____模式，该站的空调水系统、小系统均_____。

4）设备区发生火灾时，当车站一端执行_____火灾模式时，车站的大系统、空调水系统_____运行，其所在车站端与该模式无关的小系统全部_____。

3. 车站主要通风空调设备及设施

1）地铁组合式空调机组一般采用_____结构，主要功能段包括_____、_____段、表冷段、_____段、_____段及送风段。

2）地铁设备区通风系统常用的整体式空调机组有_____和_____两种。

3）在车站通风空调系统中，车站大系统风机、车站小系统风机包括大、小系统的新风机、回/排风机、排风机和排烟风机，均为_____风机。

4. 车站空调水系统的组成

1）空调水系统除冷水机组外，还包括_____、分集水器、_____、_____水泵、冷冻水泵、各类水阀、水管道等。

2）空调水系统通常分为制冷循环系统、_____系统和_____系统。

3）_____被称为制冷系统的"心脏"，从蒸发器中吸低压制冷剂蒸气，保证蒸发器内一定的蒸发压力；_____压力（压缩），以创造在较高温度下冷凝的条件；输送制冷剂，使制冷剂完成制冷循环。

4）卧式壳管式冷凝器两端装有铸铁的端盖，冷却水的进、出水管接头设在_____的端盖上，冷却水_____进出，以保证运行时冷凝器中所有管子始终被冷却水充满，不会在上部存有_____。

5）_____是将一路进水分散为几路输出的设备，_____是将多路进水汇集为一路输出的设备。

6）_____过滤器是输送介质的管道系列不可缺少的一种装置，通常安装在减压阀、泄压阀、定水位阀或其他设备的进口端。

📝 任务实施及评价

【任务实施】

认知准备：车站通风空调系统的组成及设备图片展示、视频介绍。

【操作步骤】

序号	图片	说明
1		左图所示设备名称为_____，在车站通风空调系统的作用是_____
2		左图所示设备名称为_____，主要优点是_____
3		左图所示设备名称为_____，由_____组成

（续）

序号	图片	说明
4		左图所示设备为_____，作用是_____，安装在_____
5		左图所示设备为_____，其设置部位是_____
6		左图所示设备为_____，应用于_____
7		左图所示设备名称为_____，主要由_____组成
8		左图所示为_____，它的工作原理是_____

【任务评价】

【课证融通考评单】车站通风空调系统认知			日期：			
姓名：		班级：		学号：		教师签名：
自评：□熟练 □不熟练		互评：□熟练 □不熟练		师评：□合格 □不合格		
日期：		日期：		日期：		
车站通风空调系统认知【评分细则】						
序号	评分项	得分条件	分值	自评	互评	师评
1	接受任务	明确工作任务，理解任务在企业工作中的重要程度	5			
2	前置知识	本次实训前需要掌握的知识	5			
3	能力评价	1）能现场识别车站通风空调系统的设备及设施	7			
		2）能描述车站通风空调系统设备的作用及用途	8			
		3）能根据不同运行模式调整设备工况	15			
		4）能画出车站通风空调系统的架构图	15			
		5）能识读车站通风空调系统图，能说明运行关系与原理	15			
4	素养评价	1）工作计划性强，安排得当	4			
		2）团队合作能力强，善于沟通合作	4			
		3）自主学习能力强，勇于克服困难	4			
		4）严谨认真，积极参与课堂	4			
		5）演示文稿制作精美、汇报演讲能力强	4			
5	评价反馈	1）能快速、正确地识别图片中的设备	5			
		2）在任务实施过程中能发现问题	5			
		总分	100			

视野拓展

成都地铁凉快的背后，居然隐藏着"黑科技"

在夏季持续高温的时候，成都地铁车站里的清凉总能让人"冷静一夏"。那么为什么地铁里总是这么凉快呢？原来，这后面有诸多隐藏的"黑科技"。

黑科技一：车站会按照季节和外部温度自动调节制冷量

成都地铁车站内的凉爽，离不开全线网各车站都有的站内通风空调系统。这套系统会按照空调季节和非空调季节，根据外部温度实时自动调节制冷量，保障车站的温度和湿度，满足正常人体的最佳舒适需求。此外，运营时间内，所有通风空调系统会处于开启状态，车站的值班员会对系统实时监控。通风通道会由专业检修人员定期维护，以确保风口风量符合相关标准，为广大乘客提供舒适的候车环境。在高架站，为了让候车的乘客"躲避"高温，专门设置了空调候车室。

黑科技二：列车会通过载客量实时调节温度

成都地铁的列车有电客车载荷控温功能，即地铁列车空调会通过各节车厢载客量，实时调节列车温度。

目前，成都地铁列车空调采用自动控制技术实时调节车内温度，列车空调会自动结合环境温度和车厢温度，启动制冷或制热功能。当车内温度超过设置的目标温度值，就会自动启动制冷，使车内温度稳定在一定区间内。成都地铁列车的空调通过司机室内的软件进行控制。地铁列车每天出库前和入库后，工作人员都会对司机室内的空调控制运行界面进行检查和设定；收车停运后，检修人员会对地铁列车空调进行彻底清洁，以保障车厢环境安全可靠。

黑科技三：列车可以做到"同车不同温"

同一趟地铁，同一个车厢，有人觉得冷、有人觉得热，怎么办？成都地铁能够"列车分区控温"。地铁列车分区控温是根据地铁列车车厢位置情况，采取客室空调温度分区控制的一种温度控制手段，按照强冷、弱冷两种控制模式对列车进行分区管理，尽可能满足不同人群对温度的需求。为了使乘客在乘车过程中能够快速、便捷地获取车厢信息，从而能够自主随心选择，成都地铁在实行列车分区控温服务的线路各站点站台门张贴了引导标识，并更新了列车内部显示屏的显示内容。

任务二　区间隧道通风系统认知

🎯 任务目标

知识目标：
1. 掌握区间隧道通风系统的组成及常见运行模式。
2. 掌握区间隧道通风系统的设备类型、结构及特点。

能力目标：
1. 能识别区间隧道通风系统各部分设备。
2. 能根据不同运行工况启动、关闭不同类型的风机。

素养目标：
1. 培养团队协作意识。
2. 培养理论联系实际，分析、解决问题的能力。

📊 任务导入

某地铁公司与城市轨道交通学校开展校企共建课程活动。地铁公司一线员工走进课堂，指导学生实操课程，以新型"师带徒"的方式开展校企合作，以学校通风空调实训平台为基础结合企业一线实操经验讲解通风空调系统组成、区间隧道通风系统设备工作特性及工况模式等。这为学生后期的实操打下可靠基础，提升了学生求知欲。校企合作通风空调实训平台如图 2-37 所示。

图 2-37　校企合作通风空调实训平台

一、区间隧道通风系统的组成

区间隧道通风系统（TVF系统）分为区间隧道通风（兼排烟）系统和车站隧道通风系统两部分。区间隧道通风系统主要由隧道风机、推力风机、射流风机及相应的风道、风阀等组成；车站隧道通风系统主要由排热风机（部分站与隧道风机合用）、消声器、风道、风阀等组成。

1. 区间隧道通风系统的作用

如图2-38所示，区间隧道通风系统包含区间隧道活塞通风、机械通风和排烟系统。隧道通风分为送风、排风、自然换气等，其主要作用是通过活塞风和机械风排除隧道内的热气、湿气、废气、烟气、毒气，改善地下空间的空气条件，保障正常运营。区间隧道通风系统的设备机房和风井一般位于车站两端（距离较大的区间需在隧道中部增设直达地面的区间风井），其主要设备包括设置于车站两端的4台隧道通风机以及与其配套的风阀、风道、消声器等。

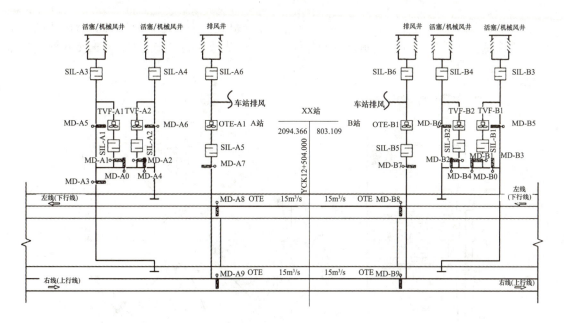

图 2-38 区间隧道通风系统

（1）活塞通风 活塞通风是利用地铁列车在隧道内的快速运行产生的活塞效应而形成的一种通风方式。当列车在隧道内运行时，列车前方的空气不能全部被列车挤压到列车后方或侧面，会有部分空气被列车向前推动，通过排风井排放到隧道出口外，而列车后方存在着负压区，因此空气会通过进风井引入隧道，由此形成活塞风。活塞风在湿热季节可以有效地排除区间隧道的余热和余湿，通过与外界进行热量交换，节约风机能耗。此外，活塞风强化了隧道内气流与壁面的换热效果，能很好地发挥土壤蓄冷、蓄热能力，对隧道内的空气温度起到良好的调节作用。

在潮湿环境（尤其是西南地区）中，开通运营前因潮湿引起的隧道壁设备故障率较高，甚至于损坏，在开通运营一段时期后，因活塞风影响，墙壁明显干燥且设备运行较为稳定；但在场段出入段线，夏季列车进出时将外部湿热空气带入隧道中，会引起隧道壁潮湿，引发设备故障率上升。

（2）机械通风 机械通风是指用风机产生的压力，将外界空气有组织地送入地铁车站及区间隧道，并结合排风形成循环风，用于改善地下车站的空气条件。地铁多采用机械通风与活塞通风相结合的方式。区间隧道通风一般为纵向通风，车站通风一般为横向通风。对于当地气温不高、运量不大的城轨交通系统，车站与区间可使用连在一起的纵向通风系统。每天运营前半小时进行早通风，目的是利用室外冷空气对地铁隧道进行冷却和换气，并检查通风设备状况，确保正常投入使用。每日夜间结束运营后，进行半小时晚间通风，作用与早间通风基本相同。

（3）**防排烟** 防排烟是通过位于车站两端的隧道风机、电动组合风阀转换（主要作用是向事发区间隧道机械排烟与机械补风），以隧道纵向通风的防排烟方式来保证绝大多数乘客的疏散路径处于新风区段，满足区间隧道的防、排烟使用要求。

2. 区间隧道通风系统主要设备及设施

（1）**风机** 城市轨道交通区间隧道通风系统一般采用专用轴流风机。轴流风机的叶片与机轴中心线有一定的螺旋角。当电动机带动叶片在机壳内转动时，空气一边随叶轮转动，一边沿轴向推进。当空气被推出后，原来占用的位置形成低压，促使外面的空气由吸入口进入。空气通过叶轮使压力增大后，从出口排出。由于气体在机壳中始终沿轴向流动，所以称为轴流式风机。与离心风机相比，轴流风机具有风量大、风压小、重量轻、便于维修、噪声小等特点。

轴流风机主要由叶轮、电动机、风筒等主要部分组成。中小型轴流风机的结构如图2-39所示。大型轴流风机的叶片安装角是可调节的，通过调节叶片的安装角度，可改变风机的风量和风压。

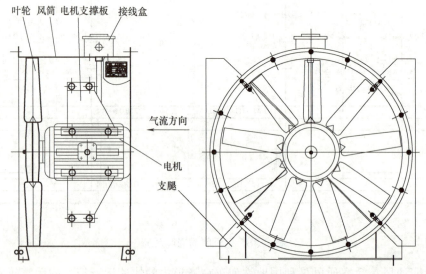

图 2-39 中小型轴流风机的结构

1）隧道风机（TVF）。隧道风机为双向（正反转）轴流式风机，属于大型轴流风机。隧道风机设置于车站两端的设备房、区间通风机房及距离较长区间的中间风井内隧道通风机房，通过正转和反转实现对隧道排风与送风，用于早晚时段、列车阻塞、火灾时的通风、排烟。大型轴流风机（含正、反转的防喘振部分）的结构如图2-40所示。隧道风机外形如图2-41所示。

2）排热风机（TEF）。排热风机设于车站两端，位于设备区轨道上方专用机房内（房间通过活塞风阀与隧道区间连通），主要用于排除列车停站时产生的热量及辅助排烟。TEF的性能与主要构成与TVF基本相同。

3）射流风机。射流风机是一种开放进、出口的特殊双向（正、反转）轴流风机。在城市轨道交通中，射流风机用于车站距离间隔较大的区间通风系统中，向隧道内空气提供较大的纵向推力。其安装在车站两端隧道侧壁（采用壁挂方式安装）或区间风井（另称中间风井）的风机房内。射流风机的外形如图2-42所示。射流风机的结构示意图如图2-43所示。

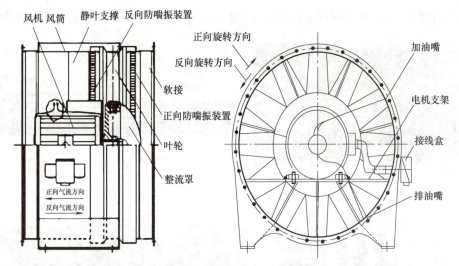

图 2-40 大型轴流风机（含正、反转的防喘振部分）的结构

图 2-41 隧道风机外形

图 2-42 射流风机的外形

（2）组合风阀 城市轨道交通在车站两端（或区间隧道内）设有活塞通风和机械通风系统，配合相应的组合风阀（见图 2-44）可实现不同工况转换。例如在车站轨顶及轨底排热通风管路设置组合风阀，可实现车站隧道机械通风、排热。组合风阀承担着不同模式下系统风量的分配工作，通过控制不同位置上风阀开关状态改变

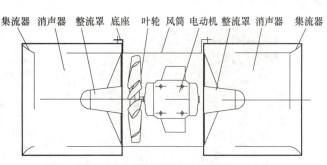

图 2-43 射流风机的结构示意图

气流路径，实现排风、送风、排烟的切换。城市轨道交通中采用的组合风阀的大小根据现场条件定制生产。

组合风阀按照隧道通风系统的正常工况、阻塞工况和火灾工况区间通风控制模式执行，通过组合风阀的启、闭完成各种工况的转换。正常工况时，活塞风阀打开，机械风阀关闭，利用列车运行形成的活塞风对区间进行通风换气；阻塞或火灾工况下，关闭活塞风阀，开启相应的隧道风机及风阀，对区间进行机械通风、排烟。组合风阀较多安装于隧道风机设备房联通的风道风室内，位于隧道顶部。正常情况下，组合式风阀与风机联动开启，且先于风机启动前开启。因故障或风阀动作机构锈蚀等原因造成风阀开启失败的，应立即进行手动开启操作。可通过执行器的机械手动操作机构摇动开启风阀。

（3）片式消声器 设置于土建结构风道内，呈片式安装的消声器称为片式消声器。其外形如图 2-45 所示。片式消声器允许气流通过，却又能阻止或减小声音传播，是消除空气动力性

噪声的重要器件。片式消声器在阻性消声中应用最广,安装于车站风井与风道的接驳处。

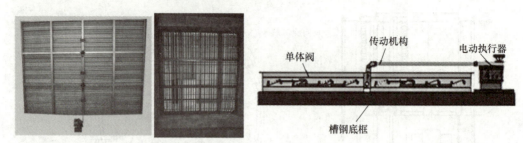

图 2-44 组合风阀

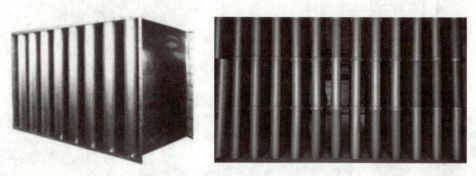

图 2-45 片式消声器外形及安装现场图

(4) 站外风亭　风亭属于车站的通风设施。地下车站及隧道受到封闭空间的限制,通过安装在地面的风亭进行地下、地上空间的通风换气。按照功能分类,地铁车站风亭分为活塞风亭、新风风亭和排风风亭。双活塞系统常规地铁车站一般设置 2 座活塞风亭、1 座排风风亭、1 座新风风亭;单活塞系统常规地铁车站一般设置 1 座活塞风亭、1 座排风风亭、1 座新风风亭。风亭按建筑形式分为独立式有盖风亭、独立式敞口风亭(见图 2-46)和与建筑合建的风亭。

a)　　　　　　　　　　　　b)

图 2-46 有盖风亭与敞口风亭
a) 有盖风亭　b) 敞口风亭

3. 区间隧道通风系统的运行模式

(1) 正常运行模式　正常运营期间,只开启隧道通风系统,排除列车到站时产生的热量;区间通风是靠列车在隧道内运行过程中产生的活塞风,通过活塞风阀、活塞风井与相邻隧道、外界进行通风换气。

① 早间、夜间运行:早间运营前,控制中心(OCC)值班人员开启隧道风机进行纵向推挽式机械通风(相邻车站两端隧道风机一排一送),使隧道内充盈新鲜空气。夜间收车后,

隧道通风系统模式控制

OCC 值班人员操作隧道风机进行纵向通风，完毕后打开所有风阀，排除隧道热气并使新鲜空气进入隧道。BAS 区间隧道早间与夜间运行模式表如图 2-47 所示。BAS 区间隧道早间与夜间运行模式原理如图 2-48 所示。

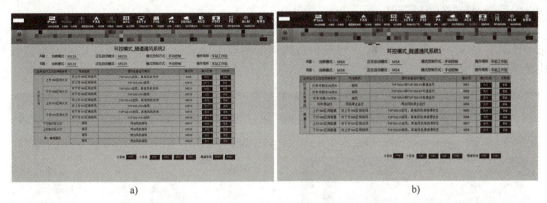

图 2-47　BAS 区间隧道早间与夜间运行模式表
a）早间　b）夜间

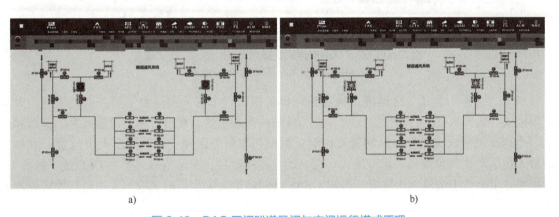

图 2-48　BAS 区间隧道早间与夜间运行模式原理
a）早间　b）夜间

② 正常运行：隧道风机停止运转，打开旁通风阀，利用列车的活塞作用进行通风换气，排除隧道余热、余湿。BAS 区间隧道正常运行模式表与正常运行模式原理如图 2-49 所示。

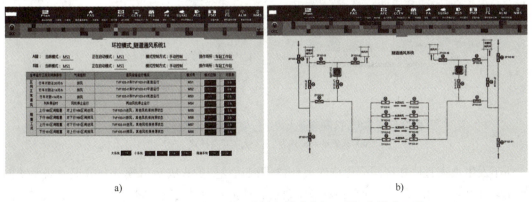

图 2-49　BAS 区间隧道正常运行模式表与正常运行模式原理
a）正常运行模式表　b）正常运行模式原理

在通风期间需确保区间无列车进、出车站，否则因列车的存在将扰乱气流组织，紊乱的气流窜入车站将引发 FAS 烟感报警，甚至车站消防联动。

（2）阻塞运行模式　阻塞运行模式是指当列车或供电系统发生故障时，列车在区间隧道内停留超过 2min（该时间值可由 ATS 进行修改）时，认为列车发生阻塞事故，此时 ATS 将向 ISCS 发送阻塞信号。ISCS 依据接收到的阻塞信号，自动匹配阻塞运行模式信号，由 OCC 值班人员手动下发模式命令（某些城市线路设为自动下发）至事故区间两端车站，开启阻塞模式对区间停靠列车进行空气补充。

系统设计时按同一区间的左、右线同一时间只发生一侧阻塞考虑，若出现同一区间左、右线同时发生上、下行阻塞的情况，则左、右线均按阻塞工况运行。BAS 区间隧道阻塞模式表与阻塞运行模式原理如图 2-50 所示。

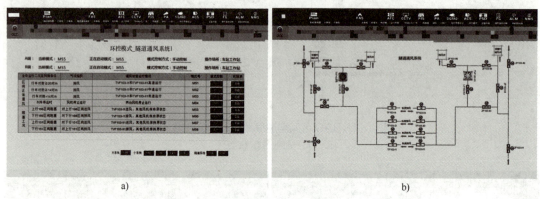

图 2-50　BAS 区间隧道阻塞模式表与阻塞运行模式原理
a）阻塞模式表　b）阻塞运行模式原理

（3）火灾运行模式　区间隧道火灾运行模式根据列车着火点位置不同，启动相应的火灾控制模式。若列车在运行时发生火灾，会尽量驶向前方车站，在前方车站疏散乘客、排烟和灭火。当列车发生火灾且停在区间隧道内时，根据列车所处区间位置和列车火灾位置，由 OCC 值班人员手动执行预设火灾运行模式；在自动控制失败后，车站值班人员在 OCC 统一指挥下，手动操作 IBP 盘上的隧道火灾模式按钮。BAS 区间隧道火灾运行模式表与火灾运行模式原理如图 2-51 所示。

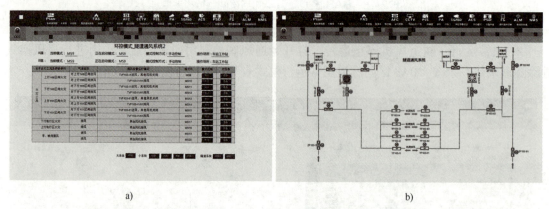

图 2-51　BAS 区间隧道火灾运行模式表与火灾运行模式原理
a）火灾运行模式表　b）火灾运行模式原理

列车发生火灾且停在区间隧道内时，应立即启动相应的火灾运行模式。隧道通风系统向多数乘客疏散相反方向的送风，疏散指示系统自动联动指向迎风疏散方向。列车中部着火时，列车靠近车站的一端排烟，远端送风；若列车位于区间隧道中部时，按与行车一致方向送风；无法判断列车火灾位置时，按与行车方向一致的方向送风。针对以上 3 种情况，采取不同的运行方式：

1）列车头部着火且停在隧道区间时，乘客从列车尾部安全门进入隧道向后方车站撤离。此时，列车进站方向的隧道风机排烟，列车出站方向的隧道风机送风。列车头部着火防、排烟及疏散示意图如图 2-52 所示。

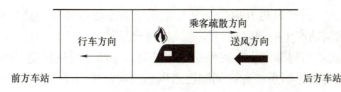

图 2-52　列车头部着火防、排烟及疏散示意图

2）列车尾部着火时，乘客从列车头部撤离，隧道风机按与列车运行方向相反的方向送风，即列车进站方向的隧道风机送风，列车出站方向的隧道风机排烟。列车尾部着火防、排烟及疏散示意图如图 2-53 所示。

图 2-53　列车尾部着火防、排烟及疏散示意图

3）列车中部着火时，乘客由车头和车尾的安全门同时撤离进入隧道。若列车中部着火且停在近车站处，则列车靠近车站的一端隧道风机排烟，远端隧道风机送风，如图 2-54 所示。若列车中部着火且停在区间任意位置则按与行车一致的方向开启隧道风机，如图 2-55 所示。

图 2-54　列车中部着火且停在近车站防排烟及疏散示意图

图 2-55　列车中部着火且停在区间任意位置防排烟及疏散示意图

（4）车站轨行区运行模式　车站轨行区的运行模式是一个特殊模式，是通过车站及轨行区排热（兼排烟）系统实现的。模式执行是由车行区上部排热风道和站台下部排热风道、U/O 风机、风阀等组成完成。机房一般设置于车站的两端，不单设风井而与车站排风井合用，但设有轨顶排风道、站台下排风道。车站轨行区通风系统如图 2-56 所示。

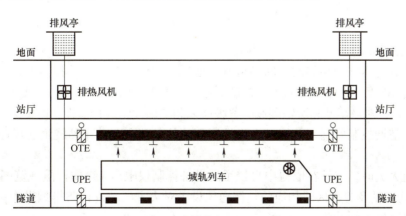

图 2-56　车站轨行区通风系统

① 正常运行模式：排热风机开启后，列车车辆空调冷凝器释放的热量通过轨顶风道排至站外风亭，列车停站制动产生的热量通过轨底风道排至站外风亭。

② 火灾运行模式：当列车发生火灾停靠在车站时，关闭下排热风道，由站台层排烟系统、着火侧车站两端的车行区排烟系统和区间隧道通风系统联合进行排烟，形成车行区负压，站厅送风加以补风，保证楼梯口有向下不小于 1.5m/s 的气流速度。同时，开启侧屏蔽门，乘客经站台、站厅、出入口通道疏散至地面。未着火侧屏蔽门关闭，控制中心调度控制其他车辆不再进入本站或快速通过本站不停站。

此外，在车站站台火灾采用区间辅助排烟的线路，当发生站台火灾时除 BAS 自动开启站台排烟风机外，还要自动联动开启隧道风机（由车控室值班人员通过 IBP 盘开启站台门首、末辅助排烟门，编组较长的车站增加开启中部辅助排烟门）。

二、区间隧道通风空调系统的控制

区间隧道通风空调系统由中央控制、车站级控制和就地控制 3 级组成。

1. 中央控制

隧道模式控制（OCC工作站）

中央控制设置在控制中心，对全线地下车站进行监视，对相关区间隧道通风、空调设备进行监控。OCC 综合监控工作站 BAS 界面如图 2-57 所示。正常运行时，中央控制对各车站的通风与空调系统进行必要的协调；在地铁系统发生阻塞或区间隧道发生火灾时，中央控制向车站下达各种运行模式指令或执行预定运行模式，统一控制全线区间隧道的通风、空调设备运行。

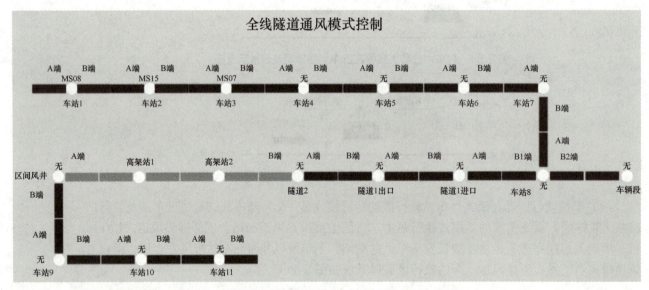

图 2-57　OCC 综合监控工作站 BAS 界面

2. 车站级控制

隧道模式控制（车站下发）

车站级控制对本站和相邻的区间隧道各种通风、空调设备进行监控。车站控制室通过车站级工作站或 IBP 盘（见图 2-58）下发控制命令。根据车站内部及室外空气状态控制空调、通风系统运行方式，对该车站和所辖区域的各种通风和空调设备进行监控，向中央控制传送各种信息及通风、空调控制状况，并执行中央控制下达的各项命令。车站隧道通风原理如图 2-59 所示。

发生区间火灾时，车站在取得中央授予的设备控制权限后（操作权限一览图如图 2-60 所示），才能调动本站及管辖区间相应的空调通风设备对火灾区域进行防排烟操作；此外，需要事发区间两端的车站密切配合完成。

模块二 城市轨道交通通风空调系统

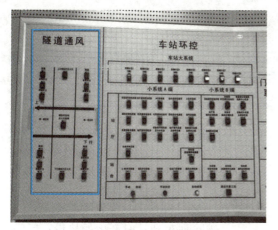

图 2-58　IBP 盘（隧道通风模式控制按钮）

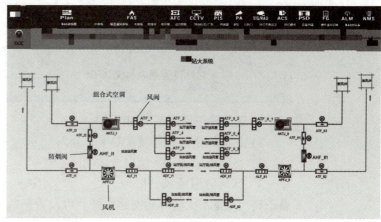

图 2-59　车站隧道通风原理

图 2-60　操作权限一览图

3. 就地控制

就地控制设备设置在环控电控室（通过 MCC）或通风空调设备本体附近，对风机进行启停控制。操作前，需确认控制权限已交给环控电控室。就地控制具有最高级控制权限，一般是在自动化操作失败后进行。就地操作时，需先将控制权限切换至就地控制位。通风空调设备就地控制装置如图 2-61 所示。

图 2-61　通风空调设备就地控制装置

请结合区间隧道通风系统分类及设备类型，画出区间隧道通风系统的架构图。

区间隧道通风系统认知	课后知识回顾	班级： 姓名：

1. 区间隧道通风系统的组成

1）区间隧道通风系统（TVF）分为_____（兼排烟）系统和_____系统两部分。

2）区间隧道通风系统包含区间隧道_____、_____和_____。

3）区间隧道通风一般为_____通风，车站通风一般为_____通风。对于当地气温不高、运量不大的城轨交通系统，可设置车站与区间连在一起的_____通风系统。

4）正常运营期间，只开启车站隧道_____系统，排除列车到站时产生的热量；区间通风是靠列车在隧道内运行过程中产生的_____风，通过活塞风阀、活塞风井与相邻隧道、外界进行通风换气。

5）发生阻塞时，区间隧道通风系统设计按同一区间的左、右线同一时间只发生_____侧阻塞考虑，若出现同一区间左、右线同时发生上、下行阻塞的情况，则左、右线均按_____工况运行。

6）无法判断列车火灾位置时，按与行车方向_____的方向送风。

7）区间隧道通风系统火灾运行模式的控制原则是_____。

2. 车站隧道通风系统的组成

1）车站隧道通风系统（TEF）包括_____下部、车行道上部_____和辅助排烟系统。

2）车站隧道通风系统_____风机开启后，列车车辆空调冷凝器释放的热量通过轨顶风道排至站外_____，列车停站制动产生的热量通过轨底风道排至站外风亭。

3）站台候车区发生火灾时，开启_____风机，通过打开两端_____，辅助站台大系统排除烟气。

任务实施及评价

【任务实施】

认知准备：区间隧道通风系统设备及相关图片展示、视频介绍。

【操作步骤】

序号	图片	说明
1		左图所示设备的名称为_____，在隧道通风系统中的作用是_____ _____

(续)

序号	图片	说明
2	 乘客疏散方向　乘客疏散方向 行车方向　　　　　　送风方向 前方车站　　　　　　　　后方车站	左图所示列车着火部位为_____，列车停靠在区间_____，列车靠近车站的一端隧道风机_____，远端隧道风机_____
3		左图所示设备的名称为_____，用于早晚时段及_____、火灾通风、排烟，根据运行模式要求对隧道进行排风、送风，即_____
4		左图所示设备的名称为_____，它承担着不同模式下系统风量的_____。通过控制不同位置上风阀_____改变气流_____，实现排风、送风、排烟的切换
5	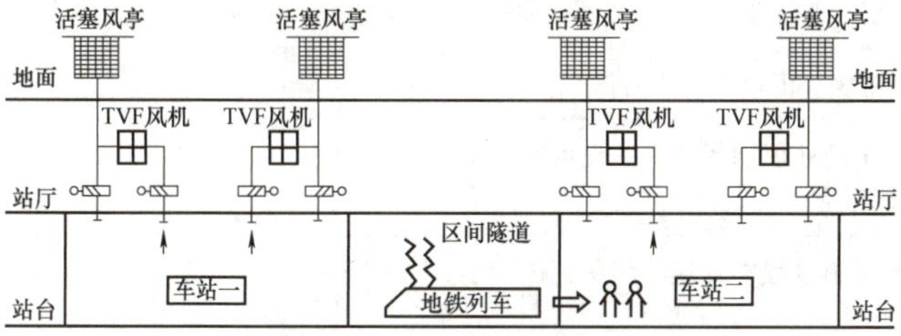 活塞风亭　活塞风亭　　　活塞风亭　活塞风亭 地面　　　　　　　　　　　　　　　　地面 　　TVF风机　TVF风机　　TVF风机　TVF风机 站厅　　　　　　　　　　　　　　　　站厅 　　　　　　　　区间隧道 站台　　车站一　地铁列车　　车站二　站台	左图所示为_____系统，当列车发生火灾停靠在车站时，车站隧道通风系统站台下排风道，由_____风道进行排烟
6		左图所示设备的名称为_____，其允许_____通过，却又能阻止或减小_____传播，是消除空气动力性噪声的重要器件
7		左图所示设备的名称为_____，双活塞系统常规地铁车站一般设置_____、1座_____、1座_____

【任务评价】

【课证融通考评单】区间隧道通风系统认知		日期：		
姓名：	班级：	学号：		教师签名：
自评：□熟练 □不熟练	互评：□熟练 □不熟练	师评：□合格 □不合格		
日期：	日期：	日期：		

区间隧道通风系统认知【评分细则】

序号	评分项	得分条件	分值	自评	互评	师评
1	接受任务	明确工作任务，理解任务在企业工作中的重要程度	5			
2	前置知识	本次实训前需要掌握的知识	5			
3	能力评价	1）能现场识别区间隧道通风系统设备及设施	7			
		2）能描述通风设备的作用及用途	8			
		3）能根据不同运行模式调整设备工况	15			
		4）能归类区间隧道、车站隧道通风系统设备及设施	15			
		5）能识读区间隧道通风系统图、BAS与通风空调系统接口界面	15			
4	素养评价	1）工作计划性强，安排得当	4			
		2）团队合作能力强，善于沟通合作	4			
		3）自主学习能力强，勇于克服困难	4			
		4）严谨认真，积极参与课堂	4			
		5）演示文稿制作精美、汇报演讲能力强	4			
5	评价反馈	1）学生能快速、正确地识别图片中的设备，以小组评价方式组织客观评价	5			
		2）对学生在任务实施过程中发现的问题，进行小组审议后及时反馈	5			
	总分		100			

  视野拓展

区间隧道内如何正确疏散

当列车在隧道内无法运行时，乘客应当密切留意列车上的广播，在司机的指引下沉着冷静应对。通过安全疏散门或是安全疏散平台（也就是通常所说的"生命通道"）进行有序疏散或逃生。当列车在区间内发生紧急情况，通过列车车头或车尾安全疏散门进入隧道进行疏散时，乘客可以打开通往司机室的门进入司机室，然后按照安全疏散门上方的操作指引打开疏散门，并通过该门离开列车。其过程中，注意按照工作人员的指引进行安全疏散。通常情况下，在区间隧道内可以利用安全疏散平台进行有序的疏散，安全疏散平台安装在隧道壁或高架线路旁。当列车在区间被迫停车需要进行紧急疏散时，乘客可以根据列车广播并在司机的指引下，操作疏散平台侧的紧急开门装置，手动打开车门，然后在工作人员指引下通过安全疏散平台进行疏散。地铁发生火灾的概率虽然很小，但仍不可掉以轻心，若发生意外，可按照如下指引采取相应措施，避免损害的扩大。

一、紧急情况下的列车上的疏散

当列车发生火灾等紧急情况需要疏散时，乘客需做到：

1）按动地铁车厢的紧急报警或对讲装置及时报告。

2）利用车厢内的灭火器进行扑火自救。

3）如果火势蔓延，扩张趋势明显，乘客无法灭火自救，这时应该保护自己，先行疏散到安全车厢。疏散时，让老弱妇幼先行。

4）一般情况下，列车会行驶到就近的车站进行疏散。列车行驶至车站时，从已经打开的车门疏散到站台，听从车站工作人员统一指挥，沿着正确逃生方向进行疏散。如果车门和屏蔽门都没有打开，利用车门紧急开门装置和屏蔽门手动解锁装置打开车门和屏蔽门。

5）如果列车在隧道内无法运行，需要在隧道内疏散乘客时，乘客要密切留意列车内的广播，切不可慌乱，要在司机的指引下，沉着冷静应对，紧张有序地进行疏散。

6）到达车站后，要听从工作人员和车站广播指引沿着各种紧急疏散标识进行快速、有效的疏散。

二、紧急情况下的车站疏散

在地铁车站内发生火灾等紧急情况时，乘客需做到：

1）及时报告。利用车站的火灾手动报警器或直接报告地铁车站工作人员，以便车站工作人员采取相关措施进行处理。

2）尽可能找到简易防护。可用毛巾、口罩蒙鼻，最好是湿的；在有浓烟的情况下，采用低姿势撤离，贴近地面逃离是避免烟气吸入的最佳方法；视线不清时，手摸墙壁徐徐撤离。

3）紧急情况下要保持镇定，不能盲目乱跑，要听从工作人员的指挥或广播指引，迎着新鲜空气跑；若身上着火，千万不要奔跑，可就地打滚或用厚重衣物压灭火苗。

4）遇到火灾不可乘坐垂直电梯。

5）不要贪恋财物，不要因为顾及贵重物品而浪费宝贵的逃生时间。

任务三　环控通风空调系统设备检修与应急故障处置

🎯 任务目标

知识目标：

1. 掌握车站通风空调系统计划检修的工作内容。
2. 掌握车站通风空调系统设备维修保养与作业标准内容。
3. 掌握车站通风空调系统故障应急处置流程。

能力目标：

1. 能按照保养与作业标准对环控通风空调系统设备进行周期性检修及专项检修。
2. 发生具体故障时，能对环控通风空调系统进行应急处置。

素养目标：

1. 培养学生的安全防护意识。
2. 培养"不怕灰、不怕油、不怕累、不怕苦"的劳动精神。

任务导入

某城市轨道交通企业开展了环控通风系统设备隐患查找技能大赛活动。此次活动严格按照真实场景、真实任务、真实设备举行,重点围绕车站通风空调系统中通风系统设备、空调水系统设备、风机风阀(见图2-62)等重点设备开展。

图 2-62 风机风阀及部件

此次活动提高了员工的安全意识、规范操作能力,同时提升了员工的应急故障处置能力。本次活动的开展,激发了企业员工的安全责任意识,增强了员工的实战能力。

知识课堂

一、通风空调系统设备计划检修周期与工作内容

城市轨道交通通风空调系统设备主要划分为通风系统设备、环控电控柜、射流风机及其配电箱、水系统设备与冷源系统设备5大模块。5大模块的设备维护采取以时间为单位的计划维修为主,故障维修为辅的维修方式;此外针对不同的设备性能,在特定时间段进行专项检测,如在每年空调使用季节的特定时间段内对柜内各电器元器件进行专项红外测温检查;安全阀、蒸发器、冷凝器等特种设备按时检定。

1. 周期性计划检修

周期性计划检修按照时间周期划分为日常设备巡检、月度计划检修、半年期计划检修和每年期计划检修。

(1)日常设备巡检(简称日巡检)工作内容 利用综合监控系统、专业设备在线监测系统远程巡视隧道通风系统、大系统、小系统、冷源系统设备状态、操作权限状态及模式执行;检查空调季车站公共区及各设备房温度、湿度显示数据;现场巡视通风空调系统电控柜设备(环控电控柜、冷源控制柜)实体运行状态及模式执行;检查电源、电压等参数显示;检查冷却塔、空调器、泵部件、阀门、开关、压力表、风机叶轮等运行状态;校对环控柜、冷源控制柜、冷水机组控制柜的时钟信息等。工作人员应如实填写日巡检记录,根据设备运行状况及事件记录发现的异常,及时采取措施处置。日巡检主要通过"目视+报警""表记+指示灯"显示,辅以利用异响与异味发现异常。

(2)月度计划检修(简称月检)工作内容 对区间风亭及车站独立风室月检、轨顶轻质风道(含轨顶风口)支架紧固、风道表面及保温棉等进行检查。采用集中供冷方式的车站每月对区间冷媒水管保温、漏水和安装固定等情况进行检查。每月视情况对空调水系统水质处理,如对冷冻水、冷却水加药化学处理与杀菌处理。针对射流风机及就地控制箱的月度检修,内容为射流风机支座与混凝土安装螺栓、消声器、减振器、整流罩外观与牢固性、控制箱内电气元器件状态、箱体状态及侵界、过轨电缆(含轨顶、轨底电缆)的固定等的检查。多联空调、机房空调、分体空调的室外机、冷凝器、散热风机、压缩机运行情况(噪声、振动等)及周围环境

检查；配电箱及配电情况检查，机房空调室内机滤网清洗、更换等。

（3）半年期计划检修（简称半年检）工作内容　柜式、吊式空调器及附属件、组合式空调器及附属件、多联空调、机房空调、分体空调及附属件外观和运行状态检查（主要通过目视指示灯、声响及异味等），如支架结构、表记蛇形管、排气阀的接口漏水检查，初效、板框式过滤器（滤棉）的更换，表冷器、接水盘与排水管路状态检查，电动机及风机吸声材料固定性目测，传动带工作状态目测等。

普通风机、风系统管路及附属设备的外观检查及运行状态检查（主要通过目视指示灯、声响及异味等），除完成月检内容外，还要检查管路及阀门、风口、散流器表面、滤网、风口防虫网及周围环境等。

（4）每年期计划检修（简称年检）工作内容　除完成月检、半年检全部功能测试内容外，还需对环控通风系统设备的机械特性（即设备安装的稳固性、标识牌的固定、接地线缆紧固等）进行检查，对电气特性进行测试（如接触器、继电器等电气特性检查、安全性能检查、接地性能测试等），对设备零部件年度保养或整体更换等。

年检是对环控通风系统及末端设备的软、硬件全面检修、质量大检查，确保系统的可靠运行，结合全年的运行数据对设备质量进行评估、统计、分析，为后期大、中修积累真实而详实的基础数据。

2. 专项检修工作内容

1）对风系统管路（主要指内部）进行清洁；测量、计算各空调区域送、回风量，并根据需要调整风量平衡。

2）通过 BAS、环控电控柜对区间防排烟系统和风阀进行检查和功能测试，空调季对环控电控柜内各电器元器件进行红外测温检查。

3）对安全阀、蒸发器、冷凝器等特种设备检定。

4）空调季前，对水泵、电动阀门运行状态进行检查，并对冷源系统运行调试。

二、通风空调系统设备维修保养与作业标准

1. 日巡检

（1）通风空调机组

工器具：螺丝刀、试电笔、手电筒、十字钥匙			
序号	作业内容	作业标准	补充说明及简图
1	检查组合式空调器	1. 各检修门密封胶条无破损，风机段无异响，传动带无打滑 2. 空调器过滤段滤材无严重积尘、破损、松动、掉落等异常情况 3. 风机主体结构外观整洁，无锈蚀，无变形、位移等；检查各个软接，确认其与两端设备连接良好，无破损等异常情况 4. 空调季时，冷凝水排放通畅，地沟、地漏无堵塞，地面无积水 5. 风机无异响，发现异常时及时停机检查	

(续)

序号	作业内容	作业标准	补充说明及简图
2	检查柜式、吊式空调器	1. 各检修门密封胶条无破损 2. 风机无异响，传动带无打滑，风机主体结构外观整洁，无锈蚀，无变形、位移等 3. 空调季冷凝水排放通畅；处在公共区的设备，相应阀门、接头、积水盘等无滴水现象 4. 各个软连接与两端设备连接良好，无破损等异常情况 5. 风机无异响，发现异常时及时停机检查	
3	检查风机	1. 风机运行平稳，无异常杂音及振动，减振器无损坏、位移等异常状况 2. 支吊架安装牢固，无松动、摇晃等异常情况 3. 各个软连接与两端设备连接良好，无破损等异常情况	
4	检查风系统管路及附属设备	1. 风道、风井内环境及设备无明显积尘及蜘蛛网，风管、阀门、风口及支吊架等无异常振动、异响、松动、摇晃等异常状况 2. 综合监控温、湿度界面无环境参数异常现象，发现参数异常时及时确认相应风口、传感器、二通阀等是否存在异常 3. 风管保温无脱落、破损情况，防虫网无明显积尘及破损 4. 结构式消声器安装稳固，相应支吊架无松动，结构无异常振动、摇晃，消声器表面无絮状物 5. 组合式风阀销子、卡簧、连接螺栓、主体结构无脱落风险	
5	检查风幕机	1. 外观整洁，无锈蚀，无变形、位移等，进/出风口无遮挡，上部空间无渗漏水现象 2. 风幕机运行状态平稳，无异响、异常振动等问题，气流垂直于地面，气流与装饰条/板无干涉 3. 发现风幕机积灰时须对灰尘及时清理 4. 空调季风机盘管冷凝水排放通畅，处在公共区的，其相应阀门、接头、积水盘等无滴水现象 5. 软连接与两端设备连接良好，无破损等异常情况	—

(续)

(2) 环控电控柜

工器具：手电筒、柜门钥匙、试电笔、手套			
序号	作业内容	作业标准	补充说明及简图
1	检查环控柜主体	1. 大系统、小系统、隧道通风系统模式编号正确，模式执行成功 2. 大系统、小系统模式编号跟随非空调季和过渡季及冷源开启情况正确变换 3. 根据综合监控和MCC反馈信息判断，模式执行成功正常状态，失败异常状态	
		1. MCC触摸显示屏无故障报警，通信状态正常，控制权限位于远方状态 2. MCC触摸屏显示时间与综合监控或北京时间显示一致	
		1. 各馈出回路转换开关位置合闸、指示灯无黄灯报警，投运开关无跳闸现象，设备运行电流正常 2. 进线开关状态合闸，显示正常 3. 各馈出回路转换开关位置远控、指示灯亮，投运开关无跳闸现象，有电压显示 4. 主备电源合闸位正常，电压显示交流正常	
2	检查环控电控室总体情况	1. 电控柜无异味、异响，柜门关闭完好，电控柜散热情况良好，视情况清洗或更换散热风扇滤网 2. 前、后进出风口滤网无明显积尘，表面无明显积尘 3. 柜体表面及周围环境清洁，柜面及周围无明显积尘	

(3)水系统设备 在部分城市线路执行水系统设备巡检时,按照空调季、过渡季和非空调季 3 段时间区分巡检时间,其中空调季及过渡季每日巡检,非空调季每周巡检,巡检内容不变。

工器具:多功能十字钥匙、螺丝刀、试电笔、手电筒、红外测温仪			
序号	作业内容	作业标准	补充说明及简图
1	检查冷水机组	1. 运行参数的检查与记录,运行期间无异常报警 2. 主机、压力容器及各附属管路振动及接口部位无泄漏,无异常气味、声音,特种设备使用标志齐全 3. 外观表面无腐蚀,无异常结霜、结露,无冷冻油泄露痕迹,主机及周围环境无明显积尘 4. 室内送排风情况正常,柜内变频器、软启动器内部及柜体散热风扇运行情况正常 5. 柜体电缆进线位置的防火封堵、防水、防鼠正常 6. 柜内端子排、元器件无明显锈蚀	
2	检查水泵	1. 水泵运行过程中,无异常振动及噪声,电机散热风扇正常运行 2. 水泵水、油无泄漏 3. 水泵及周围环境无明显积尘及蜘蛛网	

(续)

序号	作业内容	作业标准	补充说明及简图
3	检查冷却塔	1. 补水浮球连杆正常、球体无变形及漏水、集水盘无漏水 2. 风机运行状态下无异常振动及噪声 3. 分水盘无溢水、无锈渣及水垢 4. 风机传动带无打滑及裂痕 5. 冷却塔进水口无树叶等杂物 6. 冷却塔进出口门锁正常、爬梯及护栏无松动倾斜 7. 冷却塔排水沟无脏堵，排水口排水顺畅	（无锈渣）
4	检查水系统管路及附属设备	1. 管路保温严密，铝箔无缺失 2. 手动阀门开关指示到位，电动蝶阀现场开关状态与触摸屏显示一致且转换开关在远程状态 3. 压力表、温度表无损坏 4. 管路、膨胀水箱等无漏水 5. 管路、支吊架无异常振动或松动 6. 冷水机房、管路及附属设备清洁，无积尘 7. 冷源系统管路穿墙处无漏水	（压力表）

(4) 冷源控制柜

工器具：多功能十字钥匙、螺丝刀、试电笔、手电筒、笔			
序号	作业内容	作业标准	补充说明及简图
1	检查冷源控制柜	1. 触摸屏上无故障报警、通信正常，控制权限位于远方 2. 各PLC、模块、交换机等指示灯正常 3. 柜体表面及周围环境无明显集尘和蜘蛛网 4. 柜体电缆进线位置的防火封堵、防水、防鼠正常 5. 柜内端子排、元器件无明显锈蚀 6. 线缆标况齐全、无松脱	
2	检查冷源动力柜	1. 各电压表、电流表显示无异常，无缺相、过压、过流现象 2. 各馈出回路抽屉柜转换开关位置、指示灯正确，投运开关无跳闸现象 3. 电控柜无异味、异响，柜门关闭正常，散热良好 4. 柜体表面及周围环境无明显积尘 5. 柜体电缆进线位置的防火封堵、防水、防鼠正常 6. 柜内电加热器、变频器、软启动器内部散热风扇运行情况正常 7. 柜内端子排、元器件无明显锈蚀 8. 线缆标况齐全、无松脱	

2. 月检

(1) 射流风机及其配电箱巡检

工器具：螺丝刀、试电笔、手电筒、笔			
序号	作业内容	作业标准	补充说明及简图
1	检查射流风机本体紧固件、支撑件	1. 射流风机支座与混凝土安装螺栓连接牢固，螺母观测标记无位移，位置标识无偏移 2. 支座安装位置附近无混凝土开裂、脱落情况 3. 减振器无损坏，平衡	
2	检查射流风机本体安全绳	风机防坠安全吊链可靠，不受力，且无松脱	
3	检查射流风机本体消声器、整流罩	射流风机消声器、整流罩无变形和脱落	

(续)

序号	作业内容	作业标准	补充说明及简图
4	检查射流风机就地控制箱	1. 控制箱箱体安装牢靠、箱门牢固，控制箱封闭良好，箱体周围结构无渗水现象 2. 控制箱内电气元件状态指示灯无黄灯报警 3. 射流风机转换开关在远方状态 4. 控制箱内无结露现象 5. 控制箱箱体安装牢靠、箱门锁闭，无侵界异常	

（2）风系统管路及附属设备

工器具：伸缩梯、尖嘴钳、电工胶布、扎带、电筒（或头灯）、注油器、螺丝刀1套（一字、十字、内六角螺丝刀各1把）、活扳手、500V绝缘电阻表、试电笔2支、毛刷、吸尘器、毛巾、万用表

作业内容	作业标准	补充说明及简图
检查风系统管路及附属设备	1. 风道、风井内环境及设备无明显积尘及蜘蛛网 2. 风管、阀门、风口及支吊架等无异常振动、异响、松动、摇晃等异常状况 3. 综合监控温、湿度界面无环境参数异常现象，相应风口、传感器、二通阀等无异常 4. 风管保温无脱落、破损 5. 防虫网无明显积尘及破损 6. 结构式消声器安装稳固，相应支吊架无松动，整洁结构无异常振动、摇晃，消声器表面无絮状物 7. 组合式风阀销子、卡簧、连接螺栓、主体结构无脱落风险	

3. 半年检
（1）风系统设备

工器具：伸缩梯、尖嘴钳、电工胶布、扎带、电筒（或头灯）、注油器、螺丝刀1套（一字、十字、内六角螺丝刀各1把）、活扳手、500V绝缘电阻表、试电笔2支、毛刷、吸尘器、毛巾、万用表			
编号	作业内容	作业标准	补充说明及简图
1	查看BAS显示有无异常	在综合监控"BAS页面"的"隧道系统、大系统、小系统"界面查看通风系统图确认模式执行成功，设备显示颜色为绿色或灰色（正常）	
2	权限打至就地，系统停机，负荷开关箱断电	1. 做好停电作业手续办理，且OCC电环调度同意停电作业 2. 环控电控室操作触摸屏执行停运模式后，退出大、小系统和隧道系统模式 3. 将对应的设备置于停止位后，断开除400V 5大进线所有的断路器，悬挂"禁止合闸，有人作业"标牌 4. 将就地负荷开关箱置于分闸	
3	检查组合式空调器整机内外形态、密封度	1. 柜体内、外保持清洁，无明显锈蚀 2. 软连接稳固、无破损、老化、漏风等异常现象 3. 机身主体结构与其基础平整无变形、锈蚀等异常情况 4. 各门体及密封条结构完整、稳固，密封性能正常，密封条无严重劣化现象	

空调柜内部镜头

(续)

编号	作业内容	作业标准	补充说明及简图
4	检查组合式空调器过滤段、表冷段	1. 支架结构稳固，无修饰、松动等异常现象；主流道通畅，无异常受阻 2. 各计量表蛇形管无锈蚀、损毁，排气阀与接口无漏水现象，各计量表功能正常，计量表本体无锈蚀、松动、卡死等问题 3. 表冷器无脏堵、本体及接水盘无漏水 4. 压差报警装置无报警 5. 配电箱内元器件无积尘，无明显灼烧痕迹；各电路紧固良好，无松脱现象；箱门锁闭正常、柜内封堵完好 6. 接水盘无淤泥，排水管路无脱落、堵塞等异常现象 7. 组合式空调器静压箱内部无絮状物、蜘蛛网等 8. 送电之后确认柜门、检修口处无漏风现象，若漏风，则需对其密封结构进行修复	无淤泥等异物
5	检查组合式空调器风机段、消声段	1. 传动带松弛适度，无异常磨损、无裂纹，传动带轮固定良好，共面度无误，手动盘车无异响 2. 轴承、主轴固定稳固、无异常磨损 3. 电动机及风机固定螺栓紧固，减振器等无变形、松动 4. 吸声材料固定稳固，无松动、位移等异常状况，表面无大块絮状物 5. 在就地负荷开关箱处对电机绝缘进行测试，在开关分闸状态下，电机三相对地阻值在允许范围内 6. 柜内检修照明正常 7. 轴承可靠固定且润滑良好，转动时无异响。对于有注油口的，应对其注油，油应加注至刚好从轴承向外溢出的程度 8. 每年开展大系统风机传动带更换专项工作，确保所有传动带均得到更换	

(续)

编号	作业内容	作业标准	补充说明及简图
6	检查组合式空调器空气净化装置、静电除尘装置	1. 箱体无锈蚀，柜内无积尘，各元器件无明显灼烧痕迹，各线缆连接稳固 2. 箱门关闭或封盖严实，安装紧固、无松动 3. 光触媒、静电除尘装置无异味或灼烧痕迹	
7	检查柜式、吊式空调器、风机盘管、风机及电动机轴承、减振器，传动带轮对中、检修照明、紧固件，更换传动带	1. 传动带松弛适度，无异常磨损、无裂纹；传动带轮固定良好，共面度无误，手动盘车无异响；吸声材料固定稳固，无松动、位移等异常状况 2. 电动机及风机固定螺栓紧固；减振器等无变形、松动；轴承应可靠固定且润滑良好，转动时无异响，对于有注油口的，应对其注油，油应加注至刚好从轴承向外溢出的程度 3. 就地负荷开关箱处对电机绝缘进行测试，确保在开关分闸状态下，电机对地阻值在允许范围内 4. 各计量表蛇形管无锈蚀、损毁，排气阀与接口无漏水现象；各计量表功能正常，本体无锈蚀、松动、卡死等问题；表冷器无脏堵、漏水等异常现象；接水盘无淤泥，排水管路无脱落、堵塞等异常现象	
8	检查组合式空调器、柜式、吊式空调器、普通风机就地开关箱	1. 门体及密封条结构完整、稳固，密封性能正常，密封条无严重劣化现象 2. 内部封堵完整，无防火泥脱落现象 3. 柜体内、外清洁无积尘、油渍、凝水等；箱体内、外元器件结构完整，功能正常，无明显烧灼痕迹 4. 各线缆连接稳固，无松脱、虚接、绝缘层被压入铜排之间的现象	

(续)

编号	作业内容	作业标准	补充说明及简图
9	检查普通风机，外观情况、地脚螺丝或吊支架、风口软接、减振器	1. 混凝土基础、螺栓、支吊架等无松动、变形、摇晃等异常状况 2. 风机外壳无明显变形、破损，进口处无异物 3. 软连接稳固、无破损、老化、漏风等异常现象 4. 减振器等固定良好，无变形、松动、异常位移等状况，缓冲工程正常	
10	检查普通风机，风机运行情况（振动与噪声）及风机对地绝缘	1. 对风机轴承及时补充润滑油 2. 在就地负荷开关箱处对电机绝缘进行测试，确保在开关分闸状态下，电机三相对地阻值在规定范围内 3. 接线盒内各个端子紧固无松动、无明显灼烧痕迹，无线缆破皮等异常状况 4. 送电后风机运行平稳，无异常振动或异响	注油孔
11	检查风系统管路及附属设备：风阀	风阀开关、开度反馈信号正常，模拟值反馈开度与现场一致，执行到位状态与现场一致	
12	专项检查过滤网	对空调器板框过滤器进行定期清洁，若清洗作业中发现板式、袋式过滤器出现破损、剥离、变形等异常状况，及时更换	

（2）环控电控柜

工器具：
1）工具：数字万用表、绝缘电阻表、毛刷、手动除尘装置、安全警示牌、扳手、尖嘴钳、螺丝刀、手电筒、试电笔、接地线、记号笔、绝缘手套、绝缘靴、对讲机、口罩
2）材料：毛巾、电工自粘胶带、熔断器、中间继电器、色标、滤棉、防火泥、扎带

编号	作业内容	作业标准	补充说明及简图
1	检查指示灯、开关、按钮等元器件标示	1. 设备控制柜各指示灯无缺失，外观无损坏，按压试灯按钮时全部灯亮起 2. 保险、接触器、接线端子无异常	
2	断电检查及挂接地线	1. 400V 房间内环控柜各馈线，断电并悬挂"有人作业，禁止合闸"，双电源主备功能测试正常 2. 双人分别用两只试电笔验有电；再验停电两路进线，各相无电 3. 绝缘靴、绝缘手套无破损、漏气，送检合格且有效；接地线无断股、送检合格且有效；穿戴绝缘靴和手套，先挂接地排，再挂导体端，两路进线均挂接地线	
3	检查环控电控柜面	柜体、抽屉滤网内、外清洁，无尘土、无脏污；柜体、柜体上元器件无破损、无安装松动，柜门关闭或封盖严实，安装紧固	

(续)

编号	作业内容	作业标准	补充说明及简图
3	检查环控电控柜面	1. 转换开关、按钮操作灵活、无卡阻、位置准确；指示灯、开关、按钮、电缆（导线）等元器件标识齐全、完好、正确 2. 柜体、元器件及螺丝螺母无锈迹	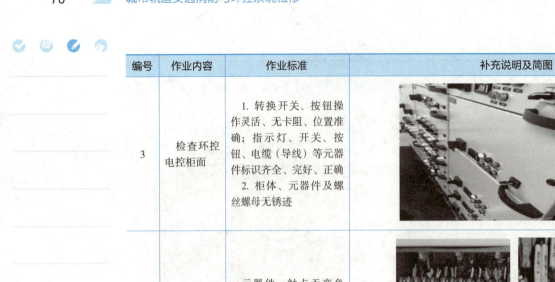
4	检查环控电控柜内	元器件、触点无变色无过热，主、控回路接线紧固、无松动、松脱；柜内接触器、继电器触点平滑光洁，接触器、继电器吸合可靠、无异响	 
4	检查环控电控柜内	进线柜"自投/自复"功能正常，投/切转换时间设定为3s（可调），主备切换功能正常；进线柜、母联柜及控制柜上框架式交流断路器电动/手动操作可靠、灭弧罩无脏污、触点平滑附有润滑剂、活动机械部件附有润滑剂、结构件无松动；母排无氧化、过热痕迹，母排表面光洁、清洁	  
		孔洞防火泥封堵严实	

（续）

（续）

编号	作业内容	作业标准	补充说明及简图
4	检查环控电控柜内	柜内接线端子排螺钉无松动，接线牢固	
		PLC柜内PLC排气孔无积灰，不影响散热；PLC主控通信电路无松动、松脱；PLC柜内接线端子无松动、松脱	
		环控电控柜内框架断路器、塑壳断路器等低压配电设备参数整定值符合要求；风机、空调器等末端设备馈出电缆绝缘检测正常；风机、空调器等末端设备隔离开关端子紧固无松动，开关检查无异常	
5	清场拆除地线送电	1. 柜内工具、材料无遗留 2. 拆除地线：拆两路进线接地线；拆接地端接地线；关好所有柜门。双电源两路进线开关合闸 3. 送电：400V摘牌，先送环控馈线开关（备）；摘牌，再送环控馈线开关（主），看双电源由备切到主的切换正常；摘牌，送400V环控二级负荷开关 4. 进线柜电压、电流正常	

（续）

编号	作业内容	作业标准	补充说明及简图
5	清场拆除地线送电	合上柜面各个负荷开关，各转换开关位置正确	
6	送电后的检查和测试	1. 触摸屏下发正常及火灾模式命令执行情况正常，各种模式下设备运行状态满足要求 2. CPU、接口模块、I/O模块、通信模块等设备LED指示灯和故障诊断显示正常，运行状态正常 3. 触摸屏无故障报警、通信正常，权限位于远方 4. 大、小系统、隧道通风系统模式执行成功	
		1. 控制柜内所有电器设备、元件及其附件在系统电压、系统额定频率在允许范围内运行 2. 安装有变频器、软启动装置等的控制柜内散热风扇运行正常，无松动、异响 3. 温、湿度传感器及加热装置正常 4. 进线开关状态正常，储能显示正常 5. 电控柜无异味、异响 6. 软启动器、变频器无报警、运行正常	
7	检查其他	室内通风、照明、室内孔洞封堵、消防设施及防鼠板安装、滴水等情况正常	同巡检内容

(3) 水系统设备

工器具：数字万用表、绝缘电阻表、羊毛刷、除尘装置、安全警示牌、活扳手、尖嘴钳、螺丝刀、试电笔、手电筒、管钳、卤素检漏仪、机械式管道清洗机、双头压力表等

编号	作业内容	作业标准	补充说明及简图
1	停机、断电	关停对应水系统，水泵、冷却塔、电动阀门等在冷源控制柜上断开馈出开关，断开冷源控制柜进线馈出总开关，400V低压开关柜上断开冷水机组馈出开关并悬挂"有人作业，禁止合闸"	
2	检查机组设备外观	机组表面无破损锈蚀、无腐蚀、无异常结霜、结露，无漏油痕迹。表面无腐蚀、无异常结霜、结露，无冷冻油泄漏。视需要进行修补和清理	
3	检查主机及周围环境	1. 机组无明显集尘，无油迹、无蜘蛛网 2. 机组周围无杂物	
4	检查室内通风情况及环境卫生	室内通风良好，环境干净、整洁	
5	检查启动柜及控制箱整体情况	1. 启动柜、控制箱体、元器件无明显积尘 2. 接线紧固、无松动 3. 防火封堵完好，无掉落隐患 4. 柜体排气扇功能正常，导线无破损	

空调清洗维护

(续)

编号	作业内容	作业标准	补充说明及简图
6	检查支承或支座及紧固情况	1. 机组本体连接螺栓紧固、无松动 2. 基础无下沉、倾斜、开裂、紧固件齐全、完好	
7	检查启动柜内变频器、软启动器、交流接触器	1. 变频器进、出线端子连接牢固、定位线清晰，需拆卸外壳对内部进行清洁 2. 软启动器进、出线端子连接牢固、定位线划线清晰，需拆卸外壳对内部进行清洁 3. 交流接触器进、出线端子连接牢固、定位线划线清晰，触点光滑、无积炭，接线端子、本体无烧灼痕迹 4. 所有设备本体无灼烧痕迹，本体散热风扇工作状态良好、无异响	
8	检验、调整及更换水流开关	水流开关动作灵敏、反馈信号正常	
9	检查冷冻机油	1. 阀门、管件连接处无冷冻机油泄漏油迹 2. 机组无低油位报警	
10	检查制冷系统的泄漏情况	用卤素检漏仪检查，无报警	
11	检查各电气元件	1. 设定的整定值、保护值在有效范围，对设备起到保护作用 2. 各电气元件、无松脱、无灼烧痕迹	

(续)

编号	作业内容	作业标准	补充说明及简图
12	校验或更换温度、压力传感器	对温度、压力传感器进行校验（部分城市线路采用送检方式，由专业计量单位实施校准检验），视情况更换	
13	检查或更换安全阀及其附属管路	1. 均在校验有效期内 2. 弹簧式安全阀的调整螺钉的铅封装置完好无破损 3. 安全阀无渗漏、锈蚀等现象 4. 放空管通畅，可排至指定区域 5. 安全阀截止阀位于开启位	
14	检查或更换冷冻机油	1. 对机组内的冷冻机油用试纸进行滴定检测分析，观察冷冻机油扩散环的颜色、浊度与厂家提供的标准对比确认油质情况，如发现异常应立即更换 2. 运行机组，油位开关闭合，无低油位报警	

（续）

编号	作业内容	作业标准	补充说明及简图
15	检查或更换油过滤器和干燥过滤器	密封盖周围没有制冷剂和油渗漏	
16	清洗换热器内部积垢	1. 锈迹与水垢清理干净 2. 铜管内壁无明显水垢、腐蚀物等沉积物 3. 端盖无漏水现象	—
17	检查蒸发冷机组换热风机	1. 风机运行无异响及异常振动 2. 扇叶转动灵活，与风筒无摩擦	
18	检查保温层	保温层完好，无破损、脱落现象	
19	检定安全阀、蒸发器、冷凝器、经济器等特种设备	1. 合格证在有效期内 2. 符合特种设备管理规定	

（续）

编号	作业内容	作业标准	补充说明及简图
20	检查本体、接口（阀门、管路）部位、焊接（黏接）接头	机组本体、接口（阀门、管路）部位、焊接（黏接）接头等无裂纹、过热、变形、泄漏、机械接触损伤	—
21	检查压力容器监控措施	主机各高、低压报警参数设置与厂家提供的安全参数一致	—
22	清扫、清洁机体及外围	1. 水泵及水泵电机散热片表面无积尘和蜘蛛网 2. 水泵周围无杂物，排水沟排水通畅	
23	检查水泵（所有定压补水水泵同此项）电动机安装固定情况及电气安全性能	安装固定： 1. 水泵与底座之间固定螺栓牢固可靠 2. 水泵底座无移位，与基础之间固定螺栓牢固 电气安全性能： 1. 主回路输入电压在允许范围内 2. 水泵运行平稳无异响 3. 水泵电机接线盒密封良好，接线牢固、无松动	
24	检查联轴器、弹性胶块，调整联轴器的同轴度	1. 联轴器阻尼橡胶块完好 2. 无异常振动、无异响	
25	检查水泵运行状态，操作权限	1. 水泵运行平稳，无异响、无异常震动；机械密封无渗漏水现象；散热风扇结构完好、无损坏，散热功能正常 2. 水泵运行电流在额定电流范围内（现场和铭牌标注的额定电流进行对比） 3. 设备处于远控状态	
26	检查冷却塔就地配电箱（若有）	1. 就地配电箱内清洁，封堵完好、无积尘 2. 内部接线紧固、无松动	

(续)

编号	作业内容	作业标准	补充说明及简图
27	检查更换或调整冷却塔补水浮球阀，检查溢流及漏水	1. 浮球阀开关良好，无线状漏水情况 2. 调整补水浮球阀连杆，保证冷却塔液面在溢水口 5cm 以下（不同城市线路规定不同）	
28	检查冷却塔，清洗散热填料	1. 填料清洁、无明显结垢 2. 填料无老化、变形或破损超过 2 片（可根据实际情况修改），水流均匀	
29	清洁冷却塔范围内环境，清掏排水沟，疏通出水口	1. 冷却塔属地内环境整洁，无杂草、杂物 2. 排水沟通畅，出水口无堵塞	
30	检查冷却塔管道阀门开度及补水均匀性	同一组冷却塔散水盘之间水量保持平衡	
31	检查冷却塔进出水口、散水盘	1. 进、出水通畅无阻 2. 散水盘无锈渣，孔洞无堵塞	

模块二　城市轨道交通通风空调系统　79

（续）

编号	作业内容	作业标准	补充说明及简图
32	检查冷却塔风机扇叶、减速器等转动部位、传动带松紧度	1. 扇叶转动灵活，与风筒无擦挂 2. 减速器运行平稳、灵活无异响，并加注润滑油 3. 传动带松紧度合适，无开裂及异常磨损现象 4. 传动带轮、扇叶及其固定螺栓无明显锈蚀 5. 两个传动带轮共面度检查在允许范围内	 
33	检查冷却塔电气安全性能	1. 电机三相接线端子无变色，端子无松脱 2. 电机接线盒密封良好，线管无破损	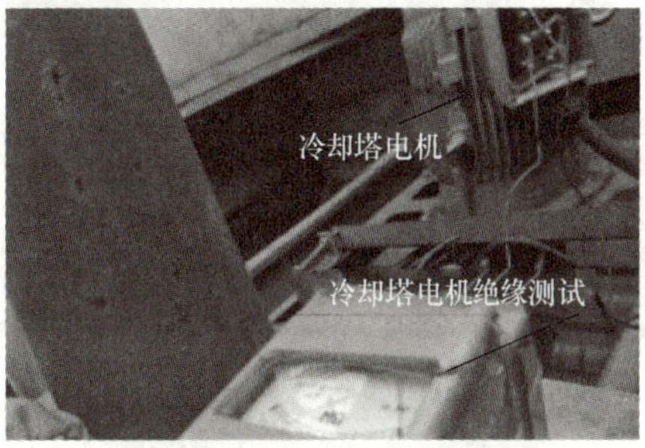
34	检查水系统管路及附属设备：管路、阀门、蓄冰槽、补水箱、管道保温、管路、阀门、支吊架	1. 所有管路及附属设备无漏水现象 2. 管道保温材料包裹严密、无破损 3. 系统管路、阀门、支吊架无异常振动，所有连接处无松动 4. 所有管路及其附件无超过 $2cm^2$ 的锈蚀（不同城市线路对该部分有不同的定义）	 
35	检查水系统管路及附属设备：电动阀门开度、状态与执行器	1. 电动二通阀现场开度或开关信号与综合监控上保持一致 2. 电动蝶阀现场开关信号、冷冻水压差旁通阀现场开度与冷源控制柜及综合监控上保持一致 3. 电动阀门开关运行顺畅、无卡滞现象 4. 设备处于远程状态	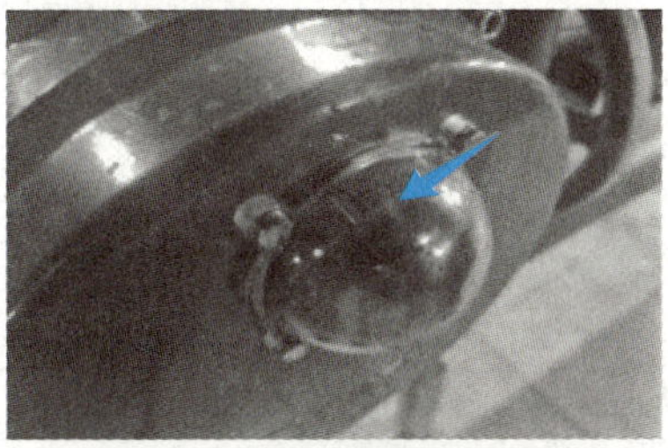 

(续)

编号	作业内容	作业标准	补充说明及简图
36	检查水系统管路及附属设备：压力表、温度表示数	压力表、温度表无锈蚀、损坏，发现异常及时更换	温度计
37	检查水系统管路及附属设备：冷水机房、管路及附属设备清洁	冷水机房内地面、管路及所有设备无积尘和蜘蛛网	
38	检查水系统管路及附属设备：膨胀水箱	1. 膨胀水箱箱体、附属管路、阀门无漏水情况 2. 膨胀水箱浮球补水正常，无线状漏水情况，水位在溢水口水位以下 3. 膨胀水箱箱体稳固无明显锈蚀，固定支架、底座稳固无松动及锈蚀	
39	检查水系统管路及附属设备：自动加药装置、胶球清洗机	1. 自动加药装置、胶球清洗机配电箱（如有）内端子紧固良好、防火封堵完整，无积尘，箱体内各元器件无明显烧灼痕迹 2. 更换破损胶球 3. 电子除垢仪、自动加药装置、胶球清洗机等设备与管路连接处无漏水	胶球清洗控制箱内部　加药装置电控箱内部 加药装置水泵　旁流水处理设备 加药装置加药水箱　加药装置排污电动阀 胶球多极离心水泵 集、驱球器

（续）

编号	作业内容	作业标准	补充说明及简图
40	检查水系统管路及附属设备：Y形过滤器	Y形过滤器内无杂物、无破损	
41	检查水系统管路及附属设备：管路（含手动阀门）、水箱、蓄冰槽	1. 管路、水箱、蓄冰槽无漏水现象 2. 手动阀门开闭灵活，状态指示到位	
42	检查水系统管路及附属设备：电动蝶阀，电子水处理仪内部控制电路	配电箱内端子紧固良好，防火封堵完整，无积尘，箱体内各元器件无明显烧灼痕迹	—
43	检查水系统管路及附属设备：冷冻水水质情况	1. 冷冻水清澈无明显杂质 2. 对分、集水器用电子除垢仪进行排污，视情况进行冷冻水系统管路清洗	—
44	检查水系统管路及附属设备：水管伸缩节及其支架	1. 伸缩节拉伸长度合适，伸缩节两侧无明显偏心 2. 支架无变形、无较大位移	
45	检查冷源控制柜：柜体、抽屉、排风扇	1. 柜体内外、抽屉清洁、无明显积尘 2. 散热风扇排风通畅，滤网无脏堵	
46	检查冷源控制柜：转换开关、指示灯、按钮	1. 各类标识齐全完好、无污损 2. 转换开关转动灵活无卡阻、定位正确；按钮动作正常，按压弹力合格	

（续）

编号	作业内容	作业标准	补充说明及简图
47	检查冷源控制柜：柜内元器件，主、控回路接线	1. 元器件无变色、过热痕迹 2. 主、控回路接线紧固，无松动、松脱	
48	检查冷源控制柜：母线排	1. 母线排无过热痕迹；母线排表面光洁，支架安装牢固 2. 母线排固定螺栓无松动，定位标识完好	
49	检查冷源控制柜：柜内接触器软启动器、变频器、马达保护器	1. 变频器进、出线端子连接牢固、定位线划线清晰，需拆卸外壳对内部进行清洁 2. 软启动器进、出线端子连接牢固、定位线划线清晰，需拆卸外壳对内部进行清洁 3. 电机保护器进、出线端子连接牢固、定位线划线清晰 4. 接触器进、出线端子连接牢固 5. 设备本体无灼烧痕迹，本体散热风扇工作状态良好、无异响	

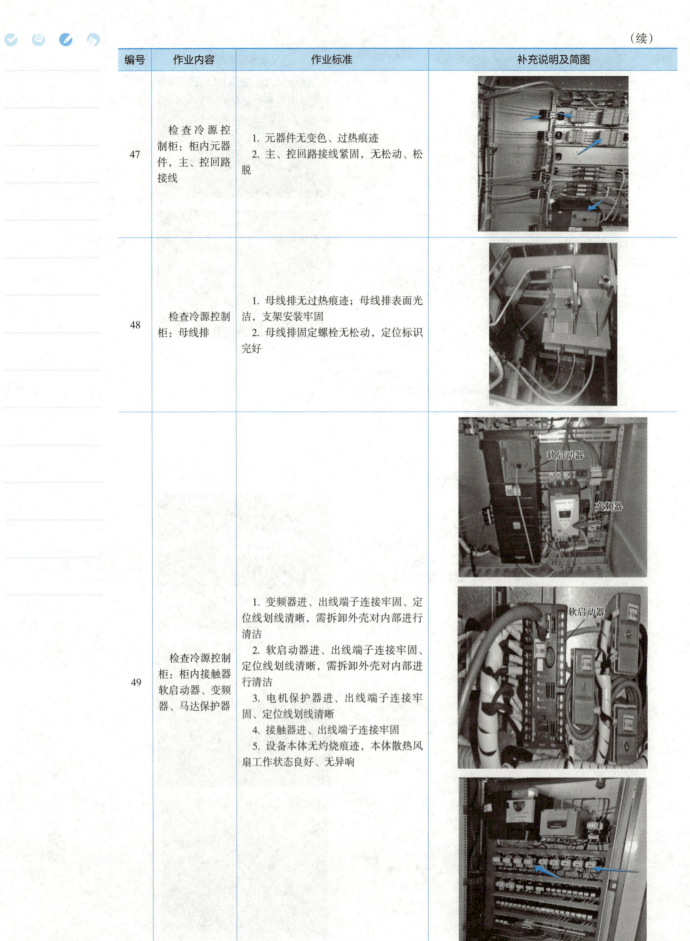

（续）

编号	作业内容	作业标准	补充说明及简图
50	核定、调整冷源控制柜保护整定值	热继电器、塑壳开关等整定值在额定范围内	（参数设置）
51	柜体、安装螺栓螺母除锈、补漆	柜体、安装螺栓螺母无锈迹	（螺母）
52	检查柜体内进线、出线，封堵孔洞	1. 接地线安装稳固，无松脱现象 2. 孔洞防火泥封堵严实。如有防火泥掉落或封堵不严存在较大缝隙，应及时用防火板、防火泥进行封堵，确保柜内设备安全	（防火泥）
53	检查柜内接线端子排	柜内接线端子排无锈蚀，螺栓无松动，接线牢固	

(4) 射流风机及就地控制箱

工器具：折叠梯或脚手架、黄油枪、试电笔、手电筒、工具包、刷子、抹布、安全帽、扳手、螺丝刀、绝缘电阻表			
编号	作业内容	作业标准	补充说明及简图
1	查看BAS显示有无异常	在综合监控"BAS页面"的"隧道系统"界面查看通风系统图中设备显示颜色为绿色（正常）	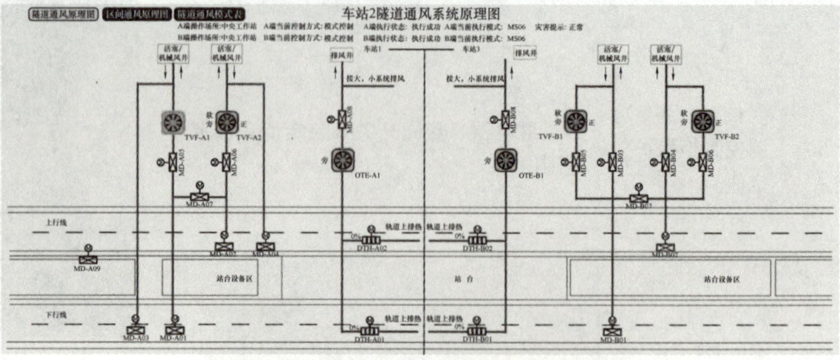
2	检查指示灯、开关、按钮等元器件是否正常，标识是否齐全完好	覆盖月检全部内容外：电流互感器、保险、接触器、接线端子等元器件安装牢固，无脱落，接线端子线标完整	
3	停机断电	400V开关柜或环控电控柜区间射流风机两路馈线电源开关挂上"禁止合闸"的标示牌	
4	检查射流风机就地控制箱	覆盖月检全部内容外：转换开关转动灵活无卡阻、定位正确；按钮动作正常，按压弹力合适	
5	检查射流风机就地控制箱	覆盖月检全部内容外： 1. 箱内接触器、继电器触点无灼烧痕迹，吸合正常 2. 元器件无过热痕迹，主控回路接线紧固，无松脱 3. 箱体金属结构接地电阻满足设计要求	 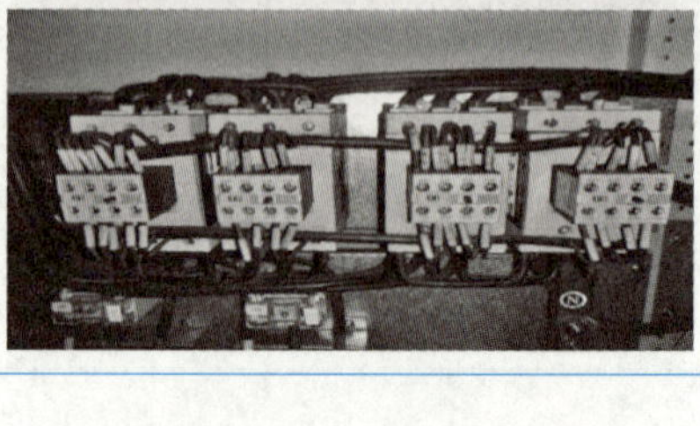

（续）

编号	作业内容	作业标准	补充说明及简图
6	检查射流风机	覆盖月检全部内容外： 1. 轴承润滑良好，运行无异响，接线盒接线牢固，无发热氧化痕迹 2. 叶片与机壳之间的间隙均匀性，风机轴承润滑良好，转动无异响，视情况进行更换；风机振动检测装置正常；电机绝缘性能完好；射流风机保持水平	 

4. 年检

年检内容除完成下列内容以外，还应该需要覆盖日巡检、月检、半年检的全部内容

（1）风系统设备

工器具：伸缩梯、尖嘴钳、电工胶布、扎带、电筒（或头灯）、注油器、螺丝刀 1 套（一字、十字、内六角螺丝刀各 1）、活动扳手、500V 兆欧表、试电笔 2 支、毛刷、吸尘器、毛巾、万用表			
编号	作业内容	作业标准	补充说明及简图
1	检查组合式空调器：过滤段、表冷段	覆盖半年检内容外： 1. 在开关分闸状态下，电机对地阻值在规定范围内 2. 更换所有皮带	
2	检查柜式、吊式空调器、风机盘管：风机对地绝缘	覆盖半年检内容外： 在开关分闸状态下，电机对地阻值在规定范围内	—
3	检查普通风机：风机对地绝缘	覆盖半年检内容外： 在开关分闸状态下，电机对地阻值在规定范围内	—

（续）

编号	作业内容	作业标准	补充说明及简图
4	检查风幕机	1. 检查风幕机外观，确认其主体结构外观整洁，无锈蚀，无变形、位移等 2. 进 / 出风口无遮挡，上部空间无渗漏水现象	
		1. 风幕机运行状态平稳，无异响、异常振动等问题 2. 风幕机垂直于地面略向站外，气流与装饰条 / 板无干涉 3. 空气幕近地位置风感明显 4. 对于使用插头取电的，插头处电气连接稳定可靠，无虚接现象 5. 测量并记录各个回路运行时的电流，电流误差率 ≤ 10% 额定电流	

（2）环控电控柜

工器具：
1）工具：数字万用表、绝缘电阻表、毛刷、手动除尘装置、安全警示牌、扳手、尖嘴钳、螺丝刀、手电筒、试电笔、接地线、记号笔、绝缘手套、绝缘靴、对讲机、口罩
2）材料：毛巾、电工自粘胶带、熔断器、中间继电器、色标、滤棉、防火泥、扎带

作业内容	作业标准	补充说明及简图
检查绝缘性及电气性能参数	覆盖半年检内容外： 1. 风机、空调器等末端设备馈出电缆绝缘正常 2. 风机、空调器等末端设备隔离开关端子紧固无松动	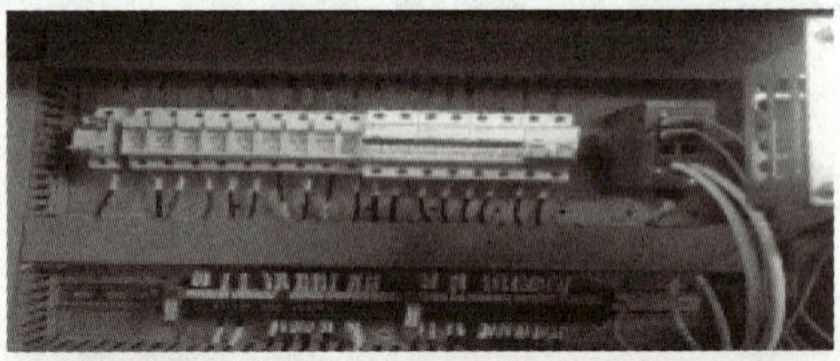 
	覆盖半年检内容外： 1. 控制柜内所有电器设备、元件及其附件在系统额定频率在允许范围内运行 2. 安装有变频器、软启动装置等的控制柜内散热风扇运行正常，无松动、异响 3. 环控电控柜内电机等设备运行电流、电压相关电气参数符合设备铭牌参数	 

（续）

(3) 水系统设备

工器具：数字万用表、绝缘电阻表、羊毛刷、除尘装置、安全警示牌、活动扳手、尖嘴钳、螺丝刀、试电笔、手电筒、管钳、卤素检漏仪、机械式管道清洗机、双头压力表等

编号	作业内容	作业标准	补充说明及简图
1	检查启动柜内变频器、软启动器、交流接触器	覆盖半年检内容外： 1. 变频器进出线端子紧固无松动（全覆盖） 2. 软启动器进出线端子紧固无松动（全覆盖） 3. 交流接触器进出线端子紧固无松动、触点无烧灼痕迹	
2	检查各电气元件的检查	覆盖半年检内容外： 1. 设定的整定值、保护值与厂家给出指定一致 2. 各电气元件紧固无松脱	
3	更换冷冻机油	覆盖半年检内容外： 1. 冷冻机油的更换不得低于两年一次 2. 更换后运行机组，油位开关闭合，无低油位报警	
4	更换油过滤器和干燥过滤器	覆盖半年检内容外： 1. 更换油过滤器 2. 更换干燥过滤器（免维护干燥过滤器除外）	油过滤器 油过滤器
5	检查蒸发冷机组换热风机的绝缘性	覆盖半年检内容外：风机电机绝缘电阻与设计值一致	—

环控电控柜年检

(续)

编号	作业内容	作业标准	补充说明及简图
6	检查电气安全性能（包括压缩机相间及对地绝缘、线圈内阻、接地电阻等）	覆盖半年检内容外： 1. 主回路输入电压在标准范围内 2. 用500V兆欧表在压缩机接线柱处测量压缩机绝缘电阻在允许范围内 3. 用万用表测量压缩机线圈内阻	—
7	检查水泵（所有定压补水水泵同此项）电机电气安全性能	覆盖半年检内容外： 1. 主回路输入电压在允许范围内 2. 用500V兆欧表测量电机绝缘电阻在允许范围内	
8	检查冷却塔电气安全性能	覆盖半年检内容外： 1. 电机三相接线端子紧固无松脱 2. 对地绝缘电阻在允许范围内	冷却塔电机 冷却塔电机绝缘测试
9	检查冷源控制柜：柜内接触器软启动器、变频器、马达保护器	1. 变频器进出线端子紧固无松脱，内部清洁（全覆盖） 2. 软启动器进出线端子紧固无松脱，内部清洁（全覆盖） 3. 马达保护器进出线端子紧固无松脱，内部清洁（全覆盖） 4. 接触器进出线端子紧固无松脱	软启动器 变频器 软启动器

三、通风空调系统故障应急处置

1. 区间冷媒水管爆管现场处置

区间冷媒水管是在采取集中供冷系统车站中，相邻车站从区间敷设冷媒管道至集中冷源设置车站，发生区间爆管会影响行车，一般情况下是电客车司机发现并确认。其处置流程如下：

1）接到通知后，立即安排就近的人员（不少于4人）分别赶往爆管区间两端车站，同时联系值班人员查看综合监控确认冷源系统是否关闭。

2）到达现场的人员分别前往区间两端车站冷水机房（冷却塔）关闭对应区间供（回）水电动及手动蝶阀（依据应急预案及现场标识牌）。添乘查看是否为冷媒水管爆管、漏水情况是否得到控制并回复（若非冷媒水爆管，则恢复冷源系统运行）。

3）根据冷源系统特点最大限度恢复部分供冷区域，对不能供冷的区域采取必要措施降低设备房温度。完成现场处置恢复设备后，安排人员值守，同时申请当日夜间临补计划处置漏水问题。

2. 车站冷源系统水源故障现场处置

车站冷源系统水源故障引起原因为生活水管爆管、市政生活用水停水；无法远程执行正常通风空调模式。此故障容易引起设备房温度升高造成设备损坏、公共区温度升高造成客服投诉等，所以发生故障后，机电专业人员应立即启动应急处置流程。其处置流程如下。

1）接到通知后，立即安排就近的人员赶往相应车站，查看现场设备并反馈情况，尽快查明故障原因。

2）确认车站生活用水供水停止导致冷源系统缺水停机，车站消防供水正常，可采取应急补水措施恢复冷源系统运行。连接应急补水源后，开启冷却水泵循环冷却水，排除系统中的空气。确认冷却水系统管路内的空气排除完毕后，启动冷源系统并安排人员现场值守。

3）车站生活用水供水恢复后，及时拆除临时补水管，并将冷源系统全线转为远控状态，确认车站一键开启冷源系统，全面确认现场处置设备已复位。

冷水机组停机故障处理

📢 课堂思考

请结合车站通风空调系统检修流程、标准，制定组合式空调器检修的作业流程。

🔧 课后知识回顾

环控通风空调系统设备检修与应急故障处置	课后知识回顾	班级： 姓名：

1. 通风空调系统设备检修

1）城市轨道交通通风空调系统设备主要划分为＿＿＿＿、＿＿＿＿、＿＿＿＿以及＿＿＿＿与＿＿＿＿5大模块。

2）保证组合式空调机组表冷段换热器管路无泄漏点的检修方法是将冷冻进水管＿＿＿＿打开，关闭＿＿＿＿，换热器管路压力＿＿＿＿，检查换热器有无泄漏点，如有则补漏。

3）通风空调系统中包含的特种设备应在规定时间完成检定，分别是＿＿＿＿、＿＿＿＿等。

4）普通风机轴承的润滑与磨损情况检修方法是风机带含油轴承的可通过观察运行＿＿＿＿有无异常、运行时是否产生异响来判断。停机后转动叶轮，感觉轴承及轴承与端盖间的＿＿＿＿，如间隙过大或有异响，则需更换轴承。

5）通风系统设备检修作业结束，恢复并确认所有开关位置与检修前一致，施工负责人到车控室向车站_____、_____通报检修完成。

6）安装于区间的射流风机的固定涉及安全运营，月检是要检查_____是否正常，电动机绝缘性能是否完好，如出现异常，应调整射流风机_____状态。

2. 通风系统应急故障处置

1）简述通风系统应急操作流程。

2）简述冷水机组应急处置原则及操作流程。

任务实施及评价

【任务实施】

认知准备：通风空调系统检修作业流程、标准及应急故障处置方法介绍。

【操作步骤】

冷水机组检修记录表（年检）

车站名称		设备编号		设备位置	
施工作业令		检修日期	年　月　日	机电工班人员	
施工负责人		作业人员			

序号	检修内容	检修周期	检修记录
1	运行参数的检查与记录，检查运行期间是否有超压、超温等现象（巡检人员发现每日参数异常时必须上报）	年检	
2	检查主机运行情况是否正常（声音、气味、振动及接口部位泄漏情况；检查压力容器本体与相邻管道或构件有无异常振动、响声或相互摩擦等），或停用时的状态（油加热器）是否正常	年检	
3	检查表面外观（表面有无破损、有无腐蚀、有无异常结霜、结露、有无冷冻油泄露），视需要进行修补和清理	年检	
4	检查主机及周围环境并视需要进行清扫	年检	
5	检查室内通风情况是否良好，环境条件是否满足要求	年检	
6	检查冷媒泄漏报警装置有无异常报警	年检	
7	检查及清扫启动柜及控制箱	年检	
8	检查支承或支座有无损坏，基础有无下沉、倾斜、开裂、紧固件是否齐全、完好；检查与紧固连接螺栓与地脚螺栓	年检	
9	检查启动柜内接触器，并视需要进行打磨或更换	年检	
10	检查电源线接点是否松脱，紧固所有电气接线端子	年检	
11	检查排放（疏水、排污）装置；检验、调整及更换水流开关	年检	
12	检查冷冻机油与油过滤器，视情况添加或更换，更换频次2年1次	年检	
13	检查制冷系统是否泄漏，校正冷媒泄漏检测报警装置	年检	
14	检查或更换各控制元件	年检	
15	视需要添加制冷剂	年检	

(续)

序号	检修内容	检修周期	检修记录
16	校验或更换温度、压力、流量等传感器	年检	
17	检查或更换安全阀： 1）选型是否正确 2）是否在校验有效期内使用 3）杠杆式安全阀的防止重锤自由移动和杠杆越出的装置是否完好，弹簧式安全阀的调整螺钉的铅封装置是否完好，静重式安全阀的防止重片飞脱的装置是否完好 4）如果安全阀和排放口之间装设了截止阀，截止阀是否处于全开位置及铅封是否完好 5）安全阀是否泄漏 6）放空管是否通畅，防雨帽是否完好	年检	
18	检查或更换压力表： 1）压力表的选型是否符合要求 2）压力表的定期检修维护、检定有效期及其封签是否符合规定 3）压力表外观、精度等级、量程是否符合要求 4）在压力表和压力容器之间装设三通旋塞或者针形阀时，其位置、开启标记及其锁紧装置是否符合规定 5）同一系统上各压力表的读数是否一致	年检	
19	检查电动机绝缘性能	年检	
20	测试控制程序，检查设置参数	年检	
21	更换干燥过滤器	年检	
22	处理机组及附件表面防锈油漆	年检	
23	清洗换热器内部结垢	年检	
24	检查隔热层有无破损、脱落、潮湿、跑冷，视需要进行机组外壳保温层的修补	年检	
25	检查电气安全性能（包括压缩机相间及对地绝缘、线圈内阻、接地电阻等，做好台账记录）	年检	
26	检查本体、接口（阀门、管路）部位、焊接（黏接）接头等有无裂纹、过热、变形、泄漏、机械接触损伤等	年检	
27	检查检漏孔、信号孔有无漏液、漏气，检漏孔是否通畅	年检	
28	检查监控使用的压力容器，监控措施是否有效（核对运行、停机状态，主机显示压力是否符合实际情况；高、低压报警值设置是否正确）	年检	
29	检查铭牌、漆色、标志、标注的使用登记证编号是否符合规定	年检	
备注			

冷却塔检修记录表（年检）			
车站名称		设备编号		设备位置	
施工作业令		检修日期　　年　月　日 || 机电工班人员	
施工负责人		作业人员			

序号	检修内容	检修周期	检修记录
1	检查就地控制箱	年检	
2	检查补水浮球	年检	
3	检查冷却塔风路是否畅通，风机运转是否正常	年检	
4	检查管道阀门开度及补水均匀性	年检	

(续)

序号	检修内容	检修周期	检修记录
5	水量平衡调整	年检	
6	接水盘补漏	年检	
7	检查风机传动带松紧度,视情况进行调整或更换	年检	
8	检查溢流及漏水情况	年检	
9	检查冷却塔进、出水口及周围环境,视情况进行清扫	年检	
10	检查冷却塔进、出口门锁及护栏状态,视情况进行维修或更换	年检	
11	清洁与加固填料,更换损坏部分	年检	
12	更换或调整补水浮球阀	年检	
13	检查及添加风机扇叶、减速器等转动部位的润滑油	年检	
14	检查电机绝缘性能	年检	
15	检查冷却塔配电箱封堵及电缆穿墙封堵情况	年检	
16	检查三相电流是否平衡,并对不符合要求的进行处理	年检	
17	检查或更换轴承	年检	
18	检查与更换扇叶	年检	
19	检查与更换钢索	年检	
20	清洁接水盘及布水盘	年检	
21	检查各部件连接螺栓及安装螺栓是否拧紧	年检	
22	检查电源接线端子及端子排连接处是否松动,连接处状态是否正常	年检	
23	外表框架的防锈处理	年检	
24	加固塔体结构,检查冷却塔塔顶防护栏杆	年检	
25	补水管、溢流管、补水箱的防锈、补漆	年检	
26	更换电机传动带	年检	
备注			

【任务评价】

【课证融通考评单】环控通风空调系统设备检修与应急故障处置		日期:	
姓名:	班级:	学号:	教师签名:
自评:□熟练 □不熟练	互评:□熟练 □不熟练	师评:□合格 □不合格	
日期:	日期:	日期:	
环控通风空调系统设备检修与应急故障处置【评分细则】						

序号	评分项	得分条件	分值	自评	互评	师评
1	接受任务	明确工作任务,理解任务在企业工作中的重要程度	5			
2	前置知识	本次实训前需要掌握的知识	5			
3	能力评价	1)熟悉环控通风空调系统各子系统设备的检修作业周期、作业内容	5			
		2)牢记环控通风空调系统作业风险源管控及安全防护措施	10			

(续)

序号	评分项	得分条件	分值	自评	互评	师评
3	能力评价	3）熟悉环控通风空调系统中各子系统的计划检修全流程作业内容及注意事项	10			
		4）结合环控通风空调系统计划检修内容，组织进行车站的环控通风空调系统各子系统设备检测与保养	15			
		5）熟悉环控通风空调系统的应急处置流程，熟练进行重要设备的应急处置操作	15			
		6）熟悉环控通风空调系统中应用的特种设备，牢记不同特种设备的相关管理规定	5			
4	素养评价	1）工作计划性强，安排得当	4			
		2）团队合作能力强，善于沟通合作	4			
		3）自主学习能力强，勇于克服困难	4			
		4）严谨认真，积极参与课堂	4			
		5）演示文稿制作精美、汇报演讲能力强	4			
5	评价反馈	1）学生能快速、正确地识别图片中的设备，以小组评价方式组织客观评价	5			
		2）对学生在任务实施过程中发现的问题，进行小组审议后及时反馈	5			
	总分		100			

视野拓展

关于某地铁车站冷源系统抢修故障的案例

1. 事件基本情况

*月*日委外维保人员接报**地铁车站温度较高，冷水机组停机。维保人员通过排查发现冷源电源柜内塑壳断路器跳闸保护，于是对该塑壳断路器进行合闸并观察机组运行情况，发现冷水机组运行电流过大，而冷源系统控制柜上PLC控制屏显示的各监视数据无明显变化。维保人员误认为PLC监控系统存在故障，对PLC控制系统进行了断电重启，致使冷水机组也停止工作，导致故障扩大。维调在综合监控系统观察到3站冷源系统全部停机，下达故障抢修命令。

2. 处置措施

环控专工及环控工班等人接到抢修命令后立即赶往**地铁车站，并先后抵达冷水机房，重启PLC后，3站冷源系统恢复运行，对所有设备进行确认后，回复维调抢修完毕，设备全部投入使用。运行一段时间之后，**地铁车站冷水机组报高压故障，抢修人员对冷水机组高压故障进行了分析排查，判断为集中冷却水系统冷却水散热不良，回水温度过高，引起冷水机组报高压故障。当晚即要求委外维保单位采取调整冷却塔电动机传动带、清理冷却塔布水盘等加强冷却水散热的措施。维修完成之后，冷却水温度和冷水机组运行电流恢复正常。持续观察2h确认无异常后，抢修人员撤离现场。

3. 原因分析

本次设备故障主要有2个原因，具体如下。

1）冷水机组运行电流过大，塑壳断路器动作保护的真正原因未判断清楚前就对PLC控制系统进行重启。真正原因应为集中冷却水系统统一安装在**地铁车站，冷却塔安装位置处于

物业裙楼顶上,由于居民降噪要求,在冷却塔周围安装了隔音屏障,导致冷却塔换热不良,冷却水降温效果不明显。同时,由于昼夜温差较大,冷却塔风机传动带因高温膨胀松弛,布水盘部分孔眼有杂质堵塞,导致冷却塔降温效果不佳。

2)当地气温较高,下午气温接近40℃,属于一年中比较少见的极端高温天气。通过采取调整冷却塔风机传动带和清理布水盘等措施后,观察冷水机组运行电流正常。如遇更高温天气造成冷却塔无法满足冷却水散热,须采取调整冷却塔风机风叶角度、增加风机排风量的措施提升冷却塔散热能力(调整冷却塔风机风叶会增大冷却塔噪声,因此尽量避免采用该措施)。

综上所述,多种原因造成了3站冷却水回水温度较高,**地铁车站冷水机组运行电流过大停机保护,PLC控制系统重启导致3站冷源系统停机。

4. 启示和思考

1)提高对冷源系统故障处理的能力,快速、准确地判断冷源系统的故障原因,避免误操作造成故障扩大。

2)加大集中冷却水系统冷却塔巡检力度,将空调季日巡检次数由1次增加至3次,避免由于冷却塔风机传动带松弛和布水盘堵塞造成的冷却塔散热不良现象。

3)对PLC控制系统中采集数据有误的传感器进行排查、确认和更换。对PLC控制系统与综合监控系统通信情况进行排查。

4)加强对委外单位技术能力水平的培训,并开展实操考核,提高其对设备的认知水平,并强化对故障的识别能力,加快故障的处理速度。

模块三

城市轨道交通智能环控控制系统

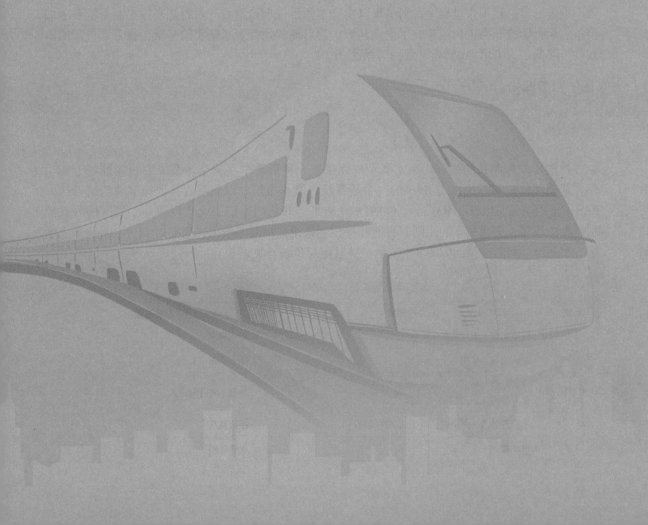

任务 城市轨道交通智能环控控制系统认知

任务目标

知识目标：
1. 掌握智能环控控制系统的架构及功能。
2. 认识智能环控控制系统的末端设备。
3. 掌握智能环控控制系统的控制模式及策略。

能力目标：
1. 能概括智能环控控制系统的架构。
2. 能快速区分外观相似的智能环控系统末端设备。
3. 能归纳智能环控控制系统的控制模式及策略。

素养目标：
1. 培养对新技术、新工艺、新材料、新设备的学习理解能力。
2. 培养一丝不苟、精益求精的精神。

任务导入

某城市轨道交通企业开展了维保技能大比武活动。专业工程师结合市域快线智能环控控制系统特点，以智能环控控制系统备件为基础，组织员工就地取材搭建实训平台。在"师徒带教"推进平台搭建工作过程中，新员工以实物参照推进理论学习，对智能环控控制系统各末端设备、运行架构和系统化运行有了全面认识，为后期实操打下了坚实的基础，提升了员工的求知欲，降低了人力培训成本，起到了示范性作用。

知识课堂

一、智能环控控制系统概述

智能环控控制系统又称为风水联动控制系统，负责整个车站空调系统的智能控制节能运行。智能环控控制系统作为 BAS 的一个子系统，利用串口、以太网或其他标准通信接口接入 BAS，采用 ModbusRTU、BACnet、CONTROLNET 等开放的通信协议实现通信。其遵循分散控制、集中管理、资源共享的原则。智能环控控制系统监控对象较多，主要对象为水系统、大系统、小系统。其监控页面如图 3-1 所示。其监控对象统计见表 3-1。

表 3-1 智能环控控制系统监控对象统计

系统	监控对象	设置位置
水系统	冷水机组（螺杆机）	冷水机房
	空调水泵（变频）	冷水机房
	横流塔冷却塔（双风机） 蒸发冷凝（EC 风机）	地面/风道内设置
	水处理装置（旁流式、电子式、在线清洗）	冷水机房
	电动蝶阀	水管管路

(续)

系统	监控对象	设置位置
水系统	压差旁通阀	分集水器
	液位传感器	膨胀水箱
	温度传感器（变送器）	冷水管/冷却水管管路
	流量传感器（变送器）	集水器总管
	压力传感器（变送器）	冷水供回水总管、最不利点供回水总管
大系统	组合式空调机组（带粗、中效过滤及空气净化、变频）	车站通风空调机房
	回排风机（变频）	
	新风机	
	参与风水联动控制电动风阀（连锁风阀及新、回、排）	
	温、湿度传感器	新风道内、回风总管、送风总管、混合风室、站厅站台公共区、长通道
	CO_2 传感器	公共区
	PM5/PM10 传感器	公共区
	长通道风机盘管组	公共区
	空气幕组	公共区出入口通道
	动态平衡电动调节阀	末端回水管、风机盘管组回水总管
小系统	柜式风机盘管机组（变频）	车站通风空调机房
	柜式风机盘管机组（带粗、中效过滤及空气净化、变频）	
	回排风机（变频）	
	新风机	
	参与风水联动控制电动风阀（连锁风阀及新、回、排）	
	温、湿度传感器	回风总管、送风总管、设备区重点房间
	CO_2 传感器	设备区人员管理用房
	动态平衡电动调节阀	末端回水管

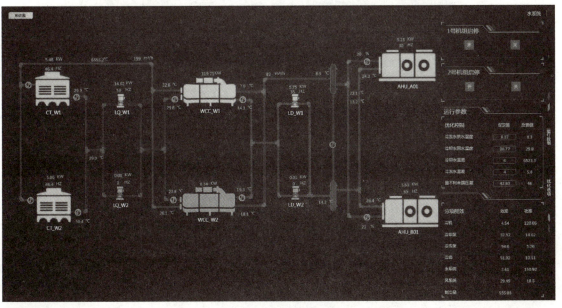

图 3-1　系统监控页面

1. 智能环控控制系统的功能

智能环控控制系统可根据周围环境自适应动态调整空调器与通风设备工作状态,以达到人体最适宜的温、湿度环境。通过自适应控制策略实现对空调机组、新(回排)风机、冷水机组、冷却塔、空调水泵、参与风水联动控制的电动阀门及传感器在预设控制参数下安全、可靠地运行,达到降低系统能耗及经济运行的目的。系统具备模式控制、群组控制、风水联动控制以及点控等功能。

2. 智能环控控制系统的控制原理

集中管理平台工作站通过特定算法对控制策略数据进行优化迭代,生成最适合的控制策略,整体协调优化车站空调系统中水系统、风系统的耦合控制,从而实现系统能效优化,如图 3-2 所示。节能控制主要依据空调系统负荷预测、系统寻优、模糊控制、主机群控等方法实现整体空调系统 COP 提高。例如,可根据车站历史客流量或负荷数据,以及当前室内环境温度和负荷预测情况,通过风水联动调节送风机频率和二通阀开度,在适应负荷变化和体感舒适的情况下,降低运行能耗。

图 3-2 智能环控控制系统的控制原理

3. 智能环控控制系统的组成

智能环控控制系统由风水联动控制柜(又称控制中心)、动力智能电控柜(风系统电控柜、水系统电控柜)、数据采集柜(箱)、传感器、集中显示屏、接口模块及通信网关等组成。

(1)风水联动控制柜 风水联动控制柜是智能环控控制系统的控制中心,如图 3-3 所示。风水联动控制柜主要负责人机界面交互、控制器的运算、控制策略和控制算法的处理、与其他设备的通信等工作。风水联动控制柜内含 PLC 控制器、运算服务器、人机显示界面、接口模块及通信网关。风水联动控制柜还是风水联动控制系统控制平台的载体,利用能效分析与测算,可实现最优风水联动控制策略。

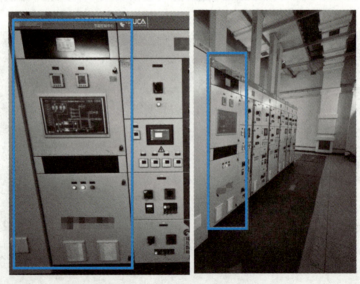

图 3-3 风水联动控制柜(又称控制中心)

(2)动力智能电控柜 动力智能电控柜是智能环控控制系统的远程 I/O 分站,主要负责受控对象的配电和控制,根据功能划分为风系统电控柜(见图 3-4)和水系统电控柜(见图 3-5)。风系统电控柜内配置空调机组变频器、回风机变频器，设变频及工频旁路；水系统电控柜内配置冷冻水泵及冷却水泵的变频器。风、水系统电控柜与风水联动控制柜采用环网连接。动力智能电控柜具有就地手动操作功能，还具有风机或水泵的过载、过压保护功能。

图3-4　风系统电控柜

图3-5　水系统电控柜

（3）数据采集柜（箱）　数据采集柜（箱）是智能环控控制系统的远程I/O分站，主要负责现场参与车站风水联动控制的传感器信号采集、动态平衡电动阀及压差旁通装置的信号采集。数据采集柜（箱）与风水联动控制柜采用以太网环网连接，其内部如图3-6所示。

4. 智能环控控制系统的网络架构

以典型地下站为例（设定空调负荷中心在车站B端），智能环控控制系统由以下设备组成：B端有1台风水联动控制柜，1#水系统电控柜、2#水系统电控柜，风系统电控柜（大系统）、风系统电控柜（小系统）；A端有风系统电控柜（大系统）、风系统电控柜（小系统）、A端数据采集柜（箱）、B端数据采集柜（箱），如图3-7所示。

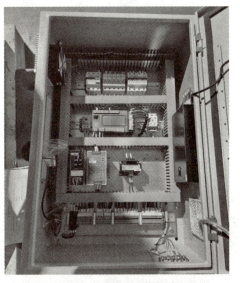

图3-6　数据采集柜内部

风水联动控制柜、风系统电控柜、水系统电控柜、数据采集柜（箱）中分别设置工业交换机，组建车站内工业以太环网，实现 PLC 控制器、远程 I/O、变频器、智能电机保护器、智能电力仪表等智能元件的连接，如图 3-8 所示。

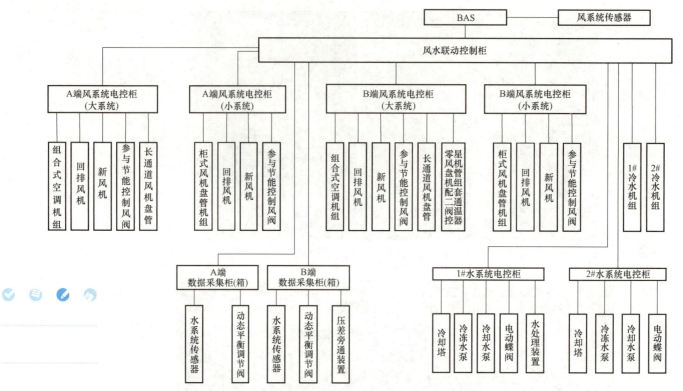

图 3-7 地下站智能环控控制系统网络架构图

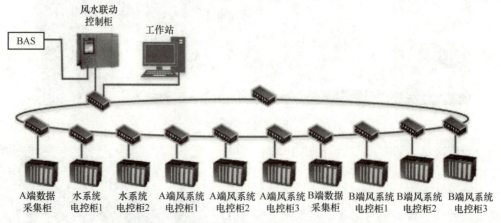

图 3-8 地下站智能环控控制系统网络拓扑图

二、智能环控控制系统的控制模式及策略

1. 智能环控控制系统的控制模式

智能环控控制系统通过多种控制模式实现整个车站空调系统的智能控制节能运行，包括集成中央控制、受控设备单点控制、模式控制（小新风、全新风和全通风）、时间表控制，并通过通信协议反馈至 BAS，也可同时接受 BAS 的多个模式控制指令。

（1）**集成中央控制** 集成中央控制基于冷站设备及风系统整体性能特性，在满足冷量需求下，多维寻优整个冷冻机房及风系统最佳能效点。集成中央控制功能包括冷水机组台数控制、冷机冷冻水供水温度优化设定；水泵台数控制、水泵变频控制、冷冻水压差及温差优化设定；

冷却塔台数控制、冷却塔风机变频控制、冷却塔进出水温度优化设定；冷站自动加减机控制；空气处理机组（AHU）风机频率控制、AHU 送风温度设定优化、AHU 水阀及风阀控制等。水、风系统优化参数设置如图 3-9 和图 3-10 所示。

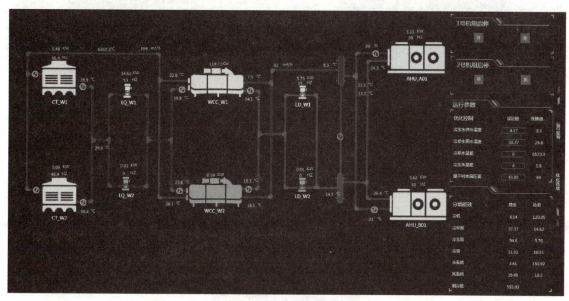

图 3-9　水系统优化参数设置

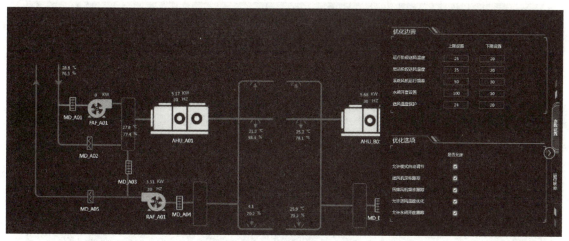

图 3-10　风系统优化参数设置

（2）受控设备单点控制　智能环控系统可对冷机、水泵、风机、阀门等设备单点控制，可在平台对某个或某类设备运行参数进行设置，如图 3-11 和图 3-12 所示。

（3）模式控制　利用系统提供的控制模式选择界面，可对空调系统进行模式点选。模式控制属于一种特定的设备组控制。模式的定义是根据工艺设计要求而形成的，模式控制支持自定义，包括小新风、全新风和全通风模式等，如图 3-13 所示。

（4）时间表控制　系统按照预设时间表来运行，即按照设置好的时间计划来自动运行。在时间计划管理模块中，可以对系统运行的时间计划及详细参数进行创建、编辑、删除。时间计划以天为单位，按照时间表定义的运行参数（启停状态，控制参数设定值）运行，如图 3-14 所示。

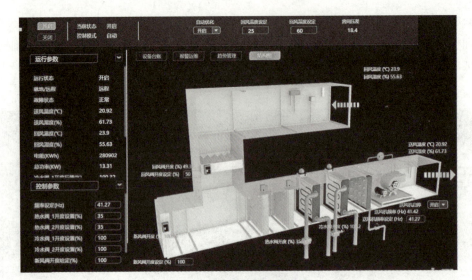

图 3-11　末端风柜运行设置

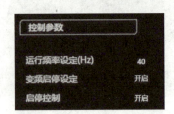

图 3-12　风机、水泵频率设置

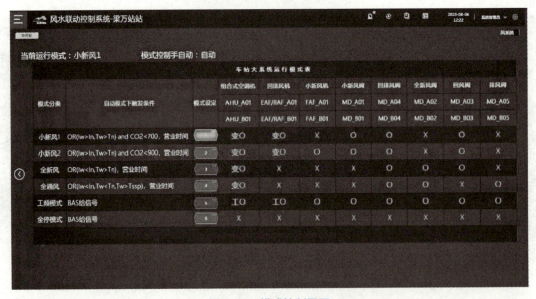

图 3-13　模式控制界面

2. 智能环控控制系统的控制策略

（1）空调大系统控制策略　空调大系统控制工况主要为小新风空调工况、全新风空调工况与全通风工况。大系统控制逻辑如图 3-15 所示。

小新风空调工况：依据室外温度的变化自动动态调节，通过比较回风温度与设定温度差异，实现调节目标：回风温度 = 设定温度。当站内回风温度高于设定温度时，需增大空调机组的频率；当站内回风温度低于设定温度时，需减小空调机组的频率。

全新风空调工况：对站内平均温度（公共区）与设定温度（根据各站分别提供）进行比较，控制方式同小新风工况。

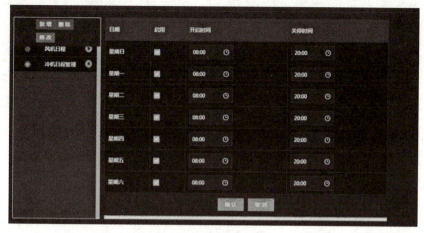

图 3-14　时间表管理界面

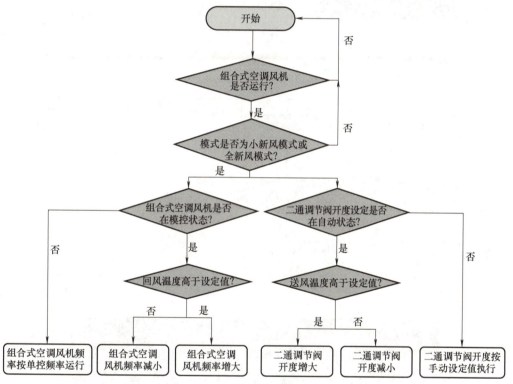

图 3-15　大系统控制逻辑

全通风工况：当室外温度高于 12℃ 且低于送风温度时，对站内平均温度（公共区）与设定温度（根据各站分别提供）进行比较，控制方式同小新风工况；当室外温度低于 12℃ 时，组合式空调机组控制风机频率按室内外温差设定上限最小风量运行。

（2）空调小系统控制策略　除人员驻留用房需新风控制要求外，其余控制策略参考大系统。小系统控制逻辑如图 3-16 所示。

（3）空气品质控制策略　根据室内、外新回风焓值及温度、送风温度（见图 3-17）、CO_2 浓度、PM2.5 及 PM10 浓度等参数进行优化判断，对空调箱送风机启停及频率、回排风机启停及频率、小新风机启停、新风阀、回/排风阀、水阀进行控制与调节，在保障空气品质及室内热舒适度标准的前提下降低通风空调系统能耗。

梳理室内、外 PM2.5 及 PM10 浓度与对应的室内 PM2.5 及 PM10 浓度限定值之间的逻辑关系，调节相关风机频率，新风阀、回风阀及排风阀的开度，实现车站室内空气颗粒度的控制，尽可能保障室内空气品质的要求。

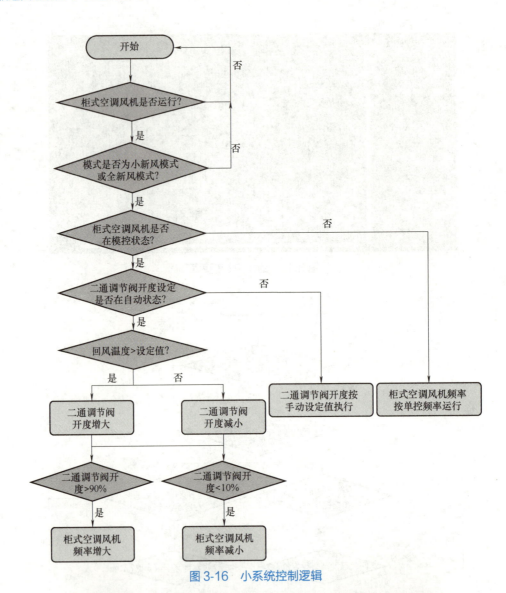

图 3-16 小系统控制逻辑

图 3-17 送风温度优化边界范围设置

（4）冷水机组控制策略　对冷水机组进行实时监测，监测界面如图 3-18 所示，跟随制冷负荷的变化动态调整冷水机组的加、减载，即依据车站主机具体能效曲线，计算出台数增减的最佳负荷率值，并按最佳负荷率值控制冷水机组工作台数的增减。

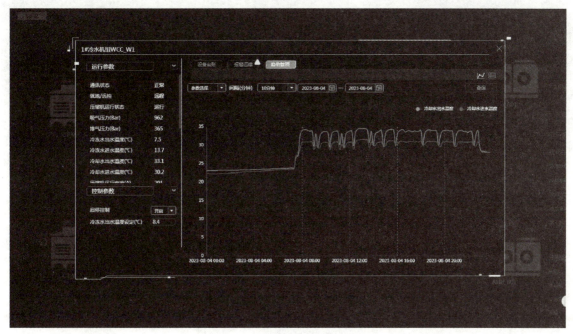

图 3-18　冷水机组监测界面

（5）冷冻水泵控制策略　对冷冻水泵进行实时监测，监测界面如图 3-19 所示，根据冷水供回水温差结合 PID 或其他智能算法控制冷冻水泵的运行频率。当实际温差大于设计值时，增大水泵频率。实际温差小于设计值时，减小水泵频率。首台冷冻水泵启动时，初始运行频率为低频运行（一般为 30Hz）。多台水泵同时运行时，各泵同频运行。

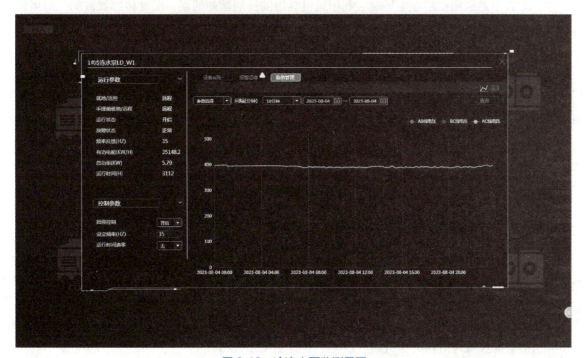

图 3-19　冷冻水泵监测界面

（6）动态平衡电动调节阀控制策略　将流量、温度、开度等参数利用 RS485 接口及 Modbus RTU 标准协议反馈至控制系统，实现接口信息的即时通信，控制车站大、小系统与空调机组的冷冻回水管动态平衡调节阀，达到根据末端动态负荷变化按需分配流量的目的。

(7) 压差旁通装置控制策略　通过压差控制器感测集水器与分水器两端的水压力,然后计算出压力差值,控制阀门增/减开度,从而调节水量与水压,以达到平衡主机系统的水压的目的。其控制原理如图3-20所示。当冷冻水泵运行频率未达到下限(一般为30Hz)时,压差旁通装置不启用自身调节功能,旁通阀保持全关。当冷冻水泵运行频率达到下限且持续超过规定时间(一般为3min)时,启用压差旁通装置自身调节功能。

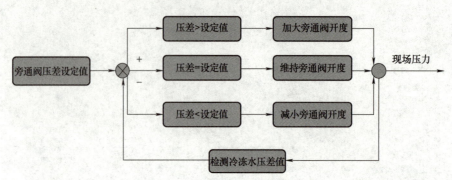

图3-20　压差旁通装置控制原理

(8) 冷却塔、冷却水泵控制策略　根据冷却水出水温度与湿球温度逼近度(逼近度可调节)结合PID或其他算法控制冷却塔的风机开启台数。当实际温差大于设置值时,减少冷却塔风机运转台数,实际温差小于设置值时,增加其台数。

通过对机房COP值(热泵循环性能系数,是空调制热时制热量与总输入功率的比值,制冷时制冷量与总输入功率的比值,本书指制冷时的比值)寻优后控制冷却塔、冷却水泵运行工作台数,保证冷水机组的高效运行,实现机房COP值最大。

(9) 长通道风机盘组控制策略　利用风机盘组的长通道处的温、湿度传感器数据,对风机盘组前端动态平衡电动调节阀进行动态调节。

(10) 空气幕组控制策略　充分利用对空气幕组在空调季和非空调季的启停辅助大系统控制及空气品质控制。

课堂思考

请概括、归纳智能环控控制系统的设备组成、网络架构及其差异。

课后知识回顾

城市轨道交通智能环控控制系统认知	课后知识回顾	班级： 姓名：

1. 城市轨道交通智能环控控制系统的组成

1) 智能环控控制系统又称为_____,负责整个车站空调系统的_____。
2) 智能环控控制系统的功能有_____。
3) 智能环控控制系统由_____、_____、_____、传感器、集中显示屏、接口模块及通信网关等组成。
4) 风水联动控制柜是风水联动控制系统的_____,还是风水联动控制系统控制平台的_____,能效分析与测算,主动寻优风水联动控制等功能均通过风水联动控制柜实现。
5) 动力智能电控柜分为_____和_____。
6) 数据采集柜(箱)是风水联动控制系统的_____,主要负责现场参与风水联动控制的传感器信号采集、动态平衡电动阀及压差旁通装置的信号采集。

2. 智能环控控制系统的控制模式

1）智能环控控制系统提供多种控制模式，包括_____、_____、模式控制（小新风、全新风和全通风）、时间表控制。

2）智能环控控制系统的集成中央控制功能包括_____、_____；水泵台数控制、_____、冷冻水压差及温差优化设定；冷却塔台数控制、冷却塔风机变频控制、_____；冷站自动加减机控制；AHU 风机频率控制、AHU 送风温度设定优化、AHU 水阀及风阀控制等。

3）智能环控控制系统可对_____、_____、_____、阀门等设备单点控制，可在平台对某个或某类设备运行参数进行设置。

4）模式控制属于一种特定的设备组控制。模式的定义是根据工艺设计要求而形成的，模式控制支持自定义，包括_____、_____和_____等。

任务实施及评价

【任务实施】

认知准备：末端设备实物图片、末端设备显示状态样片、展示用电脑等。

【操作步骤】

序号	图片	说明
1		左图所示设备名称为_____，其作用是_____
2		左图所示设备名称为_____，其作用是_____

（续）

序号	图片	说明
3		左图所示设备名称为_____，其作用是_____
4		左图所示设备名称为_____，其作用是_____
5	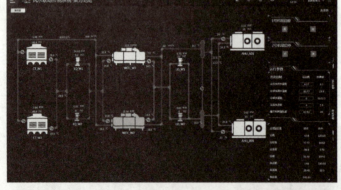	左图所示画面为水系统优化参数设置界面，其作用是_____
6	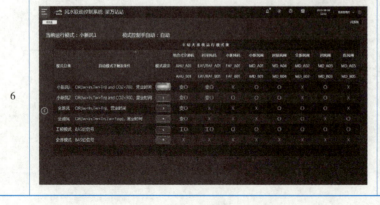	左图所示画面为风水联动系统监控界面，通过界面显示内容，可获知的信息内容有（填写至少3项）_____

【任务评价】

【课证融通考评单】城市轨道交通智能环控控制系统认知		日期：		
姓名：	班级：	学号：		教师签名：
自评：□熟练 □不熟练	互评：□熟练 □不熟练	师评：□合格 □不合格		
日期：	日期：	日期：		

城市轨道交通智能环控控制系统认知【评分细则】

序号	评分项	得分条件	分值	自评	互评	师评
1	接受任务	明确工作任务，理解任务在企业工作中的重要程度	5			
2	前置知识	本次实训前需要掌握的知识	5			
3	能力评价	1）能识别智能环控控制系统终端设备	7			
		2）能描述智能环控控制系统终端设备的监控对象	8			
		3）能结合智能环控控制系统的组成与工作原理，简述城市轨道交通车站智能环控系统风水联动控制柜（控制中心）的主要功能及控制原理	15			
		4）能结合智能环控控制系统风、水系统控制柜的结构，简述两者的主要功能及控制原理	15			
		5）能结合车站智能环控控制系统监控页面，根据选取页面的显示表述其功能及用途	15			
4	素养评价	1）工作计划性强，安排得当	4			
		2）团队合作能力强，善于沟通合作	4			
		3）自主学习能力强，勇于克服困难	4			
		4）严谨认真，积极参与课堂	4			
		5）演示文稿制作精美、汇报演讲能力强	4			
5	评价反馈	1）能快速、正确地识别图片中的设备	5			
		2）在任务实施过程中能发现问题	5			
	总分		100			

视野拓展

城市轨道交通智慧能源系统数字化改造

2023年2月27日，中共中央、国务院印发了《数字中国建设整体布局规划》（以下简称《规划》），并发出通知，要求各地区各部门结合实际认真贯彻落实。《规划》指出，建设数字中国是数字时代推进中国式现代化的重要引擎，是构筑国家竞争新优势的有力支撑。加快数字中国建设，对全面建设社会主义现代化国家、全面推进中华民族伟大复兴具有重要意义和深远影响。

对于城市轨道交通建设运营来说，风水联动节能优化与智慧能源管理尤为重要，它可以通过实时感知、信息交互、深度节能、智能诊断、分析决策等策略和方法，实现城市轨道交通能源的高效利用和节能降耗，并促进能源系统的数字化、精细化、网络化管理。

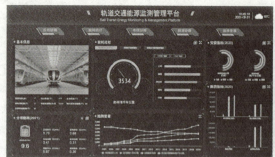

上海申通地铁集团通过搭建网络-线路-车站3级能源管理平台，统一管理上海地铁20条运营线路、508座车站的运行能耗，应用深度学习神经网络模型，实现了牵引能耗、动照能耗的预测分析，指导集团能耗考核与诊断。10号线新江湾城站建立了通风空调系统风水联动深度节能优化系统，根据国家标准采用能耗比较法实际测试得出，其优化运行后相对于人工运行方式可实现节能率48.64%。

模块四

城市轨道交通火灾自动报警系统

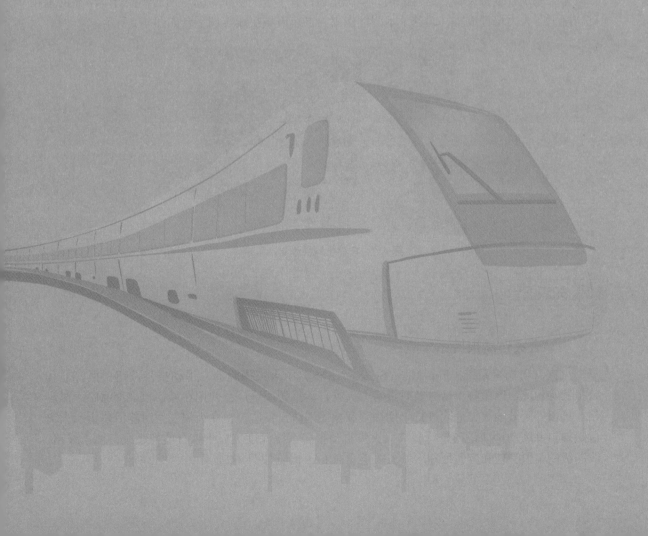

任务一　城市轨道交通火灾自动报警系统认知

任务目标

知识目标：
1. 掌握火灾自动报警系统的架构及功能。
2. 认识火灾自动报警系统的末端设备。

能力目标：
1. 能概括归纳火灾自动报警系统架构。
2. 能快速区分外观相似的火灾自动报警系统末端设备。

素养目标：
1. 培养精益求精的精神。
2. 培养一丝不苟的消防安全责任意识。
3. 培养团队凝聚力。

任务导入

某消防设备维保单位专业工程师结合市域快线火灾自动报警系统的特点，利用系统备件搭建消防实训平台，在"手把手"带教搭建过程中，使新员工以实物参照推进理论学习，对火灾自动报警系统各末端设备、运行架构和系统化运行有了全面认识，为后期的实操打下牢靠的基础，降低了人力培训成本，起到了示范性作用。自建市域快线实训平台如图 4-1 所示。

图 4-1　自建市域快线实训平台

知识课堂

一、火灾自动报警系统概述

火灾自动报警系统（Fire Alarm System，FAS）由火灾探测器、手动报警按钮、报警器和警报器等构成，以检测火情并及时报警。火灾自动报警系统广泛使用在城市轨道交通中，对车站、场段等区域的火灾危险进行早期探测和相关消防设备监控，在火灾发生时能清楚指示火灾危险地点并联动消防设备进行救灾。火灾自动报警系统深度集成于综合监控系统，便于线路、线网级的集中管理和应急处理。城市轨道交通 FAS 概览如图 4-2 所示。

模块四 城市轨道交通火灾自动报警系统

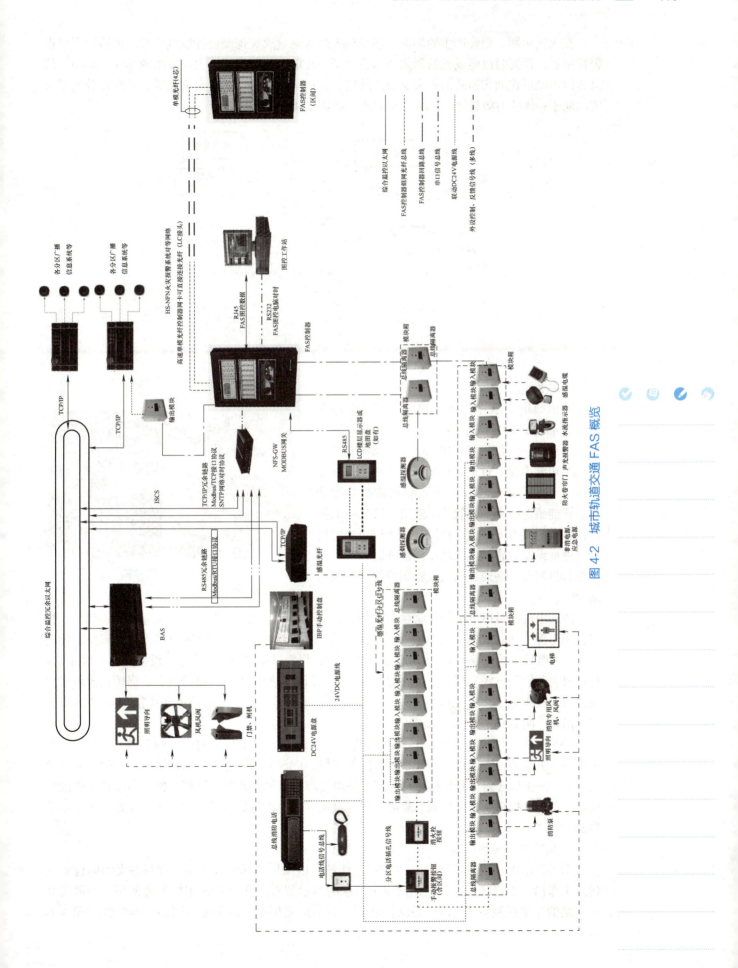

图 4-2 城市轨道交通 FAS 概览

在火灾初期，燃烧产生的烟雾、热量和火焰等通过火灾探测器变成电信号，传输到火灾报警控制器，并同时以声或光的形式通知整个楼层疏散。控制器记录火灾发生的部位、时间等信息，以声光形式通知消防值班人员做出反应，是集早期报警、防止火灾蔓延、及时扑救初期火灾功能于一体的有效设施。FAS 工作原理框图如图 4-3 所示。

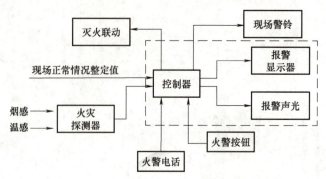

图 4-3　FAS 工作原理框图

二、火灾自动报警系统设备

1. FAS 主机

城市轨道交通车站所用 FAS 主机（也称为报警控制器）设置于车站控制室，主电源采用 220V、50Hz 交流电，备用电源采用蓄电池（两块 12V 电池串接）供电。连接网络采用两总线环型接线（直流 24V 电压信号），将智能感烟探测器、智能感温探测器、输入 / 输出模块、手动报警按钮等经专用的电子编码器（见图 4-4）现场进行地址设置后直接接入环型探测回路，对于监视点和控制点，则通过输入或输出模块接入到回路中。

图 4-4　电子编码器

FAS 主机平时用于接收并储存 FAS 所有设备（主要包括探测器、手动报警按钮、模块、控制盘和电源）运行状态；通过液晶显示屏（见图 4-5）显示信息，内容为具体报警部位、设备类型、回路号、地址号（地址号利用编码器修改，报警显示按照"回路号 + 设备类型 + 地址号 + 具体报警部位"方式）等；还可通过控制面板按钮进行操作控制、信息查看。当确认出现火灾报警时，发出报警声、光信号，并迅速切换至灾害工作模式，同时通过通信接口向 ISCS 发送实况信息、向 BAS 发出火灾模式指令。

FAS 主机采用模块化结构，按照功能可分为回路卡、主板、网卡、网关等，如图 4-6 所示。FAS 主机的正常运行离不开系统软件的支持，FAS 主机软件为厂家定制开发。软、硬件适配后，FAS 主机普遍具有包括漂移补偿、平滑处理、灵敏度调整、维修报警等多项基本智能特性，具备火灾报警及报警控制、故障报警与设备屏蔽、信息显示与查询、操作级别管理等主要功能。

2. 图形显示控制装置

图形显示控制装置又称为 FAS 扩展工作站，以图形图标形式来显示现场各类消防设备在建筑中布局、工作状态及其他消防安全信息的显示装置。其与 FAS 主机配套使用，一般安装于车站的车站控制室（场段的消防控制室）的消防立柜中。诺蒂菲尔图形显示装置如图 4-7a 所示。

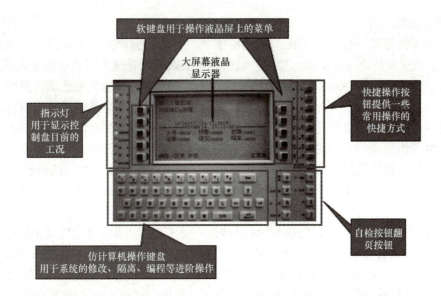

图 4-5　诺蒂菲尔 NFS-3030 FAS 主机显示操作面板

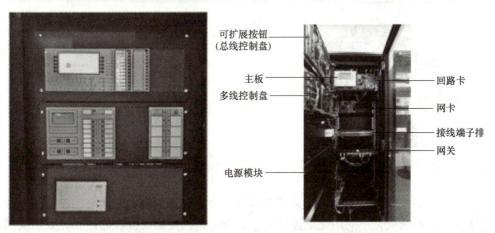

图 4-6　诺蒂菲尔 NFS-3030 FAS 主机及构成分解

图形显示装置主要功能：建筑总平面及保护对象建筑平面图和 FAS 图显示、通信故障报警、设备消音操作、监控信号接收和显示、信息记录与查询、设备复位等。图形显示装置显示界面如图 4-7b 所示。利用鼠标键盘进行查询、复位的功能减轻了值班人员的 FAS 主机操作技能要求。

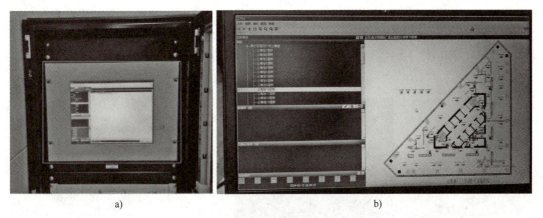

图 4-7　诺蒂菲尔图形显示装置与图形显示装置显示界面
a）显示装置　b）显示界面

3. 智能感烟探测器

智能感烟探测器是一种常安装在天花板吊顶上，自动探测火灾烟雾的设备，通过监测烟雾的浓度来实现火灾防范、火情信息监控。城市轨道交通车站普遍采用光电型点式感烟探测器（简称烟感），在场段等高大空间则主要采用吸气式感烟探测器、线性光束感烟探测器。

（1）点式感烟探测器　车站内各设备与管理用房和通道、电缆井、楼梯间等区域，均设置带地址码的点式感烟探测器进行火灾探测，通过 FAS 编码附址功能实现具体点位火情监视；安装在不带电子电路板的底座之上。烟感虽然能自行分析判定火警的发生，但需要被监视区域的烟雾滞留且达到探测器报警浓度才可触发火警（城市轨道交通中称为烟感触发）。满足触发条件时，报警确认灯亮（红色指示灯常亮），并保持报警状态至被复位。点式感烟探测器如图 4-8 所示。

（2）吸气式感烟探测器　吸气式感烟探测器是一种主动探测器，通过吸气泵连接的空气采样管（在采样管固定距离设置采样气孔，多根管道形成矩阵型的空气采样）把保护区内空气样品连续采集至探测器内部进行分析；在火灾初期就能够探测到烟雾，因而具有较高烟雾探测灵敏度。其适用于场段运用库、工程车库等高大空间区域内，通过 FAS 控制模块接入系统并接受监控。吸气式感烟探测器如图 4-9 所示。

图 4-8　点式感烟探测器

图 4-9　吸气式感烟探测器

（3）线性光束感烟探测器　线性光束感烟探测器分为光束发射器和光束接收器两个独立的部分，分装在相对的两处，中间用光束连接起来。烟雾遮挡光束使接收器接收光束强度满足预设阈值时触发火警，当光束全被挡住时触发故障信号，以防止非火灾的遮挡引起误报。适合用在场段停车场运用库、工程车库、变电所变压器室等高大空间区域内，通过 FAS 控制模块接入并接受 FAS 监控。线性光束感烟探测器如图 4-10 所示。

4. 智能感温探测器

智能感温探测器是通过监测周围环境温度的变化来实现火灾探测。车站、场段及主所建筑普遍采用点式感温探测器，简称温感。点式感温探测器如图 4-11 所示，安装在不带电子电路板的底座上，底座与烟感通用，烟感、温感连接如图 4-12 所示。当被监视区域温度参数达到报警阈值或温度突变达到报警条件时，探测器报警确认灯亮（红色指示灯常亮），并保持至报警状态被复位，同时向 FAS 主机发送火警信息，实现火情信息监控。

图 4-10　线性光束感烟探测器

图 4-11　点式感温探测器

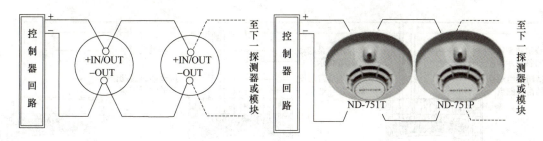

图 4-12 烟感、温感连接

5. 手动报警按钮

手动报警按钮简称手报,是一种人员手动触发的报警装置,其作用是报告火灾信息。手动报警按钮如图 4-13 所示。与火灾报警主机配套使用,通过 FAS 编码接入回路,利用编码附址功能实现位置监视,安装在区间隧道、宽大车间、车站通道、站厅、站台等处。手动报警按钮接线图如图 4-14 所示。火灾发生时,人为操作后按钮的火警指示灯亮,同时火灾报警主机发出报警声响,并显示报警地址。

图 4-13 手动报警按钮

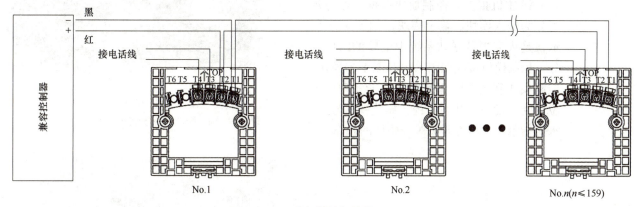

图 4-14 手动报警按钮接线图

6. 消火栓报警按钮

消火栓报警按钮简称消报,是一种人员手动触发的报警装置,其作用是向 FAS 主机发送启动消防泵的控制请求信号,通过 FAS 主机接收消防泵启动反馈信号并显示。消火栓报警按钮如图 4-15 所示。其与火灾报警主机配套使用,通过 FAS 编码接入回路,利用编码附址功能实现位置监视,安装在区间隧道、宽大车间、车站通道、站厅、站台等处。消火栓报警按钮接线图如图 4-16 所示。火灾发生时,人为操作后按钮启动指示灯亮,同时火灾报警主机发出报警声响,显示报警地址;消防泵组启动后按钮的启泵信号灯亮。需说明的是该按钮不直接作用于消防泵组。

图 4-15 消火栓报警按钮

7. 警铃(或声光报警装置)

警铃(或声光报警装置)是 FAS 中的声响输出设备。当报警系统发生火警时,系统通过输出控制模块启动该警铃(或声光报警装置)。其安装在车辆段、车站设备区的走廊或疏散通道上,其与控制模块配合使用时(不同厂家产品存在差异,某些产品是直接接入控制回路而不通过控制模块),能以极低的电流消耗实现高声强的输出。警铃与声光报警装置如图 4-17 所示。

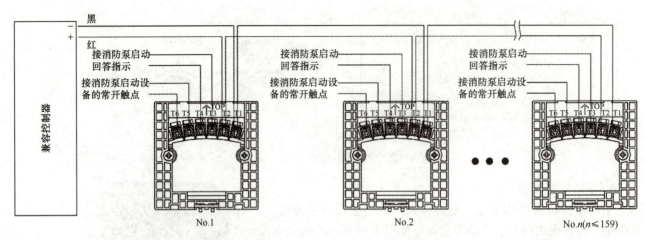

图 4-16 消火栓报警按钮接线图

8. 模块

控制模块在有控制要求时,可以输出信号或者提供一个开关量信号,使被控设备动作,同时可以接收设备的反馈信号并向 FAS 主机报告。控制模块根据工作原理可分为输入模块、输出模块,如图 4-18 所示,是火灾报警联动系统中重要的组成部分。控制模块接线如图 4-19 和图 4-20 所示。控制模块利用 FAS 编码附址功能实现所处位置受控设备的状态监视,如监视信号阀、水流指示器、压力开关等开关量的状态。

图 4-17 警铃与声光报警装置
a)警铃 b)声光报警装置

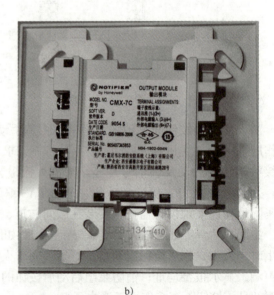

图 4-18 输入模块与输出模块
a)输入模块 b)输出模块

隔离模块对 FAS 回路起保护作用,它本身可自动实现常开和常闭功能。当外部设备的电路出现短路或者接地故障时,总线隔离模块会第一时间转成断开状态,此时火灾自动报警控制器与该回路的电路会暂时断开,待电路恢复后,总线隔离模块会自动恢复,实现对报警控制器的保护作用。如果不安装隔离模块,电路出现故障时会对火灾报警控制器的回路或者主板造成损害，严重时会直接烧掉回路板或者主板。隔离模块安装跟随回路安装形式，分为环形安装与支形安装，如图 4-21 和图 4-22 所示。

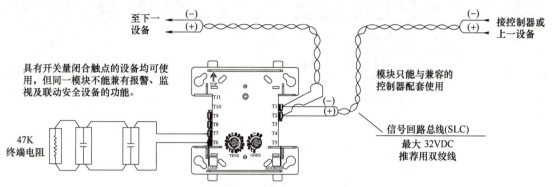

图 4-19　控制模块接线（输入模块）

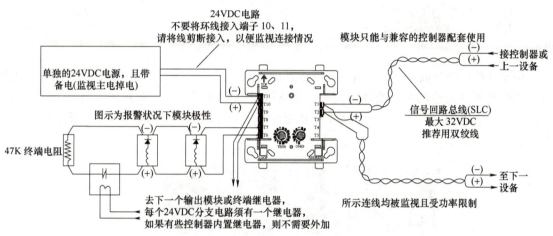

图 4-20　控制模块接线（输出模块）

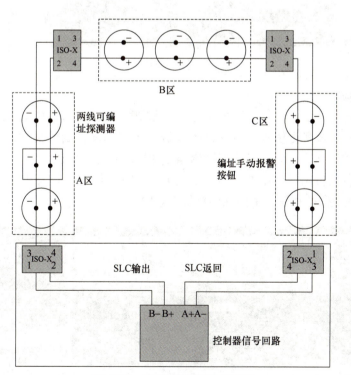

图 4-21　隔离模块安装（环形）

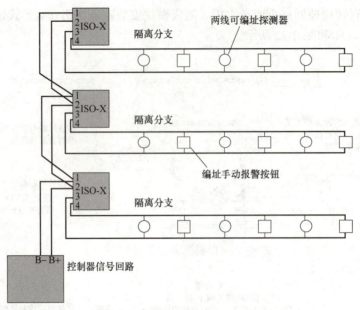

图 4-22　隔离模块安装（支形）

由于受控设备分散于各处，各模块受控性能限制，因此城市轨道交通中普遍采用箱体成套方式集中布置各类控制模块及隔离模块。模块箱如图 4-23 所示。模块箱内预制有带接线的端子排，便于模块拆装和接线维护。每个模块箱配有箱号标识牌，箱门配有铭牌标记，便于巡检与维护。

图 4-23　模块箱

9. DC24V 电源

DC24V 电源又称为 24V 直流备用电源或 24V 消防联动电源。DC24V 电源及蓄电池如图 4-24 所示。蓄电池向 FAS 设备提供所需的 DC24V 电源，包括 FAS 控制模块（主要为输出）、消防电话主机、感温电缆控制器、吸气式感烟探测器（数量较多时需单独配置 24V 直流电源）、光电转换器等消防设备的备用电。蓄电池容量根据车站 FAS 实际需要计算得出。DC24V 操作电源一般安装在车控室或消防控制室消防立柜机架上。

图 4-24　DC24V 电源及蓄电池

10. 消防电话

消防电话是消防专用的通信系统，用于火灾发生时，控制室和现场通信以及指挥救援等特殊场合。通过语音通话功能可以迅速实现对火灾情况的人工确定，及时掌握火灾现场情况，便于指挥灭火及现场恢复工作。消防电话是火灾自动报警系统中不可缺少的通信设备，主要由消防电话主机（见图 4-25a）、消防电话分机和消防电话插孔组成。

城市轨道交通中，消防电话主机位于车站控制室消防立柜（场段位于消防控制室消防立柜）中，分机设置于消防泵房、环控机房及气灭系统保护房间等，电话插孔与手动报警按钮合并设置，分部在车站、场段及区间隧道等处。消防电话安装示意图如图 4-25b 所示。

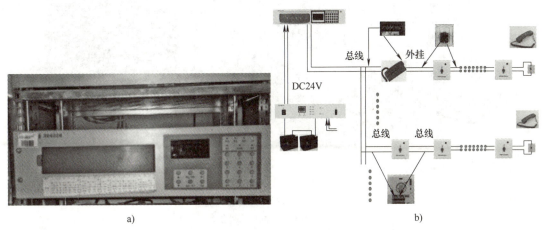

图 4-25　消防电话主机与消防电话安装示意图
a）消防电话主机　b）消防电话安装示意图

11. 消防联动控制盘

消防联动控制盘如图 4-26 所示。为满足消防控制室的设备直接启动的（采用独立专用线路连接的设备）功能需求，值班人员通过消防联动控制盘上的按钮手动启动（或停止）与之相联的消防设备（消防泵、防排烟风机等）并显示设备的状态。消防联动控制盘主要设置在车辆段、停车场，车站的消防联动控制盘功能集成至综合监控系统 IBP 盘。

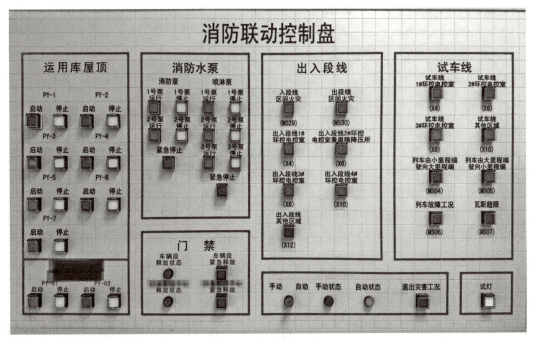

图 4-26　消防联动控制盘

12. 线型感温电缆

感温电缆用于感知某一连续电路周围温度参数，如图 4-27a 所示，将温度值信号或是温度单位时间内变化量信号转换为电信号，以达到探测火灾并输出报警信号的目的。其安装在电力廊道、电缆夹层及重要电缆的电缆桥架或支架上。

车站安装的线型感温电缆及其控制盒（见图 4-27b）一般位于站台电缆间内，控制盒通过 FAS 控制模块实现信息互通。感温电缆连接方式如图 4-28a 所示。电缆以蛇形方式捆扎在电缆表面，如图 4-28b 所示。电缆末端设置终端盒并固定。

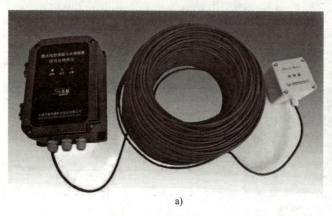

图 4-27 感温电缆及控制盒
a）感温电缆 b）控制盒

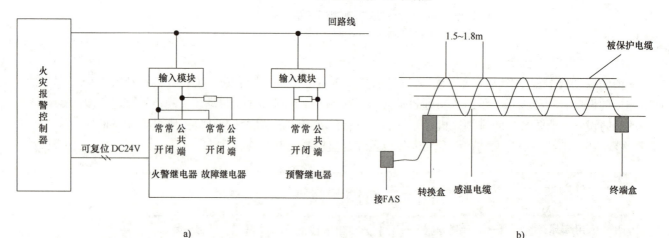

图 4-28 感温电缆连接方式与电缆捆扎方式
a）感温电缆连接方式 b）电缆捆扎方式

13. 隧道火灾探测系统

隧道火灾探测系统（TFDS）对地铁区间隧道的温度、火灾进行可靠的监视及预警、报警，以使地铁能正常有序地运营，尽可能将火灾消除在萌芽状态，避免或降低灾害情况下造成的人员和财产损失。TFDS 主机（见图 4-29a）设置在车控室，采用壁挂或内嵌方式安装在消防立柜中，感温光纤设置于隧道疏散平台侧的隧道壁上，如图 4-29b 所示。

TFDS 主机以两个冗余的以太网接口（RJ45）与 ISCS 接口通信，同时 TFDS 通过 FAS 控制模块实现 TFDS 的火警、故障信息互通。

三、火灾自动报警系统架构

全线 FAS 按调度指挥级别划分为 3 级，由 FAS 及 ISCS 共同实现 3 级功能。第 1 级为中央级，由 ISCS 实现，作为 FAS 集中监控中心，设置于控制中心（OCC）中央控制室；第 2 级为车站级，由 ISCS 和 FAS 共同实现；第 3 级为 FAS 现场级，由 FAS 现场设备组成。全线消防系统所有的指挥调度权在中央级。

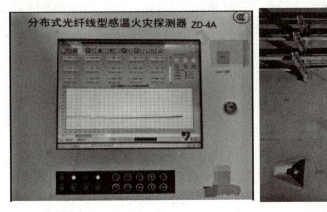

图 4-29　TFDS 主机与感温光纤现场安装图
a）TFDS 主机　b）感温光纤现场安装图

中央级监视全线 FAS，车站级负责监视本站 FAS 及相邻的区间隧道机房及隧道区间，主变电所 FAS 作为第三方系统接入就近车站 FAS 主机系统由车站级监视（部分城市线路的主变电所作为一个站点对待）。车站级在车站控制室的 FAS 主机、综合监控系统工作站和 FAS 扩展工作站上显示火灾报警信息和设备状态信息，并提供联动功能，火灾报警信息同时上传给 OCC 中央级。中央级在控制中心的控制室综合监控系统工作站上，全线显示火灾报警系统的火灾报警信息及火灾状态信息，并提供火灾模式命令下发。中央级实时检测与车站级 FAS 的通信状态，向各个 FAS 扩展工作站下发时钟信号，由 FAS 扩展工作站向 FAS 主机对时（部分城市线路的 FAS 对时是在车站采用 NTP 方式完成的）。

1. 中央级 FAS

中央级 FAS 集成在综合监控系统中，设备由综合监控系统负责配置，显示报警功能由综合监控系统负责实现。全线的 FAS 通过各自的 FAS 主机上双冗余以太网口接入车站、车辆段、控制中心大楼的局域网交换机。对全线 FAS 不独立组网的线路，在车站级与综合监控系统集成，综合监控系统为 FAS 提供逻辑上独立的（VLAN）传输通道。全线 FAS 架构如图 4-30 所示。对于全线 FAS 独立组网的线路，各站 FAS 基于 HS-NFN 网络组成线路级冗余 FAS 环网，火灾自动报警主机通过协议转换网关，直接连接至交换机上，在 OCC 设置独立的 FAS 工作站。

2. 车站级 FAS

车站级 FAS 由区域报警器、FAS 扩展工作站、作为第三方系统接入的主变电所 FAS、复示屏、BAS PLC 与 FAS 主机连接后组成。区域报警器和第三方系统主变电所 FAS 接入的车站控制室（或场段消防控制室）FAS 主机，基于 HS-NFN 网络通信机制与 FAS 主机通信，复示屏同样基于 HS-NFN 网络通信机制与 FAS 主机连接，FAS 扩展工作站和 FAS 维护工作站是车站级 HS-NFN 网络的一个重要节点。车站级 FAS 架构如图 4-31 所示。

3. 现场级 FAS

FAS 现场设备包括火灾自动报警控制器（含扩展工作站）、火灾探测器、输入模块、控制模块、手动火灾报警按钮、消火栓按钮、感温电缆和消防壁挂电话、消防电话插孔、火灾复示屏等。现场级 FAS 将现场的火灾探测器和监控等设备连接成环形网络，位于车站范围内的 FAS 烟感、温感、手报、消报及模块采用环形总线连接以节点方式接入环形网络。

对于较长的区间隧道，尤其是市域快线的区间隧道站间间距大，采用 24V 直流供电模式的 FAS 末端设备环形连接已不再适用，一般采用支状连接。现场级 FAS 架构如图 4-32 所示。

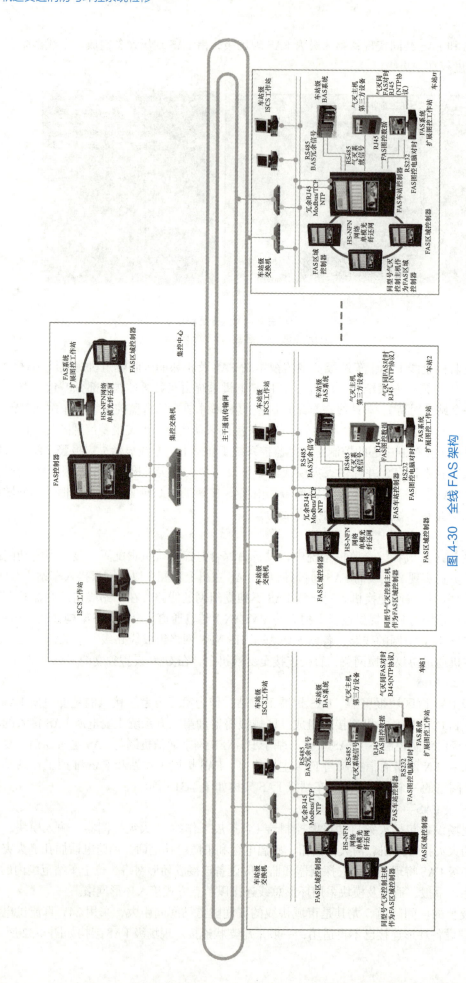

图 4-30 全线 FAS 架构

模块四 城市轨道交通火灾自动报警系统

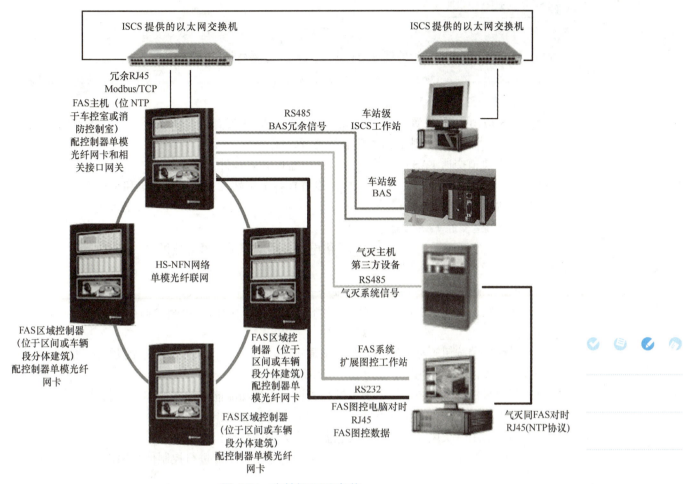

图 4-31 车站级 FAS 架构

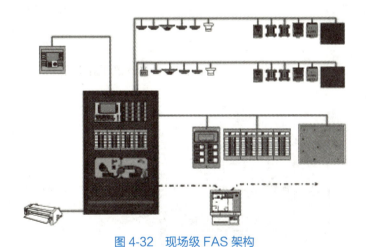

图 4-32 现场级 FAS 架构

> **课堂思考**

请概括 FAS 现场级、车站级与中央级架构的差异。

课后知识回顾

城市轨道交通火灾自动报警系统认知	课后知识回顾	班级：
		姓名：

1. 城市轨道交通 FAS 概述

1）FAS 是由触发装置_____、火灾报警装置_____、联动输出装置_____以及具有其他辅助功能的装置组成。

2）城市轨道交通 FAS 按_____级监控方式设计，第 1 级为_____，设置在控制中心大楼，第 2 级为_____，设置在各个车站及车站辅助建筑和车辆段。

3）车站烟感报警信息在_____、_____和_____上显示并上传至 OCC。

2. 城市轨道交通 FAS 设备

1）FAS 主电源应采用_____供电，备用电源采用蓄电池供电，提供_____V 直流电。

2）城市轨道交通 FAS 模块按照功能主要分为_____、_____与_____。

3）城市轨道交通感温电缆控制盒一般位于站台电缆间内，控制盒通过 FAS 中控制模块中的模块与_____模块实现信息互通。

4）手动报警按钮被触发后，FAS 主机显示_____信息；消火栓报警按钮被触发后，FAS 主机显示信息外，接受_____反馈并显示。

5）利用鼠标键盘在图形显示装置进行查询、复位功能能替代在 FAS 主机操作？（　　）

6）利用家用电吹风能触发点式感温探测器火警信息输出？（　　）

7）利用家用电吹风或沸水能触发感温电缆火警信息输出？（　　）

8）关闭 24V 电源后，FAS 控制模块（主要为输出）不能进行控制信号输出？（　　）

3. 城市轨道交通 FAS 架构

1）简述城市轨道交通全线 FAS 架构与车站级 FAS 架构组成与两者之间的关系。

2）画出现场级 FAS 末端设备的环形连接与支形连接。

任务实施及评价

【任务实施】

认知准备：FAS 末端设备实物、末端设备状态样片、展示用计算机等。

【操作步骤】

序号	图片	说明
1		左图所示设备名称为_____，又称为_____，图中设备状态红色提示代表_____
2		左图所示设备名称为_____，简称_____，图中设备状态的红色指示灯代表_____

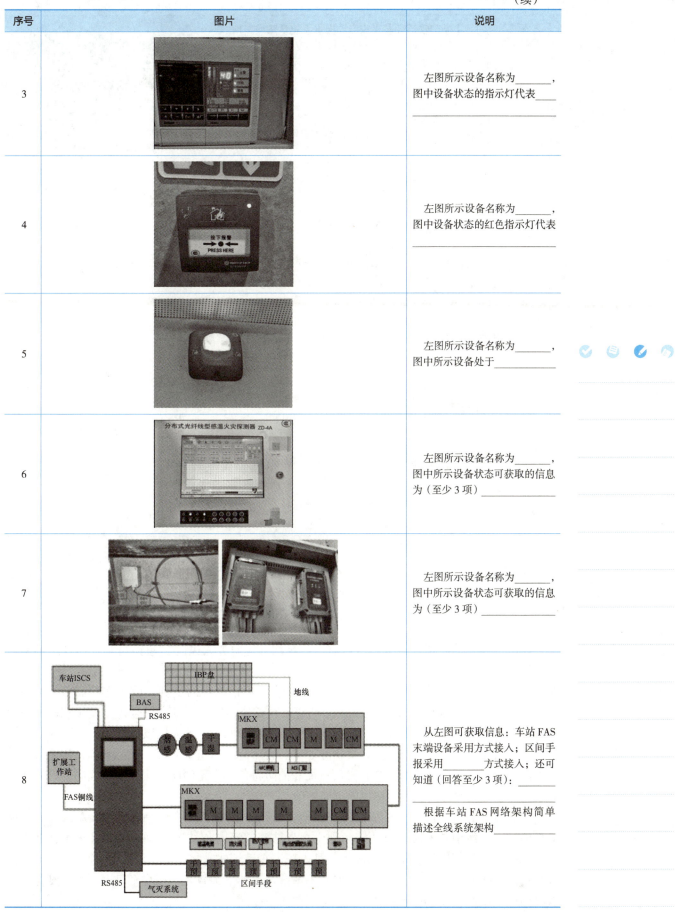

【任务评价】

【课证融通考评单】城市轨道交通火灾自动报警系统认知			日期：	
姓名：		班级：	学号：	教师签名：
自评：□熟练　□不熟练		互评：□熟练　□不熟练	师评：□合格　□不合格	
日期：		日期：	日期：	

城市轨道交通火灾自动报警系统认知【评分细则】

序号	评分项	得分条件	分值	自评	互评	师评
1	接受任务	明确工作任务，理解任务在企业工作中的重要程度	5			
2	前置知识	本次实训前需要掌握的知识	5			
3	能力评价	1）能根据图片识别 FAS 设备	7			
		2）能根据图片描述设备的工作状态	8			
		3）能结合车站 FAS 网络架构，简述城市轨道交通全线 FAS 架构	15			
		4）能结合车站 FAS 网络架构，依据烟感、温感、手报、消报按钮与模块的连接正确画出线路安装示意图	15			
		5）能结合车站 FAS 网络架构，正确画出现场级 FAS 末端设备的环形连接与支形连接	15			
4	素养评价	1）工作计划性强，安排得当	4			
		2）团队合作能力强，善于沟通合作	4			
		3）自主学习能力强，勇于克服困难	4			
		4）严谨认真，积极参与课堂	4			
		5）演示文稿制作精美、汇报演讲能力强	4			
5	评价反馈	1）能快速、正确地识别图片中的设备	5			
		2）在任务实施过程中能发现问题	5			
		总分	100			

视野拓展

新时期公安消防精神

新时期公安消防精神是"忠诚可靠、赴汤蹈火、服务人民"。"忠诚可靠"体现了消防救援队伍对党和人民的无限忠诚，坚决听从党的号令，永远做党和人民的忠诚卫士；"赴汤蹈火"展现了在灾害事故面前，消防救援人员英勇无畏、不怕牺牲的精神，敢于逆险而行，冲锋在前；"服务人民"则强调了始终把人民的利益放在首位，努力做到亲民爱民、便民利民、救民助民，在人民群众最需要的时候，救民于水火，助民于危难，给人民以力量。

这一精神是一代代消防救援人员恪尽职守、舍生忘死、英勇顽强、无私奉献，用青春、智慧、汗水和鲜血凝聚而成的，具有时代特征和消防特色。它是消防救援人员拒腐防变、发扬我党我军优良传统所铸就的永不褪色的消防警魂。

2023年8月23日，为营救落水儿童而英勇牺牲的平顶山卫东区消防救援大队政府专职队员肖坤琦，被河南省人民政府评定为烈士。肖坤琦是河南叶县人，1998年3月出生，曾在中国人民解放军某部服役5年，2023年1月入职卫东区消防救援大队。8月23日，肖坤琦在休假期间，看到1个6岁男童在河边玩耍时不慎落水，他下水救人，用尽全身力气将男童托举出水面，自己却体力透支沉于水中，生命定格在25岁。

任务二　城市轨道交通消防联动控制

任务目标

知识目标：
1. 掌握消防联动控制中各子系统（或末端设备）的功能。
2. 掌握不同子系统（或末端设备）消防联动动作后的表征现象。
3. 掌握换乘车站消防联动控制规则。

能力目标：
1. 能判断消防联动设备是否正常。
2. 能查看、判断不同子系统设备的消防联动状态。
3. 能在消防联动失败后快速进行处置。

素养目标：
1. 培养高效作业、团队合作的精神。
2. 培养精益求精、追求卓越的工匠精神。

任务导入

某城市轨道交通企业开展了消防与综合监控专业人员业务技能交流。消防专业人员向综合监控专业提出：以综合监控专业平台监视优势为基础，快速判断消防联动控制各子系统（或末端设备）联动后的设备正常动作状态，并以"颜色＋告警"方式予以标记。综合监控专业评估后认为此要求可行并着手实施。在开发过程中，员工对车站/场段消防联动控制的各子系统（或末端设备）联动规则及联动运行状态有了全面认识，提升了员工的求知欲，激发了员工精益求精的工匠精神。消防联动控制一览图如图 4-33 所示。

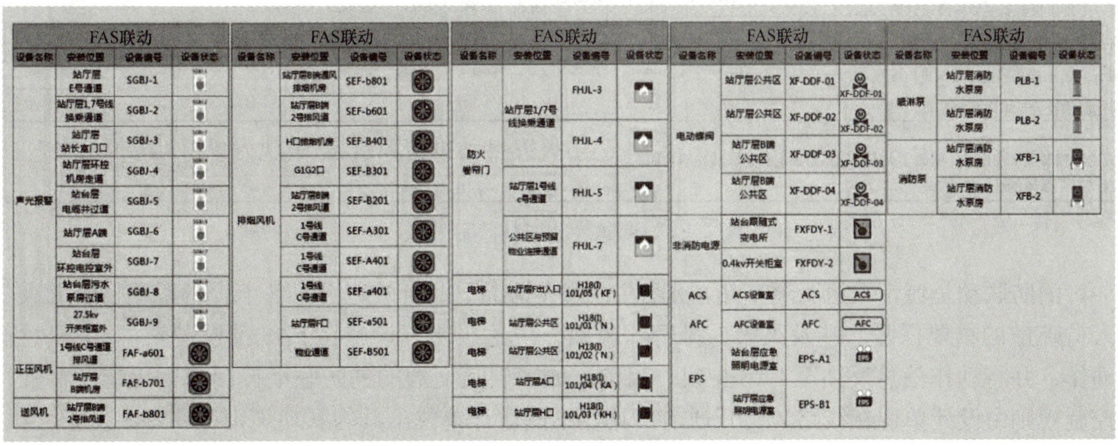

图 4-33　消防联动控制一览图

知识课堂

一、车站/场段消防联动控制概述

城市轨道交通的消防联动控制由 FAS、防火卷帘门、应急照明系统、BAS、ACS、AFC 系统、消火栓系统、综合监控及其辅助救灾子系统（例如：PA、PIS）共同实现消防联动控制功能，以达到协助疏散人员、防止火灾蔓延、减少财产损失的目的。

FAS 主机在火灾报警后经逻辑确认（或人工确认），在 3s 内按设定的控制逻辑向各相关受控设备发出准确的联动控制信号，控制现场受控设备按预定的要求动作，当消防设备动作后将动作信号反馈给消防控制室并显示，保证消防管理人员及时了解现场受控设备的动作情况。消防联动控制框图如图 4-34 所示。需特别说明的是 FAS 联动控制的消防设备，其联动触发信号应采用两个独立的报警触发装置报警信号的"与"逻辑组合。联动控制信号电压控制输出采用直流 24V，由 FAS 消防联动电源提供，其电源容量满足受控消防设备同时启动且维持工作的控制容量要求。

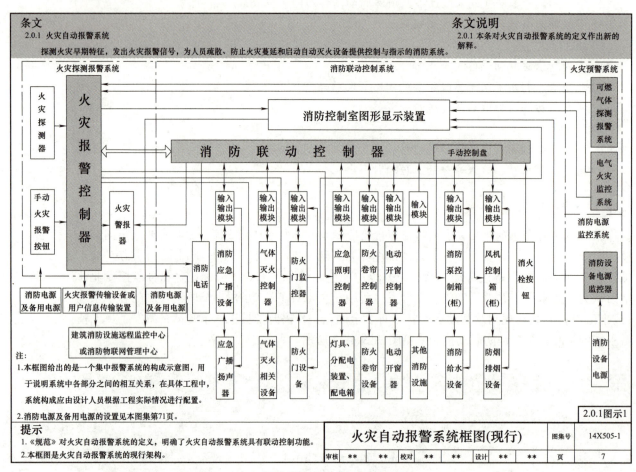

图 4-34 消防联动控制框图

消防联动是城市轨道交通车站/场段发生火灾情况下，有效地组织各个设备系统实施灭火、人员疏散的重要保障。涉及灭火、排烟、疏散、应急照明等设施在 FAS 预设逻辑调度下执行动作，并将动作信息反馈至 FAS 主机。目前，城市轨道交通的消防联动控制规则无统一标准，控制规则由设计单位在线路运营开通前出具，不同设计单位出具的联动规则存在一些差异，机电建设单位按照设计单位出具的联动控制规则落实执行，并经消防检测、专项测试等进行调试验证。某线路消防联动规则见表 4-1。

防火卷帘联动控制

二、消防联动控制

1. 与防火卷帘联动控制

防火卷帘的升降应由防火卷帘控制器控制，控制器与 FAS 控制模块相连，实现 FAS 对防火卷帘的状态监控。车站/场段防火卷帘按安装位置分为两种：

表 4-1 某线路消防联动规则

报警情况	环控防排烟模式	智能照明及疏散导向	应急照明	非消防电源切除	声光报警器	电梯	防火卷帘(隔断)	防火卷帘(疏散)	消防泵	喷淋泵	广播	CCTV	门禁(释放所有门禁)	AFC	PIS	消防专用风机
1个报警信号	—	—	—	—	—	—	—	—	—	—	—	—	—	—	—	—
任意1个防烟分区2个独立的报警信号(不含2个手报)	IBP自动模式:联动 IBP手动:不联动	联动:执行火灾模式	联动	联动	联动与广播交替播放	联动	联动	半降/卷帘门旁温感报警全降	—	—	联动与声光报警器交替播放	在工作站上弹确认界面,人工确认后联动	IBP盘联动位:直接联动 IBP盘非联动位:不直接联动,在工作站上弹确认界面,人工确认后联动	IBP盘联动位:直接联动 IBP盘非联动位:不直接联动,在工作站上弹确认界面,人工确认后联动	在工作站上弹确认界面,人工确认后联动	联动
任意1个防火分区2个手报	人工确认后手动联动相应模式	联动:执行火灾模式	联动	联动	联动与广播交替播放	联动	联动	半降/卷帘门旁温感报警全降	—	—	联动与声光报警器交替播放	在工作站上弹确认界面,人工确认后联动	IBP盘联动位:直接联动 IBP盘非联动位:不直接联动,在工作站上弹确认界面,人工确认后联动	IBP盘联动位:直接联动 IBP盘非联动位:不直接联动,在工作站上弹确认界面,人工确认后联动	在工作站上弹确认界面,人工确认后联动	联动

（1）设置在疏散通道的防火卷帘联动控制方式　由所在防火分区内任 2 只独立的感烟火灾探测器或任 1 只专门用于联动防火卷帘的感烟火灾探测器的报警信号应联动控制防火卷帘下降至距楼板面 1.8m 处；任 1 只专门用于联动防火卷帘的感温火灾探测器的报警信号应联动控制防火卷帘下降到楼板面。

（2）设置在非疏散区域的防火卷帘联动控制方式　由所在防火分区内任 2 只独立的火灾探测器的报警信号，作为防火卷帘下降的联动触发信号，并应联动控制防火卷帘直接下降到楼板面。防火卷帘联动后的状态如图 4-35 所示。

图 4-35　防火卷帘联动后的状态

2. 与电动挡烟垂壁的联动控制

高架车站或场段地面建筑内一般设置有电动挡烟垂壁，在车站火灾成立时由 FAS 控制自动下垂挡烟垂壁，以有效阻挡烟雾在建筑顶棚下横向流动，提高防烟分区内的排烟效果，保障乘客生命财产安全。电动挡烟垂壁联动后的状态如图 4-36 所示。

3. 与垂直电梯的联动控制

车站设置具有垂直提升功能的电梯，该电梯属于非消防电梯，发生火灾时不能立即切断电源。按照规范要求，该电梯应具备降至首层（消防人员称之为电梯归首）并保持轿门敞开的功能，以便有关人员全部撤出电梯。垂直电梯联动后的状态如图 4-37 所示。

图 4-36　电动挡烟垂壁联动后的状态

图 4-37　垂直电梯联动后的状态

4. 与火灾警报和消防应急广播系统的联动控制

火灾警报声光报警在车站 / 场段由 FAS 提供的声光报警器完成。车站不独立设置消防应急广播，而是由车站普通广播（由通信专业提供）在紧急情况下强制切入消防应急广播的功能；场段无普通广播，由消防专业设置消防应急广播系统。车站 / 场段发生火灾时，FAS 主机发出控制命令，火灾警报声音和火灾应急广播以交替工作的方式循环播放。

5. 与应急照明（EPS）、疏散指示系统联动控制

车站设置的集中控制型消防应急照明和疏散指示系统以子系统互联方式接受 FAS 监控。通过 FAS 控制模块接入 FAS，在车站 / 场段发生火灾时，FAS 的输出模块输出启动电信号，实现在火灾情况下的紧急启动，消防应急照明和疏散指示系统通过 FAS 输入模块反馈动作信息。应急照明与疏散指示系统联动后的状态如图 4-38 所示。

6. 与非消防电源的联动控制

为确保车站正常运营，车站设置了大量非消防用电设施设备，其电源在发生火灾时应停止工作，或切断后不会带来损失。FAS 主机判断火灾成立时，立即向 FAS 控制模块输出控制信号，通过设置在变压器下方的专用开关切断其电源，如车站大量设置的灯箱广告、使用墙壁插座供电的普通动力负荷设备等。

FAS 联动声光报警与广播轮循播放

应急疏散照明

图 4-38　应急照明与疏散指示系统联动后的状态

7. 与 BAS 的联动控制

车站不独立设置防、排烟系统,而与车站通风空调系统兼用,即车站通风(空调器在火灾时停用)和排烟为同一个系统,通风和排烟均由相同的风机、消音器、风口、风道和风亭组成。风机正转或反转以及阀门的不同组合转换可实现送风或排烟。对于通风空调系统与防、排烟系统合用的车站,空调通风系统主要由隧道通风系统(含防、排烟系统)和车站通风空调系统(含防、排烟系统)两大部分组成,基于车站设置的 BAS 完成资源调度功能实现通风系统的状态转换。环控模式联动启动成功后的状态如图 4-39 所示。

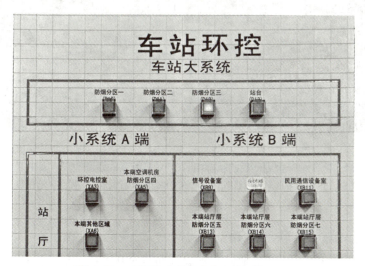

图 4-39　环控模式联动启动成功后的状态

8. 与自动售检票系统的联动控制

当车站处于火灾紧急状态时,自动售检票系统应手动或自动与 FAS 实现联动,自动检票机(又称 AFC 闸机)阻挡装置应处于释放状态。AFC 闸机及闸机导向联动后的状态如图 4-40 所示。如其不与 FAS 联动,一旦车站发生火灾,将因自动检票机阻挡人群疏散、售票机继续售票等,造成客流积聚、拥堵,从而引发危及乘客生命、财产安全的严重后果。

9. 与门禁系统(ACS)的消防联动控制

当车站处于火灾紧急状态时,门禁系统与 FAS 实现火灾联动,自动对通道门、设备及管理用房门进行门禁释放,便于人员疏散和灭火工作展开。门禁系统释放根据实际情况进行,原则上设备管理区公共通道门、有人长期职守的设备房、管理用房处于释放状态,存有现金、票证、重要的设备用房以及正在实施自动灭火的房间不宜进行开放。当操作终端出现故障时，手动释放作为后备手段，在车站可操作综合后备控制盘（又称 IBP 盘）上的门禁系统紧急开门控制按钮释放，为防止误动作和便于管理，IBP 盘上普遍设置门禁系统联动的手动、自动切换开关。

10. 其他子系统的消防联动控制

车站还设置有乘客信息系统（PIS）、视频监视系统（CCTV 系统），在火灾发生时应参与消防联动，但 PIS、CCTV 系统与 FAS 无直接接口，故发生火灾时由综合监控系统（ISCS）接收 FAS 火灾信息并确认后向 PIS、CCTV 系统发送火灾信息，使 PIS 显示屏播放火灾音影信息，CCTV 系统自动在工作站调取火灾发生区

图 4-40　AFC 闸机及闸机导向联动后的状态

域的视频信息。PIS 显示屏联动后的状态如图 4-41a 所示。CCTV 系统联动后调取火灾发生区域视频如图 4-41b 所示。

a)　　　　　　　　　　　　　　　　　　b)

图 4-41　PIS 显示屏联动后的状态和 CCTV 系统联动后调取火灾发生区域视频
a）PIS 显示屏联动后的状态　b）CCTV 系统联动后调取火灾发生区域视频

三、换乘车站的消防联动控制

换乘车站是以线路为单位，依据城市规划分期分线独立建设的，因此 FAS 及机电设备均按此建设。为分线路设置的各线路 FAS 之间，应通过互设信息模块、信息复示屏和消防电话分机（或插孔）的形式实现信息互通及消防联动。

目前城市轨道交通的换乘车站普遍按照 1 座车站且 1 次火灾设计，发生火灾的线路经确认发送火灾信息至换乘线路，换乘线路 FAS 调度车站设备资源转入火灾联动，所辖设备按预设程序动作并反馈信息。换乘站的消防联动控制规则无统一标准，由设计单位在线路运营开通前出具，不同设计单位出具的联动规则存在一定差异。

请概括消防联动控制接口分界，总结各子系统（或末端设备）接受 FAS 监控的差异。

课后知识回顾

城市轨道交通消防联动控制	课后知识回顾	班级： 姓名：

1. 城市轨道交通消防联动控制基础

1）消防联动控制信号是经 FAS 主机接收火灾报警经_____后才发出控制信号，受控设备动作后将_____反馈至 FAS 主机并显示。

2）城市轨道交通联动控制的消防设备，其联动触发信号应采用_____独立的报警触发装置报警信号的"_____"逻辑组合。

3）车站 FAS 触发消防联动的报警信号可以是_____、_____的组合（至少列举 2 种组合）。

4）列举车站与场段参与消防联动控制的受控设备差异（至少 3 种）：_____。

2. 城市轨道交通消防联动控制

1）FAS 消防联动电源提供联动控制信号，采用_____电压控制输出，电压为_____。

2）车站/场段设置的防火卷帘按安装位置分为两种，非疏散通道上安装的防火卷帘在消防联动时_____地面，而疏散通道上安装的防火卷帘在消防联动时_____地面。

3）当火灾信号满足火灾联动的条件时，FAS 主机将下发相应的_____通过网关以通信协议方式发送至_____以启动车站防排烟设备。

4）城市轨道交通高架车站设置的垂直电梯在火灾联动时应_____至首层，而地下车站设置的垂直电梯在火灾联动时应_____至首层，并保持轿门_____，处于停止使用状态。

5）城市轨道交通的车站普通广播在紧急情况下强制切入_____的功能。

6）在车站/场段发生火灾后，由 FAS 主机发出控制命令后，_____和_____以交替工作方式循环播放。

任务实施及评价

【任务实施】

认知准备：消防联动规则表、车站/场段消防联动视频展示样片、展示用计算机等。

【操作步骤】

序号	图片	说明
1		左图所示设备（蓝色）名称为_____，安装在车站站厅商铺外侧，图中设备状态代表_____，此外，由设备状态可知商铺不具有_____功能

（续）

序号	图片	说明
2	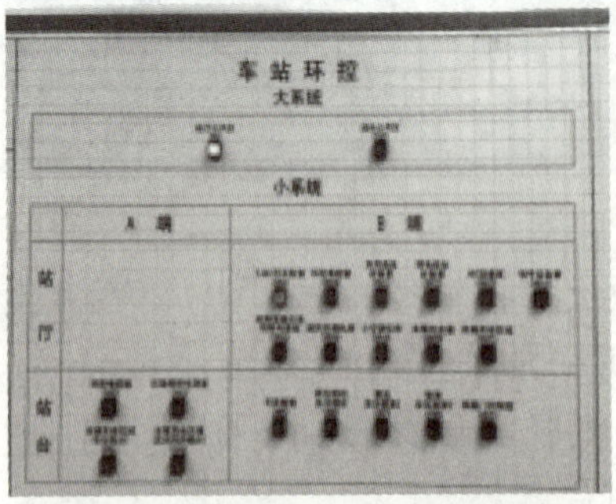	左图所示设备名称为＿＿＿＿＿＿，由＿＿＿＿＿＿系统控制，与 FAS 以通信协议方式通信，图中设备状态的红色指示灯代表＿＿＿＿＿＿
3		左图所示设备名称为＿＿＿＿＿，图中设备状态代表＿＿＿＿＿＿＿＿＿＿＿＿
4		左图所示设备名称为＿＿＿＿＿，在消防联动中，作用是输出＿＿＿＿＿控制信号，主要供给 FAS 的＿＿＿＿＿模块
5	 	左图所示设备名称为＿＿＿＿＿＿，在车站发生火灾时，火灾报警声音和火灾应急广播以＿＿＿＿＿方式循环播放
6	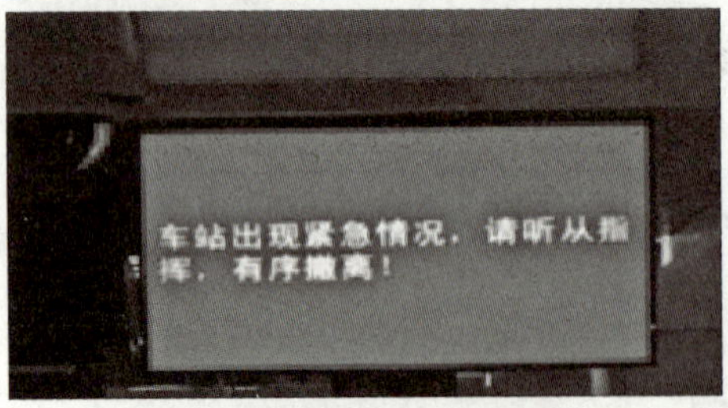	左图所示设备名称为＿＿＿＿＿，图中所示设备状态可获取的信息为（至少3项）＿＿＿
7		左图所示设备名称为＿＿＿＿＿，图中所示设备状态可获取的信息为（至少3项）＿＿＿

(续)

序号	图片	说明
8	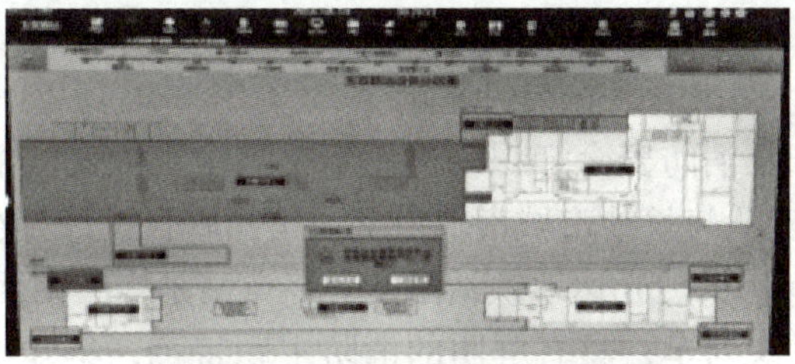	左图所示为_____工作站显示界面，由图可知车站设备已处于_____状态；红色区域表示_____系统的两个独立探测器已被触发
9		左图所示为普通车站发生火灾报警引发消防联动时的展示，从图中可知广告灯箱_____，AFC闸机_____，闸机导向指向_____方向；还可知道（回答至少3项）_____

【任务评价】

【课证融通考评单】城市轨道交通消防联动控制		日期：	
姓名：	班级：	学号：	教师签名：
自评：□熟练 □不熟练	互评：□熟练 □不熟练	师评：□合格 □不合格	
日期：	日期：	日期：	

城市轨道交通消防联动控制【评分细则】						
序号	评分项	得分条件	分值	自评	互评	师评
1	接受任务	明确工作任务，理解任务在企业工作中的重要程度	5			
2	前置知识	本次实训前需要掌握的知识	5			
3	能力评价	1）能根据图片识别受控子系统（或末端设备）	7			
		2）能根据图片描述设备的工作状态	8			
		3）能结合车站FAS网络架构，罗列各受控子系统（或末端设备）	15			
		4）能结合车站消防联动视频，判断各受控子系统（或末端设备）是否正常动作及故障判断	15			
		5）能结合现场级FAS网络架构，阐述以FAS控制模块参与消防联动控制的受控子系统（或末端设备）工作原理	10			
		6）能根据控制原理设想受控子系统（或末端设备）快速检测方法	5			
4	素养评价	1）工作计划性强，安排得当	4			
		2）团队合作能力强，善于沟通合作	4			
		3）自主学习能力强，勇于克服困难	4			
		4）严谨认真，积极参与课堂	4			
		5）演示文稿制作精美、汇报演讲能力强	4			
5	评价反馈	1）能快速、正确地识别图片中的设备	5			
		2）根据所学知识给出故障验证方法	5			
		总分	100			

视野拓展

湖南首列 119 消防宣传地铁专列

11 月 9 日是全国消防日。为大力普及消防安全知识，进一步提高全市人民的消防安全素质和抵御灾害的能力，长沙市消防救援支队与长沙市城市轨道交通集团联合设计打造了 119 消防宣传地铁专列。119 消防宣传地铁专列从长沙光达地铁站出发，终点站是梅溪湖西地铁站。

该专列作为湖南省首列消防主题地铁列车，具有鲜明的消防主题特色，集知识性、趣味性、观赏性、教育性为一体。专列以人员流动最为密集的地铁 2 号线为运行线，以"防范火灾风险、建设美好家园"为宣传主题，分为 6 个主题车厢，内容涉及常见火灾防范、初期火灾扑救、逃生自救常识、消防宣传语录等内容。车厢门和厢体上贴着消防卡通形象和各类常用的消防安全知识。车厢两侧的玻璃窗贴有印有"消防知识小课堂"的宣传画，每个窗户对应一个消防安全知识要点。乘客在乘车时能学习到消防安全知识，提高自身消防安全意识。

任务三　火灾自动报警系统检修与应急故障处置

任务目标

知识目标：
1. 掌握 FAS 计划性检修的工作内容。
2. 掌握 FAS 设备维修保养与作业标准内容。
3. 掌握 FAS 故障应急处置的流程。

能力目标：
1. 能按照保养与作业标准对 FAS 进行周期性检修及专项检修。
2. 发生具体故障时，能对 FAS 进行应急处置。

素养目标：
1. 培养学生的安全防护意识。
2. 培养"不怕灰、不怕油、不怕累、不怕苦"的劳动精神。
3. 培养精益求精、毫厘必究的责任意识。

任务导入

在某天的下班高峰期，某城市轨道交通线路主要换乘站的站厅因乘客携带充电宝冒烟触发 FAS 烟雾探测器，进而引发车站设备进入消防联动状态。车站现场人员、维保人员按照 FAS 联动应急处置流程（消防联动后设备操作申请流程如图 4-42 所示）顺序处置，及时将设备复位，包含恢复车站非消防电源，开启车站正常照明等，保障高峰时段运营持续进行。

知识课堂

一、FAS 设备计划性检修周期与工作内容

FAS 设备检修可分为按照时间划分的周期性计划检修与依据国家相关规定而进行的消防年度检测。周期性计划检修按照时间划分为日常设备巡检、月度计划检修、季度计划检修与每年期计划检修。

模块四 城市轨道交通火灾自动报警系统

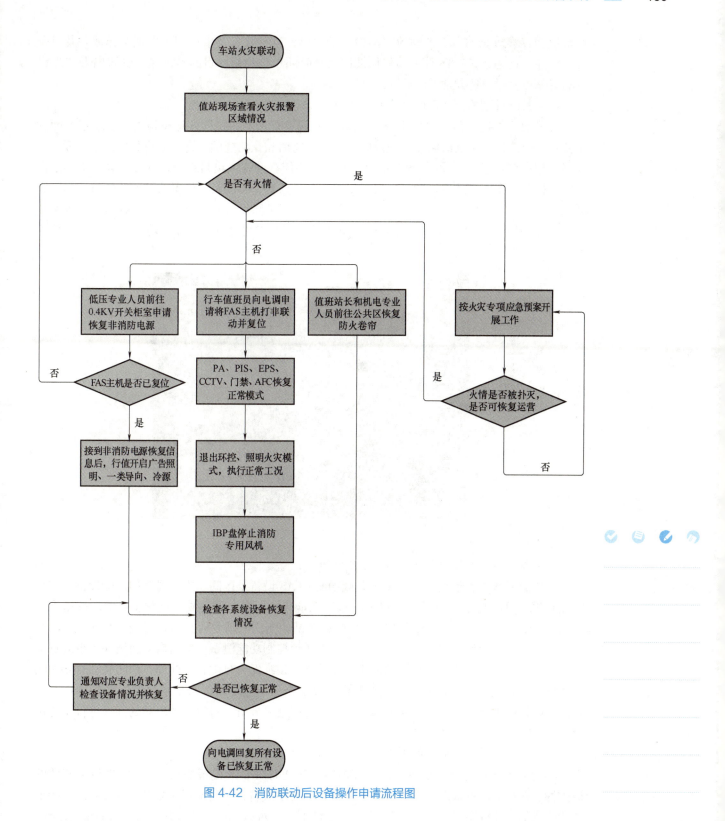

图 4-42 消防联动后设备操作申请流程图

1. 周期性计划检修

（1）日常设备巡检（简称日巡检）工作内容

日巡检的工作内容包括 FAS 设备及末端设备的外观检查、主要设备外观清洁、巡视检查；通过车控室内（场段为消防控制室内）的 FAS 主机（或 FAS 扩展工作站）、消防电话主机、TFDS 主机等检查故障报警记录、查看设备运行状态等；对 FAS 模块、消防电话分机、声光报警器等现场设备进行抽检，查看运行状态、指示灯、标识标牌等；巡视防火卷帘、电动防火门不被遮挡或堆放杂物等；准确填写巡检记录；根据运行状态及事件记录发现的异常并及时调校、排除。日巡检是FAS计划检修周期内最小时间单位检修，目的是确保FAS设备及末端设备的工作环境，发现异常及时处理。

（2）月度计划检修（简称月检）工作内容

月检的工作内容包括区间FAS末端设备外观检查、安装稳固性巡视检查。安装于区间的设备：手报按钮（含电话插孔，手报按钮不包含电话插孔功能的，则独立设置电话插孔模块）、消报按钮；TFDS的感温光纤缆线部分。月检主要依据巡查人员目视发现异常，异常主要是设备固定松脱、漏水导致的锈蚀等。发现问题应及时处置，不能及时处置的按照"先通后复"原则在采取临时措施后择日专项处置。月检是针对区间消防设备安装位置和区间行车安全等实际情况制定的检修计划，目的是确保FAS安装于区间的末端设备的工作环境。区间巡检发现的漏水问题如图4-43所示。

图4-43 区间巡检发现的漏水问题

（3）季度计划检修（简称季检）工作内容

季检的工作内容包括对车站（OCC或场段）FAS设备及区间、中间风井的末端设备等进行功能测试，目的是通过模拟火情对FAS报警功能（如利用烟雾生成工具触发烟感、按压手报模拟乘客报警等）、联动控制功能等进行验证测试。测试联动是否正常，受控子系统（或末端设备）是否根据预设逻辑动作及反馈信息。因联动控制功能测试内容需启动通风环控系统的风机、风阀等设备，故消防联动测试需要环控通风设备维保人员配合；此外，消防联动时要切除非消防电源，故测试时需要低压供电专业人员配合。季检是以线路车站为单位对车站FAS设备及末端设备进行的一次主要功能检查；根据检查结果分析，对故障率较高的部件进行预防性更换（如处于潮湿环境的模块）。

（4）每年期计划检修（简称年检）工作内容

年检的工作内容除完成季检的全部内容外，还需对FAS设备的机械特性（即设备安装的稳固性、标识标牌的固定、接地线缆的紧固等）与电气特性进行测试（如电气防火测试、接地性能测试等）、设备的零部件年度保养或计划性更换、对运行记录进行导出另存与病毒查杀等。年检的目的是对FAS设备及末端设备的软硬件全面检修、质量大检查，确保系统的可靠运行，并利用智慧健康检测及全生命周期监控系统（或类似质量评估系统）对设备质量进行评估、统计、分析，为后期大、中修积累真实而详实的基础数据。

2. 消防年度检测工作内容

消防年度检测是根据国家相关规定做出的，即"建筑消防设施应每年至少检测一次，检测对象包括全部系统设备、组件，并将检测记录报公安消防机构备案"。检测内容除年检所涉及

FAS的科目，还需对FAS下位受控设备功能进行测试，主要包括：FAS、TFDS、消防电话系统功能测试；气体灭火系统、水喷淋系统、预作用水喷淋系统、电动蝶阀和手动蝶阀系统、消火栓系统、防烟排烟系统以及应急广播和应急照明、安全疏散设施、防火门、防火卷帘门等的消防联动控制功能等。

二、FAS设备维修保养与作业标准

1. 日巡检

（1）FAS主机及扩展工作站

工器具：抹布、毛刷			
编号	作业内容	作业标准	补充说明及简图
1	FAS主机外设状况检查	1. 目测主机安装牢固、无变形，内、外无明显积尘，门锁正常，无冷凝水、防火封堵良好 2. 目测控制面板按键、指示灯完好无损，安装牢固 3. 检查蓄电池无爬酸漏液鼓包、无异常发热现象、接线柱无异物，绝缘套齐全	
2	FAS主机运行状况检查	操作检查FAS主机显示屏画面应清晰、无花屏，状态指示灯绿色，主机为自动状态	
		1. 查看主机显示屏无故障、火警、隔离记录，无防火阀／电动蝶阀关闭、防火卷帘半降／全降、电动翻转门关闭、电动排烟窗打开等设备异常动作反馈 2. 查看综合监控FAS界面无显示故障、报警及设备离线等现象	
3	扩展工作站状况检查	1. 目视检查安装牢固，内、外清洁无明显积尘，无冷凝水 2. 查看扩展工作站软件状态正常，人机界面运行正常，无黑屏蓝屏现象 3. 操作并查看报警／事件记录：无故障、火警、隔离记录，无防火阀／电动蝶阀关闭、防火卷帘半降／全降、电动翻转门关闭、电动排烟窗打开等设备异常动作反馈	
4	对时	FAS主机、扩展工作站时间与IBP盘上的时钟显示时间一致	

(2) FAS 24V 联动电源

工器具：抹布、毛刷			
编号	作业内容	作业标准	补充说明及简图
1	联动电源外设状况检查	1. 检查联动电源主机应安装牢固，内、外无明显灰尘，接线牢固，无冷凝水 2. 目测蓄电池无爬酸漏液鼓包、无异常发热现象、接线柱无异物，绝缘套齐全	蓄电池绝缘帽齐全、完整 蓄电池表面无漏液 触碰表面无异常发热
2	联动电源运行状况检查	查看"电源开关"，指示灯常亮	电源开关　　蓄电池开关

(3) TFDS 主机

工器具：抹布、毛刷			
编号	作业内容	作业标准	补充说明及简图
1	TFDS 主机外设状况检查	目测主机安装牢固，内、外无明显积尘，无冷凝水，门锁完好，封堵良好 查看蓄电池无爬酸漏液鼓包、无异常发热现象、接线柱无异物，绝缘套齐全	门锁能锁闭 整体外观安装牢固、无变形、紧固 蓄电池外观无鼓包，手触摸表面无异常发热
2	TFDS 主机运行状况检查	检查状态指示灯正常，无故障报警，无故障黑屏、死机现象	指示灯、对应分区均为绿色为正常状态

(续)

编号	作业内容	作业标准	补充说明及简图
2	TFDS 主机运行状况检查	1. 操作 TFDS 主机并查看数据采样功能正常 2. 操作综合监控工作站查看 TFDS 页面显示正常，无设备离线 3. 查看与综合监控系统显示时间一致	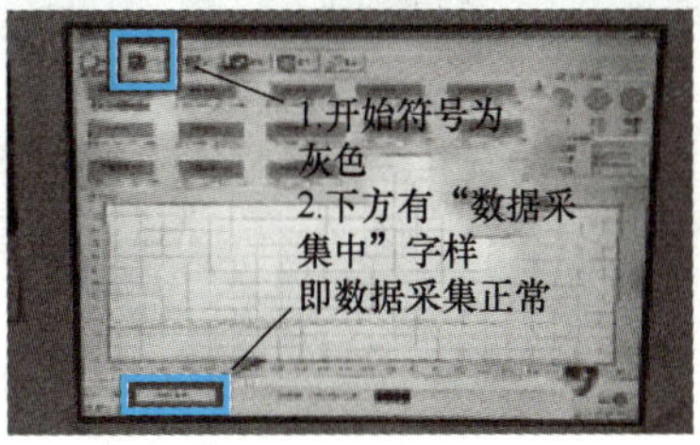 1.开始符号为灰色 2.下方有"数据采集中"字样即数据采集正常

（4）消防联动控制盘

工器具：抹布、毛刷

作业内容	作业标准	补充说明及简图
消防联动控制盘状况检查	1. 外观完好无损，安装牢固，内、外无明显积尘，无遮挡，指示灯无脱离，字体清晰 2. 各状态运行灯与设备状态一致	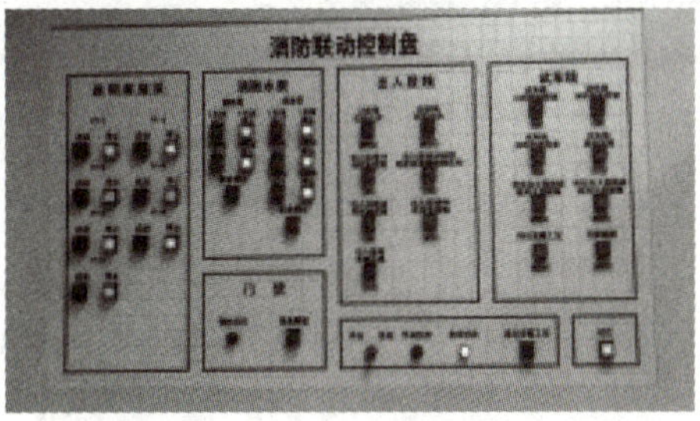

（5）消防电话

工器具：抹布

作业内容	作业标准	补充说明及简图
消防电话主机状况检查	1. 消防电话主机完好无损，安装牢固、无明显积尘、无冷凝水，显示屏画面清晰 2. 消防电话主机工作状态指示灯常亮绿色，对消防电话主机存储告警的进行数据清除	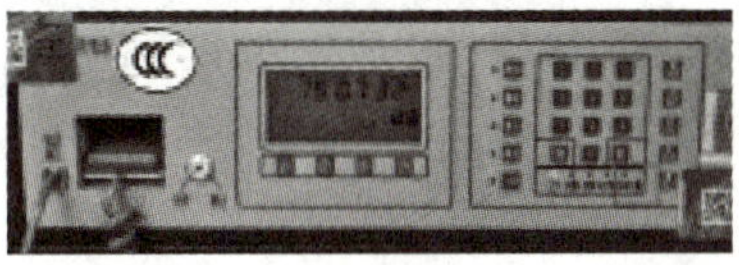

（6）消防广播

工器具：抹布、毛刷

编号	作业内容	作业标准	补充说明及简图
1	消防广播音源设备/功率放大器状况检查	1. 完好无损，安装牢固，无明显积尘，无冷凝水 2. 工作状态指示灯常亮绿色	
2	扬声器外设状况检查	扬声器外观完好无损，安装牢固	—

(7) FAS 末端设备

工器具：抹布、毛刷			
编号	作业内容	作业标准	补充说明及简图
1	烟感、温感、手报、电话插孔、壁挂电话、警铃或声光报警器状况检查	1. 外观完好无损，安装牢固，无遮挡，设备附近无渗水，表面清洁 2. 状态指示灯显示正常	—
2	吸气式感烟探测器主机、工作站（如有）、专用外部电源（或电源箱）状况检查	外观完好无损，安装牢固，无锈蚀，内、外无积尘，无冷凝水，封堵良好	
		1. 电源箱蓄电池无爬酸漏液鼓包，无异常发热现象，接线柱无异物，绝缘套齐全，接线牢固 2. 电源面板电源灯常亮、无异常报警，无预警、火警、故障报警，电源箱电压指示灯常亮	
3	吸气式感烟探测器吸气管道检查	主动吸气管道卡扣无松动，管道无脱落，固定钢绳（如有）无锈蚀、无松动	
4	线型光束感烟探测器发射端及接收端、专用外部电源（或电源箱）状况检查	1. 外观完好，安装牢固，无锈蚀，箱体内、外无明显积尘，内部无冷凝水、封堵良好 2. 每对探测器发射端与接收端间无遮挡	—
		工作状态指示灯显示正常，电源箱指示电压正常	

（8）防火卷帘

工器具：抹布、毛刷		
作业内容	作业标准	补充说明及简图
防火卷帘外设状况检查	1. 门体下方无遮挡物，门体无脱落下降、脱轨现象，门轴平直无下垂同，导轨无变形，门帘无破损，门体周围无漏水 2. 门体两侧均设置控制盒，控制盒完好无损、安装牢固、周围无渗水	
	手动拉链完好，固定位置可站立操作，生锈面积不超过全部拉链表面积的 10%	门体防火布 拉链情况

2. 月检

工器具：抹布、扎带、个人工具 1 套、各型号螺栓若干、绝缘橡胶 1 块、手报/消报防水盒若干、接线盒盖若干、防锈喷雾

编号	作业内容	作业标准	补充说明及简图
1	区间手报/消火栓按钮（如有）外设状况检查	1. 区间手报/消火栓按钮（如有）防水盒闭合且完好无损 2. 区间手报/消火栓按钮（如有）完好无损，指示灯正常，安装牢固无松动 3. 安装位置无漏水（若漏水，则进行移位安装）	
2	消防设备线管（含立管）外设状况检查	1. 线管安装牢固，卡扣无脱落松动 2. 线管无腐蚀损坏，单根浮锈面积不得超过该段管道表面积的 10%（若超过，则需除锈喷漆；有漏水的，采用防水材料对管线进行保护） 3. 线管接地线牢固无脱落、接线盒安装牢固无缺失 4. 过轨管线固定牢固，轨道下方采用耐久性绝缘材料，不得与轨底搭接	

（续）

感温电缆测试

车控室消防设备及FAS主机检修

FAS手报触发

FAS烟感触发

车站放烟测试

车站消防联动现场实拍

编号	作业内容	作业标准	补充说明及简图
3	感温光纤外设状况检查	1. 感温光纤完好无损，保护层无破损，感温光纤固定在支架上，固定钢绳（若有）完好无损，无明显锈蚀，安装牢固无下垂，多余光纤绑扎牢固 2. 感温光纤终端盒完好无损，安装牢固 3. 固定支架在隧道墙面安装牢固、无松动，无缺失、脱落	
4	感温电缆外设状况检查	感温电缆电路完好无损，正弦缠绕在电力电缆上，且绑扎牢固	
		1. 终端盒完好无损，固定安装牢固，接线端子压接牢固，防水密封完好，电路完好无损 2. 安装环境无漏水、积水	

3. 季检

（1）车站及区间风井FAS联动测试

工器具：烟枪、温枪			
编号	作业内容	作业标准	补充说明及简图
1	触发联动信号	1. 车控室人员与现场人员密切配合，现场人员使用烟枪、温枪按照末端设备现场点位触发联动信号 2. 车控室人员查看FAS主机、综合监控、扩展工作站报警信息，记录报警设备编号 3. 烟感、手报、消火栓按钮等末端设备正常报警，FAS主机、综合监控、拓展工作站报警信息一致	—
2	确认通风设备联动情况	1. 车控室人员通过综合监控工作站查看通风设备状态及反馈信息 2. 测试区域火灾环控模式按照预设程序正常启动成功（如测试区域消防风机及防火阀启动，无启动超时报警等），其他区域环控模式停止成功 3. 通风配合人员测试风速，测试的风速应达标 4. 站厅到站台楼梯或扶梯口处向下风速、排烟口风速大于规范要求的最低值	

(续)

编号	作业内容	作业标准	补充说明及简图
3	确认智能照明联动情况	1. 车控室人员通过综合监控工作站查看测试区域的智能照明设备状态反馈信息 2. 智能照明（若有）执行相应火灾模式成功	
		1. 现场测试人员目测智能照明、导向开启情况 2. 测试区域照明、导向按照预设程序动作 3. 电扶梯/步梯上方/闸机等 A/B 面导向切换至疏散方向	
4	确认应急照明联动情况	1. 车控室测试人员通过综合监控工作站确认查看应急照明设备状态反馈信息，应急照明图元显示颜色正常 2. 现场测试人员目测应急照明开启情况，应急照明应强制启动且全开状态	
5	确认非消防电源联动情况	1. 车控室测试人员通过综合监控工作站确认非消防电源联动切除的状态信息反馈，非消防电源图元显示颜色正常 2. 现场测试人员查看广告灯箱等设备是否熄灭，广告灯箱、多联机、冷源设备等断电 3. 低压供电专业配合人员应在低压供电设备房从设备本体确认非消防电源联动切除成功	
6	确认垂直电梯联动情况	1. 车控室测试人员通过综合监控工作站确认垂直电梯联动反馈信息 2. 垂直电梯图元显示颜色正常（或类似火灾状态信息表示）	
		1. 现场测试人员实地查看垂直电梯是否停靠地面层或首层 2. 电梯归首，电梯门敞开（停靠地面层或首层），且正常操作无效	电梯归首，且打开门
7	确认防火卷帘联动情况	1. 车控室测试人员通过综合监控工作站确认全部防火卷帘门的动作反馈信息 2. 防火卷帘图元显示颜色正常，点击图元显示防火卷帘门的详细动作信息	

(续)

编号	作业内容	作业标准	补充说明及简图
7	确认防火卷帘联动情况	1. 现场测试人员查看防火卷帘是否按照联动规则动作 2. 用于防火隔断的防火卷帘应全降至地面；安装于疏散通道的防火卷帘应降至距离地面1.8m处	
8	确认警铃（或声光报警器）联动情况	1. 现场测试人员查看警铃（或声光报警器）动作情况 2. 警铃（或声光报警器）应与应急广播交替播放 3. 音质清晰，音调及声量正常	—
9	确认门禁/AFC设备联动情况	1. 车控室测试人员综合监控工作站确认门禁/AFC设备联动信息反馈情况 2. 门禁/闸机释放、售票机进入紧急状态停止售票	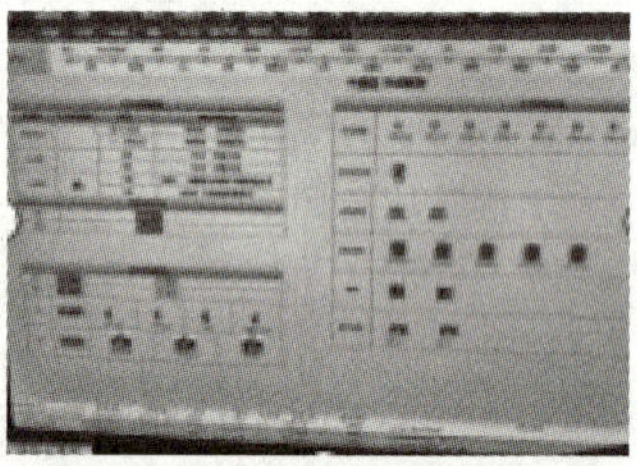 
10	确认广播联动情况	1. 现场测试人员确定车站广播的火灾应急语音播放是否正常 2. 应急广播与警铃（或声光报警器）交替播放 3. 音质清晰，音调及声量正常	—
11	确认PIS屏联动情况	1. 现场测试人员确定PIS屏幕显示及语音播放情况 2. PIS屏幕切换显示火灾应急提示，播放应急提醒文字及对应语音信息	
12	确认CCTV联动情况	车控室测试人员综合监控工作站确认CCTV页面是否正常跳转至火灾发生区域并正常显示图像信息	

FAS系统公共区联动测试

(续)

编号	作业内容	作业标准	补充说明及简图
13	报警信息一致性核对	1. 车控室测试人员确认 FAS 主机、扩展工作站、综合监控报警信息 2. 各设备显示信息应与现场测试人员反馈信息一致	—
14	线间联动：本线路向换乘线路发送火警信号情况	1. 现场测试人员利用测试工具触发探测器（烟感或手报）模拟本线路火灾 2. 车控室测试人员查看 FAS 主机报警信息 3. 查看向换乘车站邻近线路的火灾信息发送情况（主要查看用于邻近火灾通信的 FAS 输出模块指示灯显示），着火线路应按照线间联动规则发送火灾信息	
15	线间联动：确认换乘线向本线发送火警信号情况	1. 换乘站临近线路确认收到着火线路火灾信息（主要查看用于线间火灾通信的 FAS 输入模块指示灯显示及 FAS 主机、综合监控工作站报警显示） 2. 确认向着火线路发送确认已接收火灾信息的反馈信息发送情况（主要查看本线路用于线间火灾通信的 FAS 输出模块指示灯显示）	

（2）场段、OCC、主所 FAS 联动测试

工器具：烟枪、温枪		
编号	作业内容	作业标准
1	触发联动信号	1. 消防控制室人员与现场人员密切配合，现场人员使用烟枪、温枪按照末端设备现场点位触发联动信号 2. 消防控制室人员查看 FAS 主机、综合监控、扩展工作站报警信息，记录报警设备编号 3. 烟感、手报、消火栓按钮等末端设备正常报警，FAS 主机、综合监控、拓展工作站报警信息一致
2	确认电动防火门联动情况	1. 消防控制室测试人员通过综合监控工作站确认电动防火门联动后信息反馈 2. 现场测试人员查看门体动作情况。常闭防火门关闭，常开防火门打开
3	确认电动挡烟垂壁联动情况	消防控制室测试人员通过综合监控工作站确认电动挡烟垂壁动作后信息反馈，现场测试人员查看挡烟垂壁动作情况，电动挡烟垂壁应正常下降至预定位置
4	确认消防广播联动情况	1. 现场测试人员查看区域播放应急广播，音量正常，话质清晰 2. 警铃（或声光报警器）应与应急广播交替播放，音质清晰，音调及声量正常 1. 消防控制室测试人员利用消防广播主机话筒进行实况广播测试 2. 现场测试人员确定扬声器动作情况，音质清晰，音调及声量正常
5	消防联动控制盘灯检	1. 消防控制室测试人员按下灯检按钮，观察所有指示灯是否亮，指示灯应亮且无闪烁，亮度清晰可见 2. 通过消防联动控制盘操作现场设备远程启停。消防控制室测试人员操作消防联动控制盘所有控制按钮，现场设备动作情况及位置信息和联动控制盘指示灯显示状态和位置信息一致
6	报警信息一致性核对	1. 消防控制室测试人员确认 FAS 主机、扩展工作站、综合监控报警信息 2. 各设备显示信息应与现场测试人员反馈信息一致

（3）防火卷帘功能测试

工器具：烟枪、温枪、控制盒钥匙			
编号	作业内容	作业标准	补充说明及简图
1	防火卷帘外设状态检查	目测门帘无损坏，门帘钢绳无断裂，无脱线	
2	防火卷帘控制盒测试	1. 操作上升、下降、复位、钥匙允许和禁止操作，查看门体上、下限位位置 2. 门体无卡滞，门体匀速运行，主机及综合监控平台反馈状态与现场状态一致 上升、下降、复位、钥匙允许和禁止按钮功能正常 门体"上限位"不应超过门体导轨顶部，"下限位"不应存在帘布堆积	
3	防火卷帘联动测试	1. 触发专用烟、温感，测试结束后，复位 FAS 主机及控制盒 2. 触发专用烟感，门体半降至距地面 1.8m 处，触发专用温感，门体全降，防火卷帘声光报警	
4	防火卷帘手动拉链测试	1. 拉动拉链使门体上升、下降 2. 防火卷帘手动拉链可操作门体上升、下降，门体无卡滞	
5	防火卷帘自重下降测试	1. 拉动温控释放器拉环，测试结束后，操作控制盒使门体上升到位 2. 拉动温控释放器拉环后，门体自动匀速下降	

4. 年检与消防年度检测

年检与消防年度检测的测试项目一致，区别在于季检是对车站的消防设备进行抽测（按照比例系数划分不低于25%，4个季度实现全部设备覆盖），而年检与消防年度检测是对车站全部的消防设备进行逐一测试。其中，消防年度检测需根据测试结果出具专项测试报告，并送消防部门备案。

三、故障应急处置

1. 车站 FAS 误联动应急处置

车站 FAS 发生误联动时，必须经人员到烟感报警点位及附近环境实地查看确认无火情发生后才可启动误联动应急处置流程。其处置流程：在 FAS 主机、综合监控工作站查看烟感或手报的报警点位，记录并安排人员及时到现场核实，如出现 FAS 主机报警信息与综合监控工作站不一致情况，以 FAS 主机报警信息为准。

1）现场确认无火情，对 FAS 主机进行复位操作。完成 FAS 复位操作处置后，通知机电专业人员恢复非消防电源，开启车站正常照明设备；环控系统灾害模式退出并执行正常环控通风模式；升起防火卷帘门及将其他联动受控设备进行复位。

2）若 FAS 主机无法对报警设备复位，则将 FAS 主机置于检修状态（该状态下 FAS 主机能正常接收报警信息，但无法输出联动控制命令；若 FAS 主机未设置该功能按钮，则关闭消防联动电源，将环控模式控制置于手动控制状态），执行机电设备复位操作（内容同上）。

3）若为末端设备硬件故障造成 FAS 主机无法复位，则在 FAS 主机操作隔离故障设备后，按照 1）中机电专业要求处置。

2. 车站火灾现场应急处置

车站发生火灾后，FAS 应自动输出联动控制命令，让各联动受控子系统或末端设备调度转入灾害模式，如声光报警器与广播交替播放火警信息，疏散应急照明自动开启指向疏散方向等。其具体应急处置流程如下。

1）人员到达现场后，及时确认现场防排烟及消防设备动作情况，核实火情发生情况。若确实有火情且火势可控，在保证自身安全的前提下利用就近的消防设施进行初期灭火。

2）若出现明火且火势较大无法控制时，应及时撤离，告知车站通知 119 等专业队伍处置，等其处置完毕后再进入检查设备损毁情况。完成现场处置后，注意现场保护，未得到上级主管部门允许前，禁止一切可能造成破坏现场的行为。同时，采取临时安全保障措施。

3）若调查结束允许开展设备处置，应完成故障处置和消除异常情况。确认消防、防排烟设备的恢复情况，及时做好设备复位及损坏设备更换。

消防电话设置及模块箱检修

> **课堂思考**

请结合 FAS 的设备监控属性与联动控制，分析思考 FAS 设备的各计划检修内容及标准执行的主要异同点。

> **课后知识回顾**

火灾自动报警系统检修与应急故障处置	课后知识回顾	班级： 姓名：

1. FAS 设备计划性检修术语与定义

1）FAS 设备计划检修包含_____、_____、_____、_____工作内容。

2）日巡检目的是_____，主要通过_____完成。

3）季检与年检的工作内容是_____关系，消防年度检测是依据_____规定进行的，按照内容_____年检。

4）年检的目的是对_____全面检修、质量大检查。

2. FAS 设备维修保养工作内容、标准及周期

1）FAS 扩展工作站的报警记录及显示内容与 FAS 主机_____。

2）对时是日常巡检的重要内容，FAS 主机、扩展工作站时间与_____一致。

3）FAS 与综合监控系统通过网关及交换机进行数据交换，冗余网络的测试方法是_____。

4）区间设备如固定不牢，将侵入限界影响行车，因此进行区间巡检时要重点检查 FAS 现场设备的_____、_____等。

5）车站消防联动时涉及多专业设备配合，消防联动时涉及的专业设备有_____。

3. FAS 设备巡检、操作及检修工序

1）区间 FAS 设备巡检的是_____，发现区间 FAS 设备异常却无法彻底解决的，应按照_____原则临时处置。

2）进行烟感、温感及手报功能测试时，应将 FAS 主机置于_____状态位。

3）FAS 中设备正常状态常用指示灯常亮绿色展示。（   ）

4）FAS 系统末端设备可以通过扩展工作站查看设备状态、远程操作及复位。（   ）

5）综合监控工作站可以远程操作及复位 FAS 末端设备。（   ）

6）比较得出车站及区间风井 FAS 联动测试与场段、OCC、主所 FAS 联动测试的异同？

4. FAS 主要设备故障处理

1）车站消防联动确认不是由火情引起时，应以最快速度将 FAS 置于_____状态。

2）车站着火时，若 FAS 未正常转入联动状态，应立即进行_____操作。

3）火灾现场应急处置时，应确保_____后进行。

任务实施及评价

【任务实施】

认知准备：FAS 检修作业流程、标准及应急故障处置方法介绍等。

【操作步骤】

_____号线车站 FAS 日巡检记录表					
巡检站点		巡检人员		巡检时间	年 月 日 时 分至 时 分
序号	巡检项目	巡检内容	巡检标准	检查结果	问题/故障描述
1	FAS 主机及扩展工作站检查	显示屏运行检查	显示屏正常、状态指示灯工作正常、故障指示灯不亮	□	
			外围设备无离线情况	□	
			查看各探测设备故障、报警、隔离与记录一致	□	
		外设状况检查	检查表面清洁、完好	□	
			用手扳动设备及安装支架无松动情况，如有损坏，及时修复	□	
		与综合监控通信检查	通信状况是否正常	□	
			软件状态显示是否正常	□	
			主机及扩展工作站时间与综合监控系统时间一致	□	
2	DC24V 消防联动电源及备用蓄电池包	工作状态正常	工作状态指示灯正常	□	
			工作电压、备用蓄电池各项参数正常	□	
		外设状况检查	表面清洁、完好，无漏液鼓包现象	□	
3	智能感温及感烟探测器、智能手报按钮（包括消火栓按钮）、电话插孔、警铃或声光报警器	工作状态检查	通过 FAS 主机的自巡检功能对探测器运行检查	□	
			抽查外设状况正常，目测安装牢固	□	

（续）

序号	巡检项目	巡检内容	巡检标准	检查结果	问题/故障描述
4	消防电话	运行检查	工作状态指示灯正常	☐	
			与综合监控系统时间一致	☐	
		外设状况检查	外部目测、手摸无积尘	☐	
5	隧道测温主机（TFDS）	运行检查	主机无故障、无黑屏、死机现象	☐	
			连接状态正常、电子地图上温度正常显示	☐	
			软件采样情况正常	☐	
			主机时间与IBP时钟一致	☐	
		外设状况检查	主机外部卫生情况良好，无积尘	☐	
			接线牢靠、无松动、脱落现象	☐	
		液晶屏检查	指示灯显示正常	☐	
			与综合监控系统显示时间一致	☐	
6	模块箱（每日抽查比例不少于10%，每周覆盖1次）	抽测模块箱的外观状况检查	模块箱箱体无损坏、标识完好，门锁完好	☐	
			模块箱内、外目测、手摸无积尘	☐	
			模块箱内部各模块接线牢靠，无松动、脱落	☐	
		抽测模块箱运行检查	模块工作状态指示灯正常	☐	

模块箱抽查编号及位置（可另附纸张填写）

①	编号：		②	编号：	
	位置：			位置：	
③	编号：		④	编号：	
	位置：			位置：	
⑤	编号：		⑥	编号：	
	位置：			位置：	
⑦	编号：		⑧	编号：	
	位置：			位置：	
⑨	编号：		⑩	编号：	
	位置：			位置：	

问题/故障处理情况：

巡检人员（签名）：　　　　　　　　　　　　运营管理人员（签名）：
日期：　　　　　　　　　　　　　　　　　　日期：

注：1. 情况正常的，在对应"☐"内画"√"；存在问题或故障的，在对应"☐"内画"×"，并在"问题/故障描述"栏内填写相应内容；根据处理情况及时在"问题/故障处理情况"栏内填写相应内容；若无问题/故障，则填写"本次巡检设备正常"。
　　2. 无此项设备，在对应"☐"内画"/"。

_____号线车站 FAS 季检记录表

季检站点		季检人员		季检时间	①___年___月___日,___时___分至___时___分; ②___年___月___日,___时___分至___时___分;	
序号	季检项目	季检内容		季检标准	检查结果	问题/故障描述
1	FAS 主机	运行状况检查		运行正常,火警报警、故障报警、火警优先、屏蔽、消音等功能正常	□	
				FAS 网关通信功能正常,无信息卡滞;模式号正常,接线无松动	□	
				目视或抽查结合,检查无松动情况(箱体接地线全检),如有松动,及时紧固	□	
		主机内部卫生清洁		主机内部无积尘,手摸及目测均无尘土,散热风扇(如有)正常	□	
2	扩展工作站	运行状况检查		运行正常(无黑屏现象)	□	
				对时正常,与 FAS 主机、IBP 盘时钟一致	□	
		工作站内部卫生清洁		工作站内部无积尘,手摸及目测均无尘土,散热风扇(如有)正常	□	
3	DC24 消防联动电源及备用蓄电池包	运行状况检查		电源运行正常	□	
		主/备电源切换测试		主/备电源切换正常	□	
		备用蓄电池放电试验		电压检测及不低于 1h 的充放电试验	□	
4	消防联动控制盘(按照不少于25%进行抽查,进行实际按压操作测试,全年覆盖)	火灾环控模式测试		火灾环控模式正确执行及复位	□	
				联动控制盘/FAS 主机/综合监控平台上模式号一致	□	
		联动控制盘内部卫生清洁		联动控制盘内部无积尘	□	
5	警铃或声光报警	报警响铃声光功能测试		报警响铃声光功能正常	□	
				警铃或声光报警器安装牢靠,无松动、脱落现象	□	
6	消防电话(每次季检全面覆盖)	消防电话主机运行状况检查		运行正常,各状态指示灯显示正常	□	
				消防壁挂电话、消防电话插孔无松动、脱落情况	□	
		壁挂电话及电话插孔通话功能测试		功能正常、电话主机能正确显示消防电话插孔编号,话质清晰,无较大的噪声淹没正常通话	□	
		具体测试设备编号:				

（续）

序号	季检项目	季检内容	季检标准	检查结果	问题/故障描述
7	智能烟感探测器（按分区抽测，抽测比例不少于每个分区烟感数量的25%，全年覆盖该站所有烟感）	报警功能测试	报警功能检测正常	□	
		点位信息核对	烟感编号、位置在FAS主机及综合监控界面正确显示	□	
		具体测试设备编号：			
8	智能温感探测器（测试全覆盖）	报警功能测试	报警功能检测正常	□	
		点位信息核对	温感编号、位置在FAS主机及综合监控界面正确显示	□	
		具体测试设备编号：			
9	智能手报、消报按钮（按分区抽测，抽测比例不少于每个分区手报数量的25%，全年覆盖该站所有手报、消报，包括区间）	报警功能测试	报警功能检测正常	□	
		点位信息核对	手报编号、位置在FAS主机及综合监控界面正确显示	□	
		具体测试设备编号：			
10	模块箱（不少于总数量的25%，全年覆盖）	模块箱内端子及接线检查	接线端子无裸露、短接、潮湿、有冷凝水等现象，电阻套管等均正常套装；箱体正面无锈蚀脱漆，其余面锈蚀不超过表面积的10%	□	
		智能输入输出模块性能运行状况抽查	通过该表第7项、第8项、第9项完成相应联动功能，体现模块工作状态正常	□	出现故障、问题的模块编号_____
11	电缆井及夹层感温电缆	运行状态检查	感温电缆工作正常，无故障报警	□	
			模拟火情时，火警信号、故障信号、复位正常，但测试应在尾端进行。测试完成后，截断被燃烧部分，重新接线并包扎好（如采用升温装置的，也应在尾端进行，如升温后已出现破损导致频繁报警故障，则同燃烧升温后处理方式一致）	□	
		外观检查	终端盒、控制盒、线缆安装牢靠，无松动、脱落现象	□	
12	消防联动功能测试	切断非消防电源控制	正确切断非消防电源	□	
		声光报警	声光报警执行正常	□	
		多联机控制	多联机电源切除	□	
		智能照明联动控制	正确联动并正确反馈	□	
		应急照明联动控制	正确联动并正确反馈	□	

（续）

序号	季检项目	季检内容	季检标准	检查结果	问题/故障描述
12	消防联动功能测试	应急广播联动控制	正确播报火灾应急广播	☐	
		PIS 联动控制	正确显示火灾应急信息	☐	
		CCTV 联动控制	正常弹框	☐	
		AFC 闸机及门禁释放控制	正确释放闸机及门禁	☐	
		防火卷帘门控制	正确控制防火卷帘门下降并正确反馈	☐	
		电梯控制功能	电梯降至首层，梯门敞开	☐	
		火灾环控模式控制	正确启动对应的火灾环控模式，模式执行正常	☐	
		导向联动控制	正确联动并正确反馈	☐	
		换乘站线间联动	确认火警信息后，换乘站线间火警信号正常输出和接收	☐	
		消防泵联动控制	按照 FAS 对消防泵组的启泵原则进行启泵测试	☐	
13	隧道测温主机	主机电源、蓄电池	电源、蓄电池正常	☐	
		对时	主机时间与 IBP 时间一致	☐	
		主机前面指示灯	指示灯正常	☐	
		主机前面板液晶屏	液晶屏正常，显示内容清晰，内容正确	☐	
		有无报警、故障信息	各项参数显示稳定	☐	
		模拟测试，每根光纤抽测不少于2处	主机显示温度与实际温度一致	☐	
			记录测试位置和温度：		
		网络传输是否正常	网络传输正常，信息准确显示	☐	
		主机内部卫生清洁	主机内部无积尘	☐	
		接线情况检查	接线牢靠，无松动、脱落情况	☐	
14	电动翻转门	外设状况检查	控制器、门体安装稳固，无松动滑落、对吊顶无损伤等；接线牢靠，无松动脱落、无积尘	☐	
			目测驱动电机外观正常、电机支座牢固、电机传动链有润滑油，无渗水现象，无明显锈蚀等	☐	
			目测门体、门体周边无遮挡物	☐	
			控制器内蓄电池（如有）无爬酸漏液等，蓄电池（如有）电压测试与铭牌额定电压一致，断开主电进行门体升降测试	☐	

（续）

序号	季检项目	季检内容	季检标准	检查结果	问题/故障描述
14	电动翻转门	功能测试	手动操作电动翻转门就地控制设施，检查其开启情况，应能正常顺畅开启，无卡滞，无阻挡	□	
			模拟故障检查FAS主机正常接收故障信息	□	
15	防火卷帘	外设状况检查	控制器、门体安装稳固，无松动滑落、对吊顶无损伤等；接线牢靠，无松动脱落、无积尘	□	
			检查驱动电机是否正常、电机支座是否牢固、电机传动链是否有润滑油，是否存在渗水现象，无超过表面积10%以上锈蚀等	□	
			目测门体是否有遮挡物	□	
			控制器内蓄电池（如有）无爬酸漏液等，蓄电池（如有）电压测试与铭牌额定电压一致，断开主电进行门体升降测试	□	
		功能测试	手动、自动操作电动速放装置，检查防火卷帘依靠自重恒速下降功能	□	
			手动操作手动拉链，检查卷帘升、降功能，且无滑行撞击现象	□	
			触发防火卷帘等联动控制的烟感、温感，防火卷帘等按照联动规则正常联动	□	
			模拟防火卷帘故障，检查FAS主机正常接收故障信息	□	
16	电动排烟窗（如与FAS有接口）	功能测试	模拟故障，检查FAS主机正常接收故障信息	□	
		外设状况检查	接线牢靠，无松动、脱落情况	□	
17	电动防火门（如与FAS有接口）	功能测试	模拟故障，检查FAS主机正常接收故障信息	□	
		外设状况检查	接线牢靠，无松动、脱落情况	□	

问题/故障处理情况：

季检人员（签名）：   运营管理人员（签名）：

日期：   日期：

注：1. 情况正常的，在对应"□"内画"√"；存在问题或故障的，在对应"□"内画"×"，并在"问题/故障描述"栏内填写相应内容；根据处理情况及时在"问题/故障处理情况"栏内填写相应内容；若无问题/故障，则填写"本次季检设备正常，点位信息正确，联动功能正常"。

    2. 无此项设备，在对应"□"内画"/"。

【任务评价】

【课证融通考评单】火灾自动报警系统检修与应急故障处置

姓名：	班级：	学号：	教师签名：
自评：□熟练 □不熟练	互评：□熟练 □不熟练	师评：□合格 □不合格	
日期：	日期：	日期：	

火灾自动报警系统检修与应急故障处置【评分细则】

序号	评分项	得分条件	分值	自评	互评	师评
1	接受任务	明确工作任务，理解任务在企业工作中的重要程度	5			
2	前置知识	本次实训前需要掌握的知识	5			
3	能力评价	1）能说出 FAS 检修作业周期、作业内容	5			
		2）能说出 FAS 作业风险源管控及安全防护措施	10			
		3）能说出 FAS 各计划性检修全流程作业内容及注意事项	10			
		4）能结合车站 FAS 工作单，进行 FAS 车站设备巡检	20			
		5）能结合 FAS 区间设备检修标准，进行区间巡检作业	15			
4	素养评价	1）工作计划性强，安排得当	4			
		2）团队合作能力强，善于沟通合作	4			
		3）自主学习能力强，勇于克服困难	4			
		4）严谨认真，积极参与课堂	4			
		5）演示文稿制作精美、汇报演讲能力强	4			
5	评价反馈	1）能快速、正确地识别图片中的设备	5			
		2）在任务实施过程中能发现问题	5			
		总分	100			

视野拓展

成都市先进微型消防站

坚持技能提升，缔造业务尖兵

成都地铁东门大桥微型消防站采用"新老搭配"的模式，业务精湛的队员带领新队员练兵提技能，"上手"更快。除了每月定期训练外，还选送优秀队员到成都市消防救援支队城市轨道交通大队参加脱产培训，系统地学习消防理论知识，扎实锻炼实战业务技能，并将先进的理念和知识与全体队员分享，共同进步，实现消防业务技能的再突破。

夯实理论基础，注重实战训练

"1次专题学习"，学习演练流程、岗位职责、注意事项等重要内容，在理论层面搭建课题立体框架；随后根据专题学习与桌面推演开展"1次实战"，全真模拟实操训练，以实践"消化"理论知识；最后要求"人人都要总结"，分析不足、互督进步，并有针对性地制订培训方案，形成争先干事氛围。

发扬模范作用，树立消防标杆

　　"人人学消防，人人懂消防，人人会消防"，成都地铁东门大桥微型消防站的队员们不仅严格要求自身，还利用员工大会、交班会等方式，向站区员工宣讲消防安全知识、培训消防业务技能，带动身边同事们从"一懂三会"开始，向一名合格的蓝衣消防战士看齐。正是在他们的影响下，站区其他员工努力学习，在各类消防应急事件中处置得当、应对及时，为线网的安全运营奠定了坚实的基础。"消防是每一个站务人员必须要懂、必须要会的业务技能，不能有一点轻视和松懈，严于律己、扎实提升，才能防患于未'燃'。"微型消防站队长说。

模块五

城市轨道交通自动化灭火系统

任务一 城市轨道交通气体灭火系统认知

任务目标

知识目标：
1. 掌握气体灭火系统的组成。
2. 认识气体灭火系统的末端设备。

能力目标：
1. 能概括气体灭火系统的架构。
2. 熟悉气体灭火系统末端设备的各项功能。

素养目标：
1. 培养心细、勇敢的职业素养。
2. 培养团队合作意识和沟通能力。

任务导入

某城市轨道交通企业为适应多元化培训发展需要，强化一线队伍建设，依托职工创新工作室，成立实训平台专项建设小组，打造完成了集创新创效、培训实操、开发验证于一体的消防实训平台。该平台利用现有设备备件，在设备参数允许的范围内，参照车站气体灭火系统进行实景搭建，新员工以实物、实景参照推进理论学习，对气体灭火系统各末端设备、系统组成、设备动作现象有了全面认识，解决员工"动手难、操作难"的培训问题。某地铁自建消防实训平台如图 5-1 所示。

图 5-1 某地铁自建消防实训平台

知识课堂

一、气体灭火系统概述

如图 5-2 所示，气体灭火系统是指平时灭火剂以液体、液化气体或气体状态存贮于压力容器内，灭火时以气体（包括蒸气、气雾）状态喷射作为灭火介质的灭火系统。系统由贮存容器、容器阀、选择阀、液体单向阀、喷嘴和阀驱动装置组成。气体灭火系统适用于城市轨道交通环控电控室、通信设备室（含电源室）、信号设备室（含电源室）、公网机房、降压变电所、牵引变电所、站台门控制室、蓄电池室、自动售检票设备室等。气体灭火系统工作原理框图如图 5-3 所示。

轨道交通气灭系统介绍

二、气体灭火系统设备

城市轨道交通所用的气体灭火系统由控制系统和管网系统两部分组成。每个保护区以固定的封闭空间划分，且每一保护区内的管网（含使用七氟丙烷药剂的单元独立式系统）和报警控制系统彼此独立，每个独立系统的功能还包括对该保护区需联动开口封闭装置、通风机械和防火阀等设备的操作与控制。

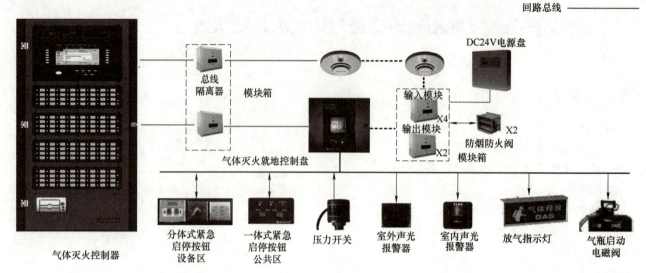

图 5-2　气体灭火系统概览图

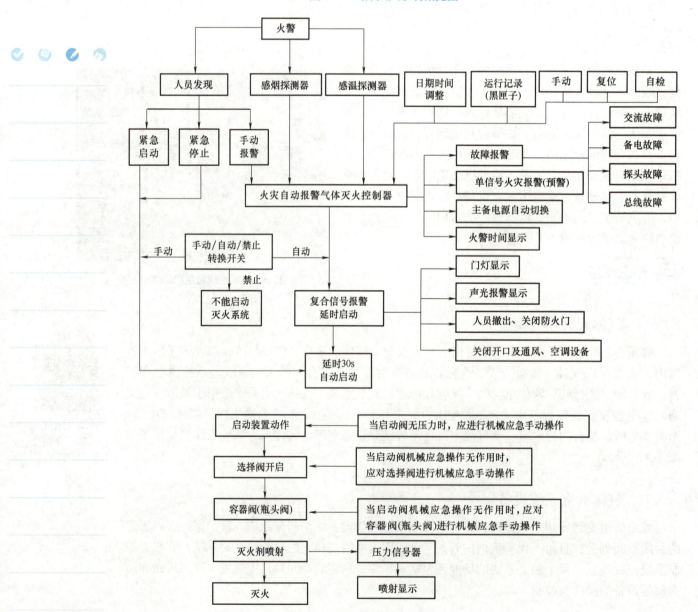

图 5-3　气体灭火系统工作原理框图

1. 控制系统

控制系统使用气体灭火系统中的烟感、温感、控制模块、气体灭火控制盘及控制主机组合实现火灾探测、逻辑判断、信号传输等功能，主要设置在各车站、车辆段、停车场、控制中心等重要设备房中。在车站采用"一房间一控制系统"的模式，各气灭保护间均有单独的一套气体灭火控制系统（即每个保护房间拥有独立的气体灭火就地控制盘及末端设备）。在同一车站的所有气体灭火控制系统均由同一台气体灭火主机统一监管与控制。

控制系统由气体灭火控制主机、气体灭火控制器、控制模块、蓄电池、探测器、警铃（声光报警器）、气体释放指示灯、远程控制装置（启/停按钮、手动/自动转换开关）、DC24V 电源箱等组成。

气体灭火系统的控制系统与 FAS 的控制原理相同（且使用相同的消防行业规范），因此 FAS 的厂家通常也是气体灭火系统控制系统的厂家。气体灭火控制主机、控制模块、探测器（烟感、温感）、警铃（声光报警器）与 FAS 的对应设备通用，部分城市的城市轨道交通将气体灭火控制主机与 FAS 主机合并，但气体灭火设备的监控回路独立于 FAS 设备监控回路设置。

（1）气体灭火控制主机 气体灭火控制主机外观如图 5-4a 所示，一般设于车控室内；独立设置气体灭火控制主机时，安装在 FAS 主机旁，通过智能网关实现与 FAS 主机通信，向 FAS 主机反馈系统信息。气体灭火控制主机与 FAS 主机除功能相同的部件外，还设置有多线控制盘（见图 5-4b）等气体灭火系统专用部件。

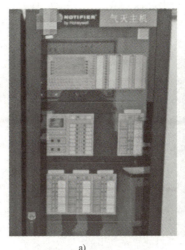

图 5-4　气体灭火控制主机外观与主机多线控制盘
a）气体灭火控制主机外观　b）主机多线控制盘

多线控制盘功能按钮（需与控制模块配套使用）赋值定义应用功能后，实现对现场气体灭火设备的远程启停控制。操作对应房间的启动按钮即可远程让该房间气体灭火就地控制盘进入 30s 倒计时流程，倒计时结束后，气体灭火就地控制盘输出启动电流至气瓶间指定氮气启动瓶的电磁阀启动喷放。此外，可扩展按钮功能区的按钮可根据程序直接赋值定义，常用于控制防护区的防火阀开启与关闭。诺蒂菲尔 NFS-3030FAS 主机显示操作面板如图 5-5 所示。

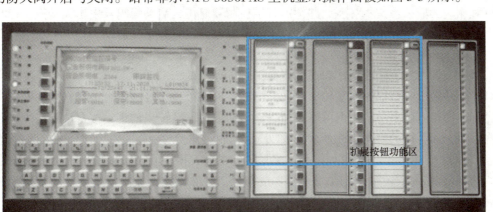

图 5-5　诺蒂菲尔 NFS-3030FAS 主机显示操作面板

（2）气体灭火控制器

1）气体灭火控制器的功能。气体灭火控制器又称为气体灭火系统就地控制盘或 QT 盘，具有火灾探测及报警功能，能控制气体灭火剂瓶组的启动喷洒。气体灭火控制器在收到启动控制信号后启动防护区的声响器报警、显示延时倒计时，联动关闭防火阀、停止空调（通过输出模块控制）等功能，延时启动时间在 0~30s 连续可调；还具有紧急启停功能和手自动转换功能；自身带有蓄电池，在主电缺失时可自动切换为蓄电池供电；具有信息记录、查询功能。

气体灭火控制器安装于气体灭火防护区门外侧。利用专属线路监视的有源输出实现对警铃、声光报警器、选择阀、瓶头阀以及其他设备的控制；利用专属线路监视的输入接口实现 A/B 区报警、启动信号、气体喷洒反馈、手动停止与启动、手自动状态监视等；此外，控制器还可通过控制继电器输出，将控制器的状态输出给其他联动控制设备。诺蒂菲尔气体灭火控制器如图 5-6a 所示。RP-1002PLUS 气体灭火控制器显示操作面板如 5-6b 所示。控制器主电路板各接线端子如图 5-7 所示。

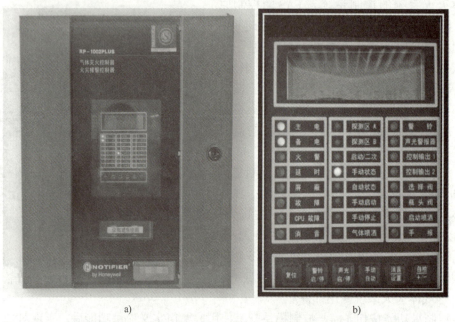

图 5-6 诺蒂菲尔气体灭火控制器与 RP-1002PLUS 气体灭火控制器显示操作面板
a) 诺蒂菲尔气体灭火控制器　b) RP-1002PLUS 气体灭火控制器显示操作面板

2) 气体灭火控制器的工作模式。

① 首火警。当探测区 A 或探测区 B 任意区域报火警，即有首火警（又称预警）时：火警指示灯和相应区域火警指示灯亮，并锁定直至控制器复位，启动蜂鸣器发出火警声，蜂鸣器可消声，启动警铃并使指示灯亮，警铃可以手动消声也可以单独手动启动。首火警显示如图 5-8a 所示。

② 两次火警。当探测区 A 和探测区 B 同时报火警时（又称火警确认）：A 区和 B 区火警指示灯亮，并锁定直至控制器复位，启动蜂鸣器发出火警声，蜂鸣器可消音，启动警铃并使指示灯亮起，警铃可以手动消声也可以单独手动启动，根据系统当前手动或自动状态决定后续控制过程。两次火警显示如图 5-8b 所示。如处于自动状态时，系统进入 30s 喷洒倒计时状态。

③ 手动/自动模式。手动模式下，控制器监视火灾报警状态，并使面板上的相应指示灯亮起，鸣响蜂鸣器。探测区 A 或探测区 B 报警时，启动警铃，控制盘不会自动开始延时，即不会启动气体喷洒控制过程。系统手动模式状态如图 5-9a 所示。

自动模式下，控制器监视火灾报警状态，并使面板上的相应指示灯亮起，鸣响蜂鸣。探测区 A 或探测区 B 报警时启动警铃；探测区 A 和探测区 B 同时报警时启动警铃、声光，启动气体喷洒延时倒计时并使延时指示灯亮起；延时倒计时结束则启动瓶头阀。延时期间，紧急停止按钮可中断延时，并停止所有输出，如再有手动启动信号输入，将重新开始手动启动过程。系统自动模式状态如图 5-9b 所示。

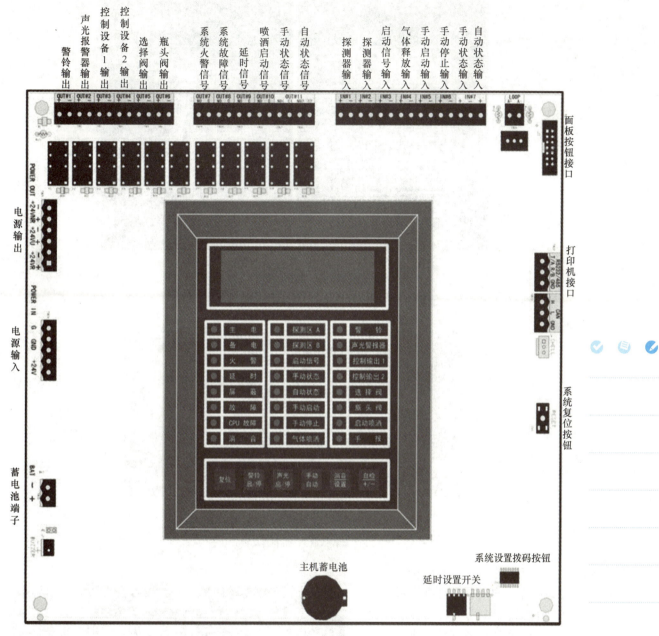

图 5-7　诺蒂菲尔 RP-1002PLUS 气体灭火控制器主电路板各接线端子

④ 气体喷洒反馈。当延时倒计时结束，且没有紧急停止输入信号时，喷洒指示灯亮并锁定直至控制器复位；启动瓶头阀并使相应指示灯亮起；等待气体喷洒反馈信号，当收到反馈信号时，使气体喷洒指示灯亮起，蜂鸣器发出气体已喷洒的报警声。

（3）探测器　感烟探测器（简称烟感）、感温探测器（简称温感）的安装方式、探测机制等与 FAS 一致。设置有气灭主机的，烟感、温感直接接入主机的探测回路，无主机的则接入气体灭火控制器。

（4）远程控制装置　气体灭火远程控制装置设置在保护区门外，如图 5-10 所示。控制装置上的紧急启动、紧急停止、手/自动转换开关可实现该防护区的气体灭火控制系统状态转换，通过手/自动状态指示灯、启动延时状态指示灯可反映该防护区的气体灭火控制系统实时状态。远程手/自动转换开关由钥匙转换开关、指示灯、不锈钢面板、底座等部分组成。城市轨道交通中有表面安装和暗装两种方式。远程控制装置接线图如图 5-11 所示。

图 5-8 首火警显示与两次火警显示
a）首火警显示　b）两次火警显示

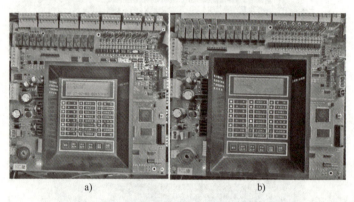

图 5-9 系统手动模式状态与系统自动模式状态
a）手动模式状态　b）自动模式状态

手动状态灯亮表示主机处于手动状态；自动状态灯亮表示主机处于自动状态；手/自动转换开关需采用专配钥匙并旋转完成保护房间的自动状态转换；手动启动/停止锁则需用专配钥匙/面板操作完成启动、停止。城市轨道交通中部分厂家的产品手动启动采用 2 次脉冲信号触发（2 次脉冲最大间隔时间为 8s），部分厂家的产品采用 1 次信号触发。

图 5-10 气体灭火远程控制装置

（5）警铃（或声光报警器） 预警时，气体灭火控制器驱动警铃（或声光报警器）动作，达到提示室内人员的目的。

火警确认时，气体灭火控制器发出控制命令，启动安装在房间内、外墙壁上的警铃（声光报警器）闪灯及蜂鸣，达到警示人员的目的。新建线路倾向于全部使用声光报警器，为更好地区分保护房间内、外声光报警器，常采取外形差异、闪光颜色不同及声调差异进行划分，如图 5-12 所示。

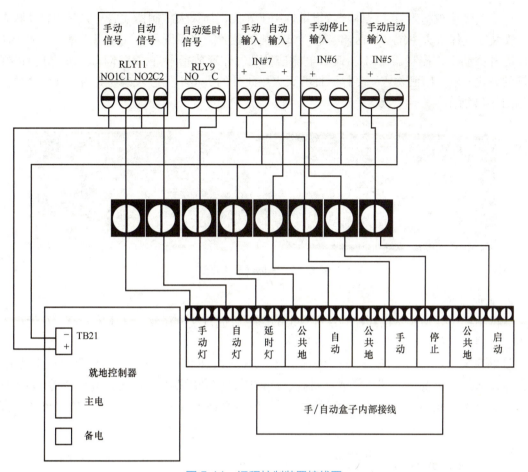

图 5-11 远程控制装置接线图

（6）模块　气体灭火系统的控制系统中也使用监视模块与隔离模块，且接线方式与 FAS 一致。监视模块用于气体灭火系统发送信号给 FAS 主机等其他消防设备，常用于发送预警、火警、手/自动信号、故障与气体释放 5 种信号（采用基于通信协议的 FAS 主机与气体灭火控制主机直接通信的连接方式除外）传送给 FAS 主机。隔离模块的功能与 FAS 隔离模块的功能一致。

（7）DC24V 电源箱　其作用是将 AC220V 电源整流为 DC24V 电源，向气体灭火系统相关设备提供所需的 DC24V 电。DC24V 电源箱如图 5-13 所示，包括气体灭火系统控制模块（主要为输出）、警铃（声光报警器）、防火阀等设备。在城市轨道交通中，DC24V 电源箱常安装于气瓶间内的墙壁上。

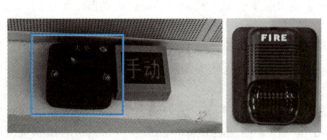

图 5-12　外形不同的声光报警器

图 5-13　DC24V 电源箱

(8) 气体释放指示灯 气体释放指示灯用于连接气体灭火控制器或启动装置的启动状态接口，安装在气体灭火系统防护区出、入门口的显著位置。当系统释放气体药剂时，气体的压力使压力开关动作，控制器输出 24VDC 电流信号到气体释放指示灯，气体释放指示灯会以红色闪烁的方式显示"喷洒勿入"字样，提醒灭火场所外的人员不要进入该场所内。气体释放指示灯如图 5-14 所示。

图 5-14 气体释放指示灯

2. 管网系统

管网系统主要功能是接到控制系统发出的命令后进行气体释放、气体传输等。在无火灾情况下，管网系统负责对气体灭火剂进行储存。

管网系统由氮气启动瓶组、灭火剂瓶组及其相应组件、高压软管、集流管、安全泄压阀、气体单向阀、灭火剂单向阀、低泄高封阀、选择阀、信号反馈装置及管道和喷头等部分组成。气体灭火管网系统示意图如图 5-15 所示，城市轨道交通组合分配式 IG541 气体灭火系统实景如图 5-16 所示。

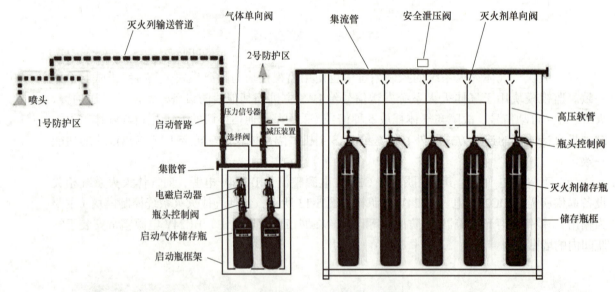

图 5-15 气体灭火管网系统示意图

(1) 氮气启动瓶组 氮气启动瓶组主要由瓶体、瓶头控制阀、电磁启动器、手动阀、压力表组成。氮气启动瓶如图 5-17 所示。它平时用于封存启动氮气，可通过电、气、手动等多种方式打开，并通过管路与选择阀及容器阀相连，提供启动气源，使储存瓶释放灭火剂到预定的防护区内实施灭火。城市轨道交通气灭系统的每个气灭防火区对应唯一的氮气启动瓶；此外启动瓶多采用容积为 4L 的瓶体。

(2) 灭火剂瓶组 灭火剂瓶组主要由瓶体、容器阀、压力表、手动启动装置组成，如图 5-18 所示。气体灭火剂以气态储存在气瓶内，当发生火警时，来自启动瓶组的控制气流进入容器阀驱动气缸内，使容器阀开启释放灭火剂。紧急情况时，可拔出手动保险销（有铭牌标志），拉下手动手柄使容器阀开启。在组合分配系统中，应先开启相应防护区的选择阀，才能拉下手动手柄。城市轨道交通中因车站面积有限，灭火剂瓶组多采用容积为 90L 的瓶体。

图 5-16　城市轨道交通组合分配式 IG541 气体灭火系统实景

图 5-17　氮气启动瓶

（3）气体单向阀　气体单向阀由阀体、阀芯、弹簧等组成，如图 5-19 所示。其安装在启动气体管路上，用于组合分配系统中控制启动气体的气流方向，使启动气体只能启动防护区分配的灭火剂瓶。

图 5-18　灭火剂瓶组　　　　　　　　图 5-19　气体单向阀

（4）灭火剂单向阀　灭火剂单向阀由阀体、阀芯、回位弹簧等组成，如图 5-20 所示。其安装在高压软管和集流管之间，用以控制灭火剂流动方向以防止灭火剂从集流管向灭火剂瓶组倒流。

（5）高压软管　高压软管用来连接灭火剂瓶组与灭火剂流通管路单向阀，如图 5-21 所示，起缓冲震动传导作用。它主要由不锈钢波纹管和不锈钢丝套组成。

图 5-20 灭火剂单向阀

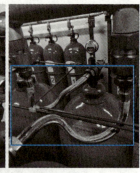
图 5-21 高压软管

（6）安全泄压阀　在灭火剂瓶组、启动瓶组、集流管上均设置有安全泄压阀。安全泄压阀如图 5-22 所示。当密闭容积内的气体压力意外升高到设定值时，安全泄压阀动作，泄放部分气体，起到防止超压和安全保障的作用。

（7）低泄高封阀　低泄高封阀如图 5-23 所示。它的作用是防止驱动气体泄漏的累积引起系统的误动作。它安装在系统启动管路上，正常情况下处于开启状态，只有在进口压力达到设定压力时才关闭。

图 5-22 安全泄压阀

图 5-23 低泄高封阀

（8）选择阀　选择阀（见图 5-24）适用于组合分配的灭火系统中，控制混合气体（IG541）药剂流向相应防护区。每一个防护区配置一个选择阀，其平时保持锁闭状态，选择阀的入口端与集流管相连接，出口端通过出管组件与输送管道连接。选择阀规格取决于防护区容积的大小。

当选择阀对应的防护区发生火警时，气体灭火控制器输出 DC24V 电流至指定的氮气启动瓶；启动气体通过控制气管，驱动气缸打开着火房间对应的选择阀；通过控制气管、气体单向阀启动容器瓶组，选择阀应先于瓶组释放灭火剂前或同时打开。灭火剂经集流管，选择阀及输送管道施放到防护区。紧急情况时，可扳动手柄使选择阀开启。

图 5-24 不同厂家的选择阀

（9）集流管　集流管（见图5-25）的范围包括自高压释放软管出口至选择阀之间的管道，工作压力在安全泄压阀之下。集流管用于汇集储存容器释放出的灭火剂，向管网中输送及导流。

（10）信号反馈装置　信号反馈装置安装于集流管出口处或选择阀出口处，如图5-26所示。当释放气体灭火剂时，气体压力推动信号反馈装置活塞，接通微动开关，使气体灭火控制器面板气体喷洒指示灯亮起，显示系统启动。信号反馈装置动作后，必须人工复位。

图5-25　集流管

（11）喷头　喷头（见图5-27）安装在防护区内，一般位于房间顶部，用来喷洒灭火剂，在短时间内使防护区内灭火剂喷洒均匀。

图5-26　信号反馈装置　　　　　　　　　　　图5-27　喷头

3. 七氟丙烷灭火系统（柜式）

柜式七氟丙烷灭火系统（见图5-28）为单元独立式（无管网）气体灭火系统，其控制系统与IG541气体灭火系统共用，由气体灭火系统控制器、烟感、温感、手/自动控制盒、声光报警器、放气指示灯等组成，也可接入既有灭火系统的控制系统主机，接受气体灭火主机的监控。柜式七氟丙烷灭火系统无灭火剂输送管道，因此无须配置气瓶间和敷设相关管道，主要组成部件如下。

IG541气灭系统

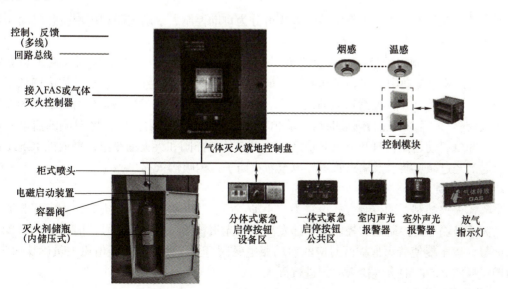

图5-28　柜式七氟丙烷灭火系统

(1) 灭火剂瓶组　灭火剂瓶组由容器阀、容器、灭火剂和虹吸管组成。灭火剂瓶组平时用来储存七氟丙烷灭火剂，一旦发生火灾，靠电磁型驱动装置或先导阀开启容器阀，释放灭火剂。瓶组具备超压保护、误喷射防护和压力显示功能。柜式七氟丙烷灭火剂瓶如图 5-29a 所示。

(2) 电磁型驱动装置　电磁型驱动装置安装在灭火剂瓶组容器阀上（对于双瓶组灭火装置，电磁型驱动装置安装在主动灭火剂瓶组上），与外界控制器设备连接，具有电动操作功能。一旦有启动电流输入，将使其电磁铁动作，内置刀具下行刺破灭火剂瓶组容器阀上的密封膜片，容器阀开启，喷放灭火剂。电磁型驱动装置如图 5-29b 所示。

柜式七氟丙烷

(3) 信号反馈装置　信号反馈装置用于传递灭火装置喷放信号，提供无源开关信号。信号反馈装置安装在容器阀上，反馈信号线与灭火控制设备连接。该装置内部微动开关提供一对开关触点，平时触点处于开路状态，当灭火剂释放时，容器阀阀腔内压力升高，推动其内活塞使微动开关闭合，将喷洒信号反馈给火灾报警控制器。信号反馈装置如图 5-30a 所示。

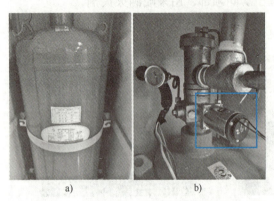

图 5-29　柜式七氟丙烷灭火剂瓶与电磁型驱动装置
a) 柜式七氟丙烷灭火剂瓶　b) 电磁型驱动装置

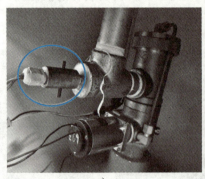

图 5-30　柜式七氟丙烷信号反馈装置与喷头
a) 信号反馈装置　b) 喷头

(4) 喷头　喷头安装于柜式七氟丙烷气体灭火装置中与灭火剂瓶组相连的灭火剂输送管上，其用途是按设计要求将灭火剂喷洒到防护区。它主要用于扑救封闭空间内的火灾，用于全淹没灭火的防护区。喷头如图 5-30b 所示。

三、气体灭火系统控制方式

城市轨道交通的气体灭火系统控制方式可分为自动控制、手动控制和机械应急启动 3 种。

1. 自动控制

将气体灭火控制器的控制方式设置为"自动"后，当防护区发生火灾时，两个独立的火灾信号（城市轨道交通中采用烟感和温感，烟感触发作为预警信号，温感触发作为确认房间着火信号）输送给控制器，控制器立即发出声、光报警信号，同时发出联动信号（如关闭通风空调、防火阀等），经 30s 延时倒计时后，输出 24V 直流电信号使着火防护区对应的启动瓶电磁阀打开，释放启动气体，打开着火防护区唯一对应的选择阀和灭火剂瓶组，释放的 IG541 混合气体灭火剂经过减压装置及输送管道导流至着火防护区内喷洒灭火。

2. 手动控制

将气体灭火控制器的控制方式设置为"手动"后，当防护区发生火灾时，火灾探测器探测到的火灾信号输送给控制器，控制器立即发出声、光报警信号与联动信号，但不会输出 24V 直流电信号，故不能使着火保护区对应的启动瓶电磁阀打开。此时需要经值班人员确认火灾后，手动操作释放 IG541 混合气体灭火剂进行灭火。

3. 机械应急启动

当防护区发生火灾时，因控制系统出现故障不能启动释放灭火剂时，在值班人员现场确认火灾及人员撤离现场后,在气瓶间人工释放灭火剂。具体为拔出着火保护区对应启动瓶的保险装置,用力压下(或拉动)手动按钮,使启动瓶阀门开启,释放启动气体后,打开着火防护区对应的选择阀、灭火剂瓶组,释放 IG541 混合气体灭火剂进行灭火。机械应急启动流程如图 5-31 所示。

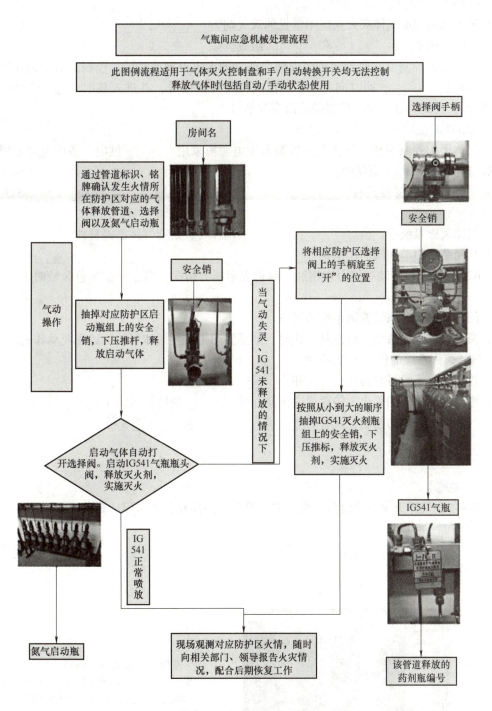

图 5-31　机械应急启动流程

请思考组合分配系统和单元独立系统各自适用的场合和优缺点。

课后知识回顾

城市轨道交通气体灭火系统认知	课后知识回顾	班级：
		姓名：

1. 城市轨道交通气体灭火系统的组成

1）城市轨道交通气体灭火系统中常见的灭火剂为_____、_____。

2）气体灭火系统由_____和_____组成。

3）气体灭火控制器在收到防护区内两个独立的火灾报警信号后，控制器启动设在该防护区域内、外的_____；同时向_____输出火灾确认信号，并进入延时状态（延时时间为0~30s可调）。在延时过程中，控制器输出有源信号_____。

2. 城市轨道交通气体灭火系统设备

1）气体灭火控制主机、气体灭火控制器主电源应采用_____供电，备用电源采用蓄电池供电，提供_____V直流电。

2）气体灭火控制器共有_____、_____、_____、_____和_____5组输入信号。

3）气体灭火系统中，当_____、_____动作时，说明气体已经释放。

4）管网系统中单向阀的作用是_____。

5）IG541气瓶和启动瓶压力表用红、绿色表示压力情况；当指针在绿色区域时表示正常。（　　）

6）简述气体灭火系统控制系统的组成。

7）简述气体灭火系统自动控制方式时，烟感温感报警至气体释放的过程及动作的设备。

3. 气体灭火系统的构成和控制方式

1）管网灭火系统可分为_____和_____。

2）组合分配系统的灭火剂储存量应按储存量_____的防护区确定。

3）气体灭火系统的控制方式有_____、_____和_____3种。

任务实施及评价

【任务实施】

认知准备：气体灭火系统设备实物、末端设备状态样片、展示用计算机等。

【操作步骤】

序号	图片	说明
1		左图所示设备的名称为_____，位于_____，图中设备状态红色区域按钮表示_____，绿色区域按钮表示_____

（续）

序号	图片	说明
2	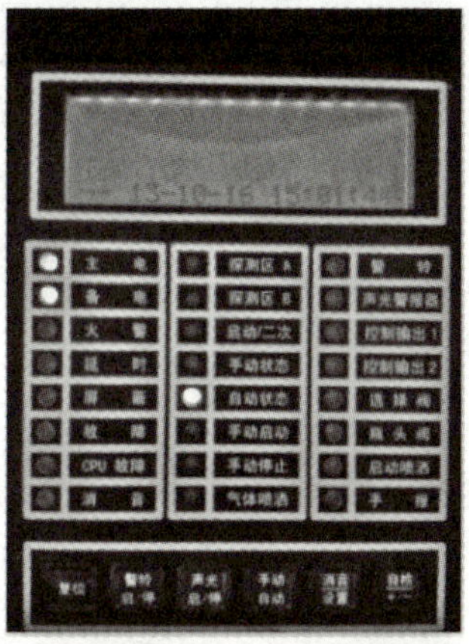	左图所示设备的名称为_____，1区为液晶屏显示区域，用于显示（5种）_____；2区为状态指示灯区域，其中火警、启动状态指示灯为_____色，故障状态指示灯为_____色；3区为功能键操作区域，包括6个功能按键_____
3	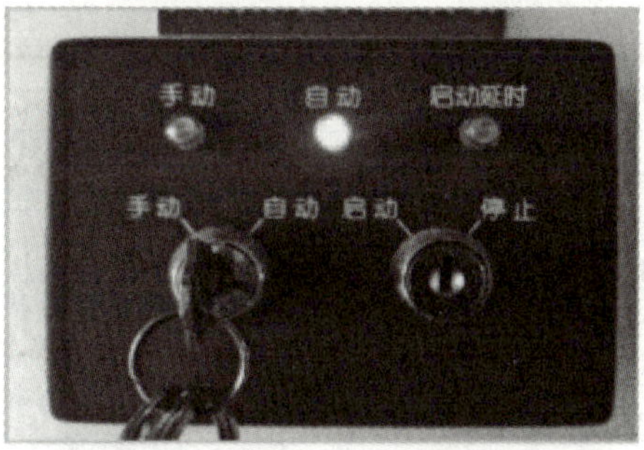	左图所示设备的名称为_____，图中设备状态的指示灯代表_____
4		左图所示设备的名称为_____，图中设备状态的红色指示灯代表_____
5		左图所示设备的名称为_____，图中所示设备处于_____
6		左图所示设备的名称为_____，又称为_____。_____时该设备动作，并将信号传递给气体灭火控制器

序号	图片	说明
7	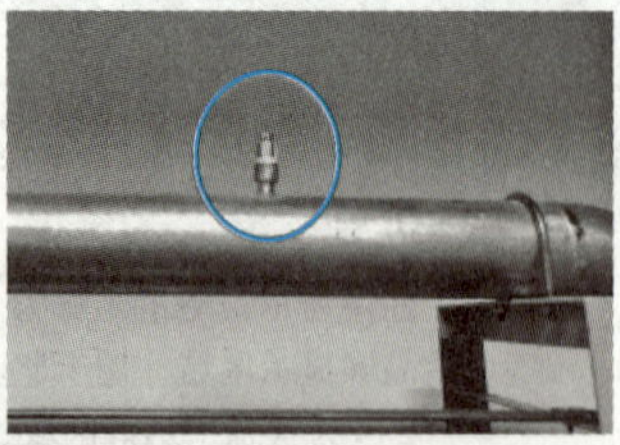	左图所示设备的名称为_____，其方向不应朝向_____、_____
8	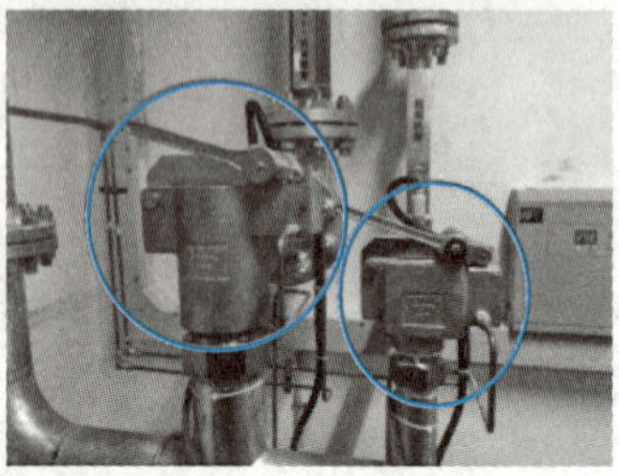	左图所示设备的名称为_____，适用于_____灭火系统中，每一个防护区配置_____个选择阀，其平时保持_____状态

【任务评价】

【课证融通考评单】城市轨道交通气体灭火系统认知		日期：	
姓名：	班级：	学号：	教师签名：
自评：□熟练 □不熟练	互评：□熟练 □不熟练	师评：□合格 □不合格	
日期：	日期：	日期：	

城市轨道交通气体灭火系统认知【评分细则】

序号	评分项	得分条件	分值	自评	互评	师评
1	接受任务	明确工作任务，理解任务在企业工作中的重要程度	5			
2	前置知识	本次实训前需要掌握的知识	5			
3	能力评价	1）能根据图片识别气体灭火设备	7			
		2）能根据图片描述设备的工作状态	8			
		3）能结合车站气体灭火系统构成，简述首火警、两次火警系统分别动作的设备	15			
		4）能结合车站气体灭火系统的构成，依据烟感、温感、气体灭火控制器、远程控制装置、警铃（声光报警器）、电池阀与模块的连接描述，正确画出线路安装示意图	15			
		5）能结合车站气体灭火系统的构成，正确描述控制系统和管网系统的工作原理	15			
4	素养评价	1）工作计划性强，安排得当	4			
		2）团队合作能力强，善于沟通合作	4			
		3）自主学习能力强，勇于克服困难	4			
		4）严谨认真，积极参与课堂	4			
		5）演示文稿制作精美、汇报演讲能力强	4			
5	评价反馈	1）能快速、正确地识别图片中的设备	5			
		2）在任务实施过程中能发现问题	5			
	总分		100			

> 视野拓展

一线案例：某地铁主所气体灭火系统误喷案例

1. 事件概述

年月**日，消防委外维保单位人员在**车站进行消防年检时，由于未按照检修规程和作业指导书正确进行操作，导致气体灭火系统误喷。

2. 事件经过

年月**日23:45，消防委外维保单位人员在**车站车控室请点进行东南主所消防年检，次日00:15分在东南主所二楼供电值班处请点，开始作业。

00:49，主所FAS测试完毕，开始测试2号主变压器室气体灭火系统。

00:53，测试1号主变压器室气体灭火系统；

02:00，东南主所消防系统年检结束，主所值班人员发现现场有烟尘，于是联合消防委外维保单位人员和工班人员共同查找原因。

经检查，发现东南主所1号主变压器室有疑似IG541气体烟雾，初步判断为气体喷放。随即建设单位和工班人员到气瓶间查看，发现管道有冷凝水，1号启动瓶欠压，确认为气体喷放。

03:20，由供电值班人员报维修调度。

3. 事件分析

（1）直接原因　消防委外维保单位人员未按照检修规程和作业指导书正确断开启动瓶电磁阀连接线，未做线头绝缘包扎，气体灭火系统电气控制回路实际为导通状态。在做年检信号测试时，火灾报警和火灾确认信号正常，气体灭火就地控制盘发出喷气指令，现场正确动作。此为气体释放的直接原因。

（2）管理原因

1）消防委外维保单位人员没有严格按照检修规程和作业指导书要求进行作业，安全意识淡薄，专业素质和工作责任心不强，作业卡控措施不到位。在施工前，委外单位未进行施工三会，未携带图样以及作业指导书。

2）工班人员对关键作业环节监督卡控不到位。未在作业的关键安全环节监督委外单位人员，并且未做到双人双岗，且缺乏信息下达以及上报的正规流程。

4. 整改措施及经验教训

委外单位负责在7日之内对已喷洒的气瓶进行更换，气瓶未更换完成前，委外单位派专人24h值守，并配置临时消防器材，保证地铁运营安全。

此次事故是由于电磁阀控制线绝缘措施未做好导致的，研究对电磁阀控制线的连接方式进行改造。目前主所气体灭火系统的电磁阀控制线为线头直接缠绕连接，断开后线头容易误搭，若不做绝缘包扎，在信号确认后将造成气体喷放；通过改造，在线头处加装接线端子，会起到较好的保护作用。

委外单位组织专题安全会议，深入分析产生该事件的根源，强化员工安全意识和责任心；安排厂家专业工程师再次对操作人员进行系统强化培训，提高员工的专业技能；建立更完善的作业制度，增加专门的检查监督人员，每个作业步骤都签字确认，对每个环节都进行双重把关。

生产车间梳理现有委外维保监管的不足，建立完善的委外单位监督机制，并且加强对委外单位作业的监管执行力度；加强对委外作业关键点、关键环节的卡控，加强考核力度，督促委外维保单位提高人员业务技能，安全意识和责任心，完善作业制度和安全卡控措施，提高工作质量，确保作业安全。

切实加强维保人员专业技能培训,提高作业人员的专业素质及责任心。重大施工作业时,应组织制定或者责成施工单位制定作业方案,作业前对作业内容、流程和安全卡控措施等进行交底,对作业中可能存在的风险点必须严格把控,重点监督,确保作业安全。

任务二　城市轨道交通消火栓系统认知

任务目标

知识目标:
1. 掌握消火栓系统的架构及功能。
2. 认识消火栓系统的末端设备。

能力目标:
1. 能概括消火栓系统的架构。
2. 能正确使用消火栓系统的末端设备。

素养目标:
1. 培养灵活分析问题和解决问题的能力。
2. 培养一丝不苟、精益求精的工匠精神。

任务导入

某城市轨道交通企业食堂员工开展了消火栓使用实操培训。消防专业人员利用食堂墙外消火栓实物,逐一讲解消火栓各部件名称及使用方法,并抽调人员进行消火栓实操灭火。在"理论+实操"的培训过程中,以实物推进理论学习,使员工对消火栓系统的组成和运行有了全面认识,提升了员工的求知欲,降低了人力培训成本,起到示范性作用。

知识课堂

一、城市轨道交通消火栓系统概述

城市轨道交通消火栓给水系统分为室外消火栓给水系统和室内消火栓给水系统两大部分。城市轨道交通配置为使用消防泵增压的临时高压消防给水系统和市政直供的低压消防给水系统。

(1) 低压消防给水系统　直接利用市政供水系统或其他有压水源,作为消火栓给水的系统称为低压消防给水系统。

(2) 临时高压消防给水系统　火灾时,通过起动消火栓泵进行加压供水的消火栓给水系统称为临时高压消防给水系统。

消防给水管网在自来水公司指定接驳点接驳并安装倒流防止装置,车站两个取水点的市政供水管网上设有闸阀,每条市政进水管水表前设室外消火栓。整个车站消防干管成环状,成环方式:站厅管道从消防泵房引出,沿站厅两侧外墙延伸形成水平横向成环;在两端设备区竖向设置立管并延伸至站台板下,接通形成站厅至站台的竖向成环。消火栓系统站内管网如图5-32所示。

区间消火栓系统管道、管网如图5-33和图5-34所示。区间消防管道与车站室内消防管网连接,实现运营线路消防给水的远距离跨区输送机制。在进入区间的消防管上设置专用区间消防电动蝶阀(一般安装在车站两端的环控机房内),采用两站为一个区间,每站加电动蝶阀,平时处于常开状态,当区间发生爆管时,由车站值班人员远程关闭,保证地铁可靠运营。

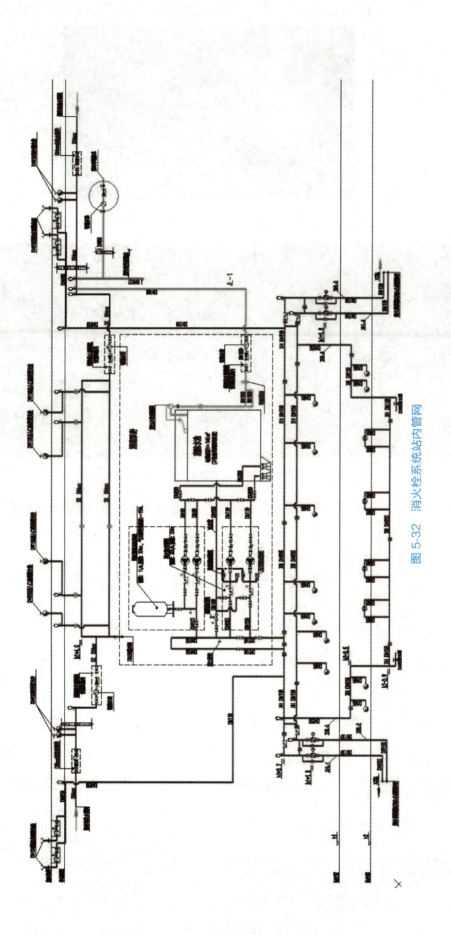

图 5-32 消火栓系统站内管网

图 5-33 区间消火栓系统管道

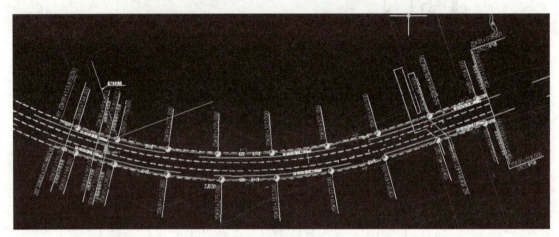

图 5-34 区间消火栓系统管网

城市轨道交通消火栓系统与喷淋系统合用消防水源（消防水池与消防水箱），如图 5-35 所示。

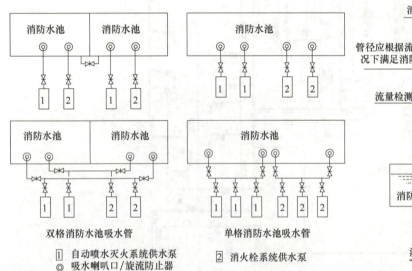

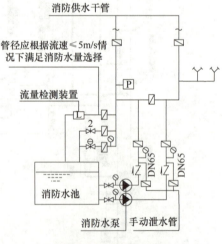

【规范条文】

10.2.4 每组消防水泵的吸水管不应少于2根，报警阀入口前设置环状管道的系统，每组消防水泵的出水管不应少于2根，消防水泵的吸水管应设控制阀和压力表；出水管应设控制阀、止回阀和压力表，出水管上还应设置流量和压力检测装置或预留可供连接流量和压力检测装置的接口，必要时，应采取控制消防水泵出口压力的措施。

注：1. 消防水泵的吸水管上应设置明杆闸阀或带自锁装置的蝶阀，但当设置暗杆阀门时应设有开启刻度和标志；当管径超过DN300时，宜设置电动阀门。
2. 消防水泵的出水管上应设止回阀、明杆闸阀；当采用蝶阀时，应带有自锁装置；当管径大于DN300时，宜设置电动阀门。
3. 超压泄水装置可采用持压泄压阀或电接点压力表联动的电动超压泄水阀形式，可根据工程实际情况或当地消防部门要求选用其中一种或两种设置。

图 5-35 消火栓系统与喷淋系统合用消防水源

消火栓给水系统的组成：消防水源、消防水泵、消防管道（含阀门）、消火栓箱（消火栓、水带、水枪）、消防高位水箱、水泵接合器等。消火栓系统室内结构如图 5-36 所示。

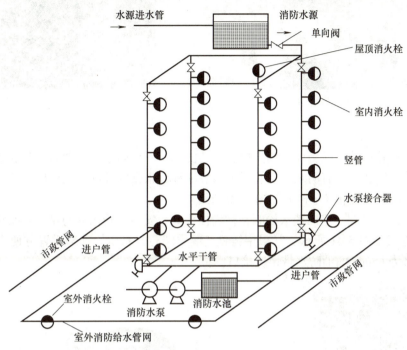

图 5-36 消火栓系统室内结构

二、消火栓系统设备

1. 室外消火栓

城市轨道交通室外消火栓按其安装形式可分为地上消火栓（见图 5-37a）和地下消火栓（见图 5-37b）两种。地上消火栓适用于温度较高的地方，地下消火栓适用于寒冷地区。栓体由本体、阀座、阀瓣、排水阀、阀杆和接口等零部件组成。室外消火栓进水口的公称通径有 100mm 和 150mm 两种，城市轨道交通普遍使用进水口公称通径为 100mm 的消火栓，其吸水管出水口应选用规格为 100mm 的消防接口，水带出水口选用规格为 65mm 的消防接口。

室外地上消火栓安装如图 5-38 所示。需要注意的是室外消火栓、水泵结合器、市政总阀等除明装以外，都应有用于检修和维护的阀门井。消火栓阀门井如图 5-39 所示。

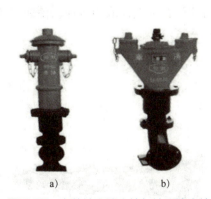

图 5-37 室外地上消火栓与地下消火栓
a）地上消火栓 b）地下消火栓

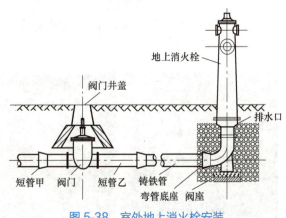

图 5-38 室外地上消火栓安装

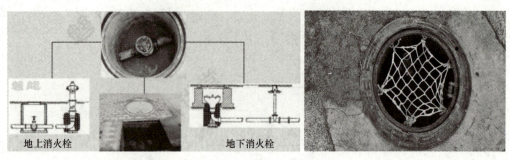

图 5-39　消火栓阀门井

2. 室内消火栓箱

消防水系统之室内消火栓

室内消火栓箱由消火栓箱体、消火栓头、消防水带、消防水枪、消防卷盘和消火栓报警按钮组成。箱体的安装方式有明装、暗装、半暗装 3 种，根据安装的消火栓栓头数量分为单栓和双栓箱体。室内消火栓箱（单栓）如图 5-40 所示。

（1）室内消火栓阀　室内消火栓阀又称为栓头阀，安装于箱内并与供水管路相连。室内消火栓的安装方式如图 5-41 所示。其采用铸铁（铜质阀芯）材质，顶部设置方便人工操作的手轮，配有规格为 65mm 的消防水带快速接口。

图 5-40　室内消火栓箱（单栓）　　　　图 5-41　室内消火栓的安装方式

（2）消火栓报警按钮　由 FAS 提供，发出启动消防泵的请求信号，不具有直接启泵功能，一般采用"1 个消火栓报警按钮 +1 个消防手报"以"与"逻辑组合方式作为 FAS 主机输出消防泵启动信号的判断依据（不同城市的线路存在差异）。消火栓报警按钮还通过指示灯显示启泵反馈信息。室内消火栓报警按钮如图 5-42 所示。

（3）消防水枪　消防水枪是消火栓系统重要的灭火射水工具，其与水带连接会喷射密集充实的水流（又称为充实水柱）。消防水枪安装在消火栓箱内的弹簧卡上，取用方便。消防水枪如图 5-43 所示。

图 5-42　室内消火栓报警按钮　　　　图 5-43　消防水枪

消防水枪按工作压力范围分为低压水枪（0.2~1.6］MPa、中压水枪（1.6~2.5］MPa、高压水枪（2.5~4.0］MPa 和超高压水枪（>4.0）MPa。城市轨道交通使用低压水枪。

充实水柱是指从水枪喷嘴起到直径 380mm 圆断面内，包含全部水量 90% 的密实水柱，其长度称为充实水柱的长度。充实水柱示意图如图 5-44 所示，地铁充实水柱长度应不小于 10m。

图 5-44　充实水柱示意图

（4）消防水带　城市轨道交通所用的消防水带（见图 5-45）是一种用于输送水介质灭火剂的软管。一般单根水带长度为 25m，以橡胶为内衬，外表面包裹着亚麻编织物，两头都有消防水带快速接头（见图 5-46），用以进行快速连接水带以延长距离或接上水枪头增大喷射压力。

图 5-45　消防水带　　　　　　　　　　　图 5-46　消防水带快速接头

（5）消防软管盘　城市轨道交通所用消防软管盘（见图 5-47）为输送水介质的软管卷盘，用于站内人员自救室内初期火灾或消防员进行灭火作业的一种消防装置。消防软管盘由输入阀门、卷盘、输入管路、支承架、摇臂、软管及喷枪等部件组成。

图 5-47　消防软管盘

发生火灾时，应迅速打开消火栓箱门，多人协作分工，取出水枪，拉出水带，同时把水带接口一端与消火栓接口连接，另一端与水枪连接，在地面上拉直水带；按下消火栓报警按钮及手报，启动消防水泵，顺时针旋开室内消火栓阀，同时双手紧握水枪，喷水灭火。灭火完毕后，关闭室内栓及所有阀门，复位消火栓按钮，将水带冲洗干净，晾干后按原水带安置方式置于栓箱内。检查栓箱内所配置的消防器材是否齐全、完好，如有损坏，应及时修复或配齐。

3. 水泵接合器

水泵接合器是配合水泵使用的设备，分为地上式水泵接合器和地下式水泵接合器，如图 5-48 所示。当发生火灾时，消防车的水泵可迅速、方便地通过该接合器的接口与建筑物内的消防管网相连接后送水加压，使室内消防设备得到充足的压力水

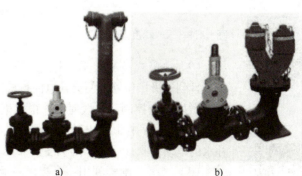

图 5-48　地上式水泵接合器与地下式水泵接合器
a）地上式　b）地下式

源，用以扑灭不同楼层的火灾，有效解决建筑物发生火灾后，消防车灭火困难或因室内消防设备得不到充足压力水源无法灭火的情况。地下车站的水泵接合器一般布设在出入口、风井的侧边处，且多为地上式。

4. 消防水池

城市轨道交通的消防水池设置于车站和场段，用于贮存火灾灭火持续时间内的室内消防用水。其一般与消防泵房合设，位于消防泵房侧壁或位于消防泵房顶部，较少采用异址单设消防水池。消防水泵抽取消防水池的水向消防系统供水。消防水池安装的有关部件：防水套管（预埋）、吸水井、供水管（含浮球阀）、水池连通管及控制阀、水位观测管（现场观测）、液位计（提供报警信号）、通气管、溢流管和排空管（清洗水池用）。消防水池侧壁如图5-49所示。

5. 消防水箱

消防水箱对扑救初期火灾起着重要作用。为确保其自动供水的可靠性，采用重力自流供水方式，安装高度须满足室内最不利点消火栓所需水压要求，在消防泵启动前提供一定时间内消防用水量。城市轨道交通消防水箱一般设置于车站外绿化带内，或与通风专业冷却塔共址设置；场段的消防水箱设置在场段内最高建筑顶部。消防水箱如图5-50所示。

图5-49 消防水池侧壁

图5-50 消防水箱

消防水池与消防水箱补水是通过市政管道提供的自来水补充的，由补水控制阀实现无人控制补水功能，通过浮球阀、电动蝶阀、闸阀等完成消防水箱、消防水池的自动化补水。

6. 消火栓系统常用阀门

（1）**浮球阀** 浮球阀在城市轨道交通消防水系统中主要用于消防水池和消防水箱在无人值守下的自动补水管理，与水泵控制柜控制的电动蝶阀串联，安装在消防水池或消防水箱的市政补水管道出水端。安装在消防水池/消防水箱内部的小浮球阀在浮球低于液位时开启，主阀随之开启，开始供水；小浮球阀到达液位时关闭，主阀也随之关闭，停止供水，如图5-51所示。

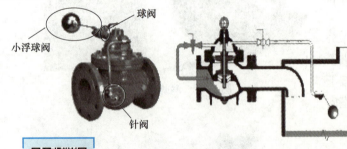

图5-51 浮球阀及工作原理

（2）**电极式液位开关** 电极式液位开关利用液体的导电性来侦测液位的高低。消防水池内水位一旦到达极棒位置，便会导电而被检出信号。经控制器的信号放大后，再输出接点信号，供使用者做好液位控制。一般使用3根电极式液位开关进行"三取二"数据校正，即任意两根探测数据相同且达到控制柜电动补水阀设置的动作水位高度，控制柜（处于自动状态是）即关闭控制补水的电动蝶阀；反之，低于设置水位时，控制补水阀打开。电极式液位开关如图5-52所示。

（3）**闸阀** 闸阀利用一个启闭件闸板开合控制流体，闸板的运动方向与流体方向相垂直，闸阀只能全开和全关。闸阀按阀杆螺纹分为两类：①明杆式，利用阀杆状态显示阀门开闭状态，但阀杆需定期涂抹黄油以防腐蚀，较为烦琐；②暗杆式，抗腐蚀性较强，一般使用于阀门井或潮湿的环境中。闸阀如图5-53所示。

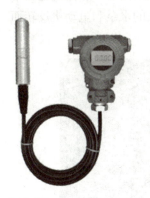

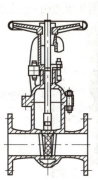
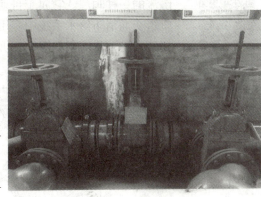

图5-52　电极式液位开关　　　　　　　　　　　　　　图5-53　闸阀

城市轨道交通在消防泵房的泵组进、出水管道处（水泵吸水管上设置明杆闸阀，并严禁采用蝶阀。消防泵出水管上的阀门应为明杆闸阀或带指示标志的蝶阀）、区间电动阀安装位置处、轨行区内区间与车站过渡处（一般为人防门两侧，作为防爆阀门使用）安装明杆闸阀；在室外消火栓、水泵结合器的阀门井安装暗杆闸阀。

（4）蝶阀　蝶阀又称为翻板阀，是指关闭件（阀瓣或蝶板）为圆盘，围绕阀轴旋转来达到开启与关闭的一种阀。城市轨道交通消防给水系统中，手动蝶阀一般用于检修或故障处置时的临时性分区/分段关断消防水源。手动蝶阀如图5-54所示。

蝶阀阀体与电动执行器的有效组合体称为电动蝶阀，用于实现远程自动操作。电动蝶阀执行器及现场图如图5-55所示。城市轨道交通中使用电动蝶阀来完成消防水池、消防水箱的自动补水工作。蝶阀安装于车站延

图5-54　手动蝶阀

伸至区间隧道的消防管道立管处，用于控制区间消防管道水介质输送。

一般情况下用于消防水池、消防水箱补水的电动蝶阀处于自动状态，以防补水出现问题导致水池持续补水，平时控制柜处于停止位且显示在关阀位置。如需补水，可找到对应功能柜，手动按开阀控制。

消防水系统之消防蝶阀

图5-55　电动蝶阀执行器及现场图

a）执行器　b）现场图

消防水系统之止回阀

（5）**止回阀** 止回阀是指启闭件为圆形阀瓣并靠自身重量及介质压力产生动作来阻断介质倒流的一种阀门。它属于自动阀类，又称为逆止阀、单向阀、回流阀或隔离阀。止回阀在城市轨道交通消防给水系统中多用于泵组的出水管处，以防止水锤效应导致的水泵和电动机反转而损坏设备。止回阀如图 5-56 所示。

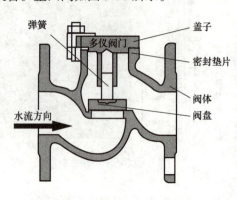

图 5-56 止回阀

7. 管道与卡箍

（1）**涂塑钢管** 又名涂塑管、钢塑复合管、涂塑复合钢管。城市轨道交通消防水系统主要使用的管材类型是以钢管为基体，通过喷、滚、浸、吸工艺在钢管（底管）内表面（或内外表面）熔接一层塑料防腐层的涂塑钢管。涂塑钢管具有优良的耐腐蚀性和比较小的摩擦阻力。此外，城市轨道交通的车站 / 区间所用涂塑钢管的管径主要为 DN150。室内涂塑钢管如图 5-57 所示。

（2）**沟槽连接件** 沟槽连接是一种城市轨道交通消防给水管道中钢制管道常用的连接方式，也称为卡箍连接，如图 5-58 所示。在城市轨道交通的车站、区间及场段的消防给水系统中，直径大于 50mm 的管道普遍采用沟槽式连接件连接。

图 5-57 室内涂塑钢管

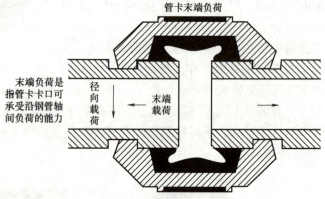

图 5-58 沟槽连接示意图

消防水系统之倒流防止器

8. 倒流防止器

倒流防止器是一种严格限定管道中水只能单向流动的水力控制组合装置，它的功能是在任何工况下防止管道中的介质倒流，以达到避免倒流污染的目的。城市轨道交通中，倒流防止器一般安装在风井三通处消防管道接驳处，串接于消防管道上，防止消防管网中的水流串入自来水管网。倒流防止器如图 5-59 所示。

9. 自动排气阀

自动排气阀用来排空消防管道内的空气，垂直安装于配水干管的顶端或管道等高部位，常见于车站通风空调机房内的消防管道顶部。其作用是防止由于管路中存在空气造成水压波动引起报警阀开启导致误报。自动排气阀如图 5-60 所示。

消防水系统之排气阀

图 5-59　倒流防止器

图 5-60　自动排气阀

10. 柔性软接头

柔性软接头以橡胶材质制作，用于降低消防管道的震动和噪声，解决各类管路的接口位移，轴向伸缩及不同心度等问题。其损坏后不容易修复即一次性使用，安装于车站/场段消防泵房内消防泵组的进水、出水管道处。柔性软接头如图 5-61 所示。

图 5-61　柔性软接头

11. 压力表

消防给水系统所用压力表设置在消防泵房的消防水泵吸水管和出水管上，用以显示吸水管与出水管的实时压力值。压力表安装示意图及现场图如图 5-62 所示。

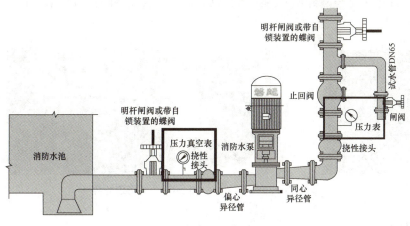

图 5-62　压力表安装示意图（左）及现场图（右）

12. 压力变送器和电接点压力表

（1）压力变送器　压力变送器是感受消防管网水压，将被测件上的压力转换成电信号的敏感器件。压力变送器如图 5-63a 所示。

（2）电接点压力表　电接点压力表是消防水系统中常用的压力控制仪表。它主要通过控制压力对消防泵组电机起到转动或停止的作用。电接点压力表如图 5-63b 所示。

二者安装在车站/场段消防泵组出水管段，都是通过判断预设管网压力值后发送电信号至消防水泵控制柜，由控制柜判断并启动消防泵组，以达到稳定管网压力的目的。

13. 试验用放水阀

放水阀设置于车站/场段消防泵房内泵组的出水管段。水管上安装压力表和公称直径为 65mm 的放水阀，用于定期检查消防水泵能否正常运转及测试流量和压力，保证系统的可靠性。当试验用水取自消防水池时，通过放水管导引回流至水池。试验放水装置如图 5-64 所示。

  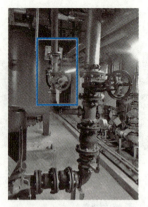

图 5-63 压力变送器与电接点压力表　　　图 5-64 试验放水装置
a）压力变送器　b）电接点压力表

消防水系统之安全泄放装置

14. 泄压阀

泄压阀能根据系统的工作压力自动启闭，以保护系统管网安全，设置于车站/场段消防泵房内泵组出水管段。当设备或管道内压力超过泄压阀设定的压力时，即自动开启泄压，保证设备和管道内水压力在设定压力之下，保护设备和管道防止发生意外。泄压而出的水流经专用水管导流至消防水池。泄压阀如图 5-65 所示。

15. Y 形过滤器

Y 形过滤器是输送介质的管道系统不可缺少的一种过滤装置。Y 形过滤器通常安装在减压阀、泄压阀、定水位阀或其他设备的进口端，在城市轨道交通中通常设置于车站/场段消防泵房内泵组吸水、出水管段。其作用是清除介质中的杂质，以保护阀门及设备的正常使用。Y 形过滤器如图 5-66 所示。

图 5-65 泄压阀　　　　　　　　　　图 5-66 Y 形过滤器

三、消防泵组及控制柜

城市轨道交通所用的消防泵组是全自动消防专用供水装置，由机械部分和电控部分两大部分组成。在城市轨道交通中，其全部放置在站厅层的消防泵房（车站）或专用泵房（场段或 OCC，一般与生活用水的二次加压泵组泵共用房间）中。消防泵组（含控制部分）的组成示意图如图 5-67 所示。

1. 机械部分

机械部分包括消防专用立式多节离心泵（为节约安装空间，城市轨道交通多选用立式泵组），使用 380V、50Hz 交流电源，三相五线制；全自动消防专用供水装置 1 套，配置加压泵（又称消火栓泵或消防主泵）2 台，1 用 1 备；稳压泵 2 台，1 用 1 备，隔膜式稳压罐（简称稳压罐或气压罐）1 个，稳压泵和稳压罐协作完成消防管网水压的机械稳压保持；阀门管件仪表部分（稳压泵进出水管所需闸阀、缓闭式止回阀、安全阀、可曲绕接头、真空表、压力表等）连接管道；底座部分（含隔震装置、地脚螺栓）等。消防主泵如图 5-68a 所示。消防泵组套装如图 5-68b 所示。

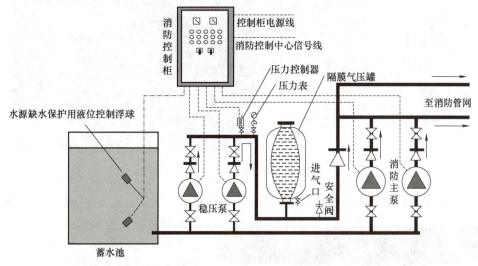

图 5-67 消防泵组（含控制部分）的组成示意图

图 5-68 消防主泵与消防泵组套装
a）消防主泵 b）消防泵组套装

气压罐又称为稳压罐，其作用是稳定水压。稳压罐是靠压缩胶囊里面的气体来稳定管网内水压的，因为水是不可压缩的流体，而同等压力的水可以去压缩气体实现储水并具备一定压力。稳压部分整体与气压罐如图 5-69 所示。

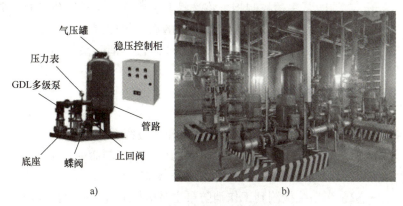

图 5-69 稳压部分整体与气压罐
a）稳压部分整体 b）气压罐

2. 电控部分

电控部分主要由控制柜及外部设施组成（一般为水位传感器、外部检测仪表）。控制柜盘面布置图与现场实物如图 5-70 所示。

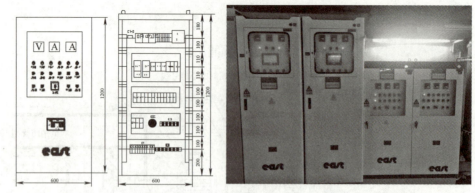

图 5-70　控制柜盘面布置图（左）与现场实物（右）

控制柜通过指示灯和触摸式显示屏显示水泵状态、水位信息、主备电源状态、受控设备的状态信息等；查询设置参数、查询操作记录等；实现自动、手动的切换操作及就地手动控制水泵启、停，实现自动巡检和手动巡检。自动巡检是周期内（一般不大于 7 天）消防水泵采用变频运行，发现故障时，发出声光报警并记录和储存；当收到启泵信号则立即退出巡检，进入工作状态。此外，控制柜设有低水位自动停泵报警功能及缺相、过载、过流、短路、欠压等自我保护功能。控制柜触摸式显示屏界面如图 5-71 所示。

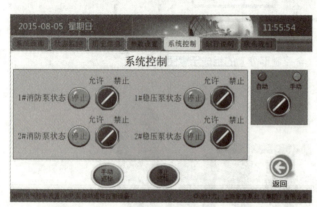

图 5-71　控制柜触摸式显示屏界面

四、消防泵组及区间电动蝶阀控制

城市轨道交通的室内消防给水系统日常使用中主要有自动控制和手动控制两种工作方式，主要是指消防泵的启动和停止控制方式；此外，还有针对控制系统故障或失效的情况下设置的直接接通电源启动的机械应急控制。

1. 手动控制

在消防泵房的控制柜上将选择开关置于"手动"位置时，通过控制柜面板上的手动启、停按钮可实现水泵的启、停控制。手动控制一般用于设备检修和自动控制失效后的现场应急操作阶段。消防泵手动控制柜盘面如图 5-72 所示。

2. 自动控制

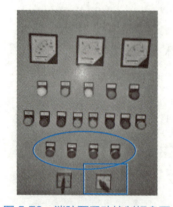

图 5-72　消防泵手动控制柜盘面

1）当控制设备的切换开关置于"自动"位置时，系统接受来自 FAS 主机（一般通过触发 FAS 的消火栓按钮和手报组合来确认需进行启泵）或车控室 IBP 盘"一对一"的启泵信号输入的启、停控制命令，实现消防水泵的启、停控制。消防水泵 IBP 盘控制按钮如图 5-73 所示。

2）当系统检测到工作消防泵主泵电机故障（或电源故障）时，自动发出故障报警信号的同时自动启用备用消防水泵。

3）当管网的水压低于控制柜设定的消防泵启泵值时，控制柜发出启泵信号，启动消防主泵。

3. 机械应急控制

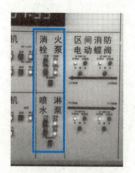

图 5-73　消防水泵 IBP 盘控制按钮

消防泵控制柜设置有机械应急启泵功能，以保证当控制柜内的电路发生故障时，由有权限的人员紧急启动消防泵。其原理是直接控制消防泵电动机接通380V交流电源实现消防泵应急启动，避开控制柜及控制电路。消防泵机械应急控制装置如图5-74所示。

控制系统检测设备运行状态信号、各种故障信号，在使柜上的指示灯亮起的同时将信号上传至FAS主机。此外，控制柜能自动统计单泵运行时间和启动次数，并根据每台泵的运行时间或启动次数自动轮换工作和备用方式。不同城市线路对该功能实现方式的要求不同，厂家根据使用需求定制。轮换时发出指示信号，实现两台消防泵互为备用功能，该方式称为工作／备用泵自动轮换。

4. 区间消防蝶阀及控制

城市轨道交通的车站之间通过区间消防管道串联实现跨区间消防供水，因此在车站至区间的消防立管上安装有区间消防电动蝶阀，用以减少区间消防管道渗漏（甚至于爆管）处置时间，避免影响行车安全。区间消防电动蝶阀是应对区间消防管道渗漏水处置的极其重要的设备，特别是在发生区间爆管时能快速远距离关断水源，减少区间积水对行车的影响。区间消防电动蝶阀和手动蝶阀串联安装以便于检修，日常处于开启状态，由车站BAS实行监控，IBP盘、FAS、BAS均可控制。消火栓系统区间消防蝶阀和控制箱盘面如图5-75所示。

图5-74　消防泵机械应急控制装置

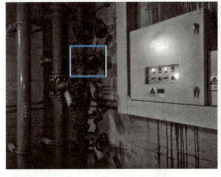
图5-75　消火栓系统区间消防蝶阀（左）和控制箱盘面（右）

在区间发生爆管事故时，由OCC值班员、车站值班员远程操作关闭电动蝶阀。在电动蝶阀控制箱失电的情况下，可现场手动转动手柄，实现阀门的关闭。

课堂思考

请结合室内和室外消火栓系统的结构和组成，思考室外和室内消火栓系统的差异。

课后知识回顾

城市轨道交通消火栓系统认知	课后知识回顾	班级：
		姓名：

1. 城市轨道交通消火栓系统的组成

1）室内消火栓系统在建筑物内_____，用于扑灭_____。

2）室内消火栓系统由水枪、_____、消火栓、_____和水源等组成。当室外给水管网的水压不能满足室内消防要求时，还要设置_____和消防水箱。

3）消火栓系统和火灾自动报警系统的协同关系是_____。

2. 城市轨道交通消火栓系统设备

1）室外消火栓按其安装形式可分为_____和_____两种。

2）地上消火栓适用于_____的地方，地下消火栓适用于寒冷地区，主要由本体、阀座、阀瓣、排水阀、阀杆和接口零部件组成。

3）在消火栓箱内的明显部位配有_____，该按钮动作时向 FAS 传送报警信息并通过 FAS 主机启动_____。

4）消防水枪通过_____与消防水带快速连接，通过水射流形式的选择进行灭火、冷却。

5）城市轨道交通车站内任一着火点，应保证两股水柱同时到达。（   ）

6）城市轨道交通为保证不间断供水，设置备用泵，水泵数量应 ≥ 2 台（备用泵最大）。（   ）

7）FAS 主机通过输入模块和输出模块实现对消防水阀门的监控。（   ）

任务实施及评价

【任务实施】

认知准备：消火栓系统设备实物、消火栓工作动画样片等。

【操作步骤】

序号	图片	说明
1		左图所示设备的名称为_____
2		左图所示设备的名称为_____，其作用是_____
3		左图所示设备的名称为_____，含有具体的设备_____、_____、_____、_____
4	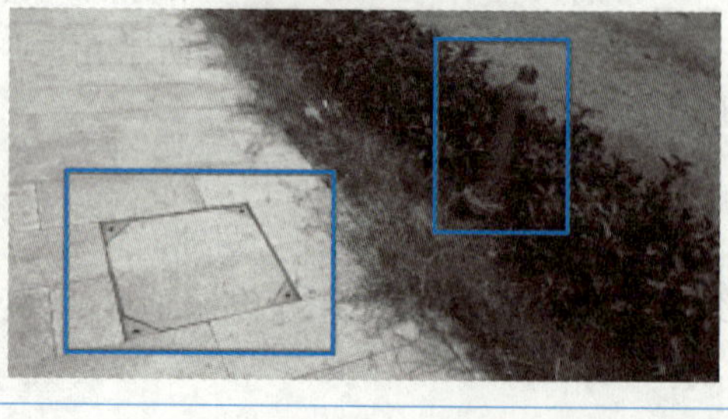	左图所示设备的名称为_____，图中设备状态为_____

(续)

序号	图片	说明
5	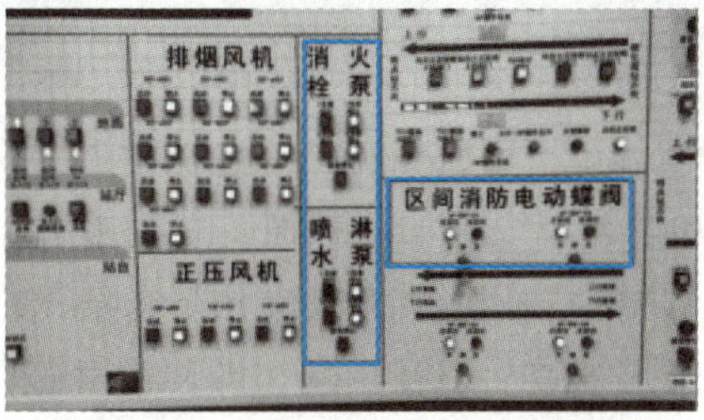	左图所示设备的名称为_____，图中所示设备状态可获取的信息为（至少3项）_____
6	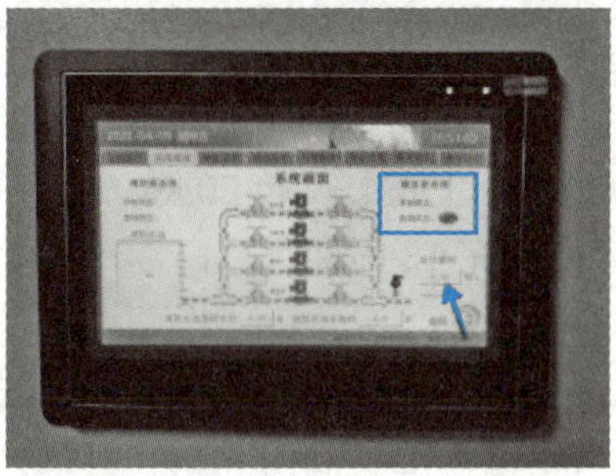	左图所示设备的名称为_____，图中所示设备状态可获取的信息为（至少3项）_____

【任务评价】

【课证融通考评单】城市轨道交通消火栓系统认知			日期：		
姓名：		班级：	学号：		教师签名：
自评：□熟练 □不熟练		互评：□熟练 □不熟练	师评：□合格 □不合格		
日期：		日期：	日期：		
城市轨道交通消火栓系统认知【评分细则】					
序号	评分项	得分条件	分值	自评	互评	师评
1	接受任务	明确工作任务，理解任务在企业工作中的重要程度	5			
2	前置知识	本次实训前需要掌握的知识	5			
3	能力评价	1）能根据图片识别消火栓系统设备	7			
		2）能根据图片描述设备的工作状态	8			
		3）能结合室外消火栓系统，简述室外消火栓系统的特点和工作原理	15			
		4）能结合室内消火栓系统，简述室内消火栓系统的特点和工作原理	15			
		5）能结合室内消防泵组，简述消防泵组的特点和工作原理	15			
4	素养评价	1）工作计划性强，安排得当	4			
		2）团队合作能力强，善于沟通合作	4			
		3）自主学习能力强，勇于克服困难	4			
		4）严谨认真，积极参与课堂	4			
		5）演示文稿制作精美、汇报演讲能力强	4			
5	评价反馈	1）能快速、正确地识别图片中的设备	5			
		2）在任务实施过程中能发现问题	5			
	总分		100			

视野拓展

"会飞"的女消防员

2023年3月,国家消防救援局发布视频《致敬!了不起的她》,讲述了高嵩的故事。高嵩是青岛市消防救援支队航空救援大队一名直升机飞行员,也是全国唯一一名女性消防飞行员。

2018年,在山东省青岛市,全国第一支消防航空救援大队组建并开始招飞行员,高嵩马上报名。那时,她是一名火灾调查员,火灾调查是细致活,在现场,即使没有监控,从残垣断壁上的燃烧烟熏痕迹、坍塌方向等细节,也能找到蛛丝马迹。正是火灾调查员的经历让她养成了仔细、冷静的习惯,也是她日后成为一名优秀飞行员必备的优良素质。

报名之后,高嵩才知道消防飞行员的选拔标准非常严格,跟军航飞行员的标准一样,测试的科目非常多,例如要考验抗眩晕的能力,在一个椅子上正、反转20圈,还有平衡能力等等。高嵩成了唯一被选上的女生。接着,她要在半年内学完13门课程。高嵩白天学、晚上学,啃下一根又一根"硬骨头",最终顺利过关。

2020年,青岛市发生森林大火,烟雾弥漫,火势蔓延。高嵩驾驶直升机直奔火场上空。她驾驶的直升机像在烈焰中跳舞的精灵,一次次起飞,把水洒向火场。高嵩和同事奋战了4天,大火被扑灭了。2022年,在青岛市附近的海上,一名船员在船上突发心脏病。高嵩和同事驾驶直升机飞到现场。船上没有停机坪,直升机需要悬停在半空进行救援。海风摇晃着飞机,可高嵩手扶操纵杆,将直升机稳稳悬停在半空。一名消防员顺着绳索滑到船上,再用绳索把船员送上飞机,及时送往医院。人们问高嵩,她要飞到什么时候。她说:"只要状态可以,我就想一直飞下去。"

任务三　城市轨道交通自动喷水灭火系统认知

任务目标

知识目标:
1. 掌握自动喷水灭火系统的架构及功能。
2. 认识自动喷水灭火系统的末端设备。
3. 掌握喷淋泵组的控制方式。

能力目标:
1. 能概括自动喷水灭火系统的架构。
2. 能快速使用自动喷水灭火系统的末端设备。

素养目标:
1. 培养灵活分析问题和解决问题的能力。
2. 培养一丝不苟、精益求精的工匠精神。
3. 培养对比区分、归纳总结的科学思维。

任务导入

某学院组织城市轨道专业学生实地参观该城市第一条机场市域快线,在参观期间,学生对该线路艺术站造型各异的喷淋系统喷头显示出极大兴趣。城轨公司的消防设备维保单位专业工程师立足自动喷水灭火系统,结合市域快线特点,对参观学生进行了一次别开生面的城市轨道交通喷淋系统的现场教学。在"实物见证，理论辅助"的现场教学过程中，参观学生对自动喷水灭火喷头、各信号阀、运行架构有了全面认识，为学生走上工作岗位打下牢固基础，激发了学生的求知欲，降低了人力培训成本，起到了示范性作用。

知识课堂

一、自动喷水灭火系统概述

自动喷水灭火系统在城市轨道交通中称为喷淋系统，由洒水喷头、报警阀组、水流指示装置、管道、供水设施等组成。自动喷水灭火系统按安装的喷头开闭形式不同分为闭式系统（包括湿式自动喷水灭火系统、干式自动喷水灭火系统、预作用自动喷水灭火系统和自动喷水与泡沫联用系统）和开式系统（包括雨淋系统、水喷雾系统和水幕系统）两大类，如图5-76所示。

城市轨道交通主要采用湿式自动喷水灭火系统，系统主要由湿式报警阀组、闭式喷头、水流指示器、控制阀门、末端试水装置、管道和供水设施等组成。系统的管道内充满有压水，一旦发生火灾，喷头动作后立即喷水。其使用的消防水池、消防水箱与消火栓系统共用。湿式自动喷水灭火系统示意图如图5-77所示。

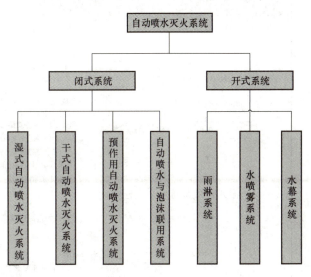

图5-76 自动喷水灭火系统分类

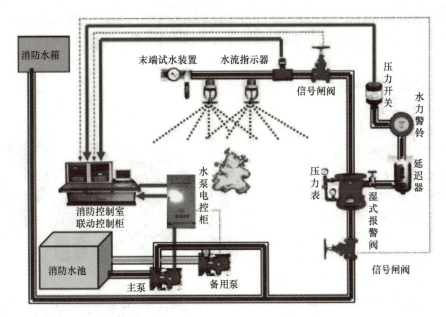

图5-77 湿式自动喷水灭火系统示意图

火灾发生时，火源周围环境温度上升，火焰或高温气流使闭式喷头的热敏感元件动作，喷头被打开并喷水灭火。水流指示器由于水的流动感应送出电信号，在报警控制器上显示某一区域已在喷水，湿式报警阀后的配水管道内的水压下降，使原来处于关闭状态的湿式报警阀开启，压力水流向配水管道。随着报警阀的开启，报警信号管路开通，压力水冲击水力警铃发出声响报警。安装在管路上的压力开关接通发出相应的电信号，并直接启动消防水泵向系统加压供水，达到持续自动喷水灭火的目的。湿式自动喷水灭火系统联动控制图如图5-78所示。

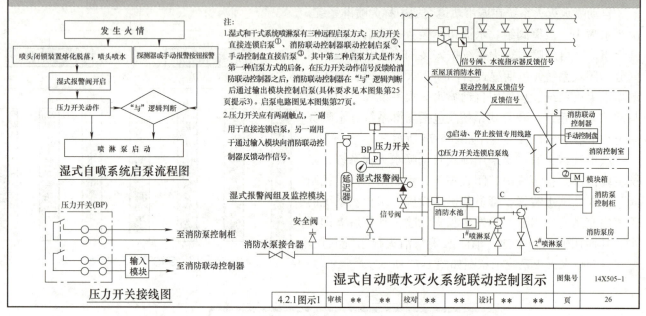

图 5-78 湿式自动喷水灭火系统联动控制图

二、自动喷水灭火系统设备

1. 喷头简介及分类

（1）按结构形式分类　分为闭式喷头和开式喷头。闭式喷头（见图 5-79a）又分为闭式玻璃球喷头和闭式易熔合喷头，闭式喷头一旦开启之后，便不能自动恢复原状。开式喷头（见图 5-79b）的喷口是敞开的，管路中是自由空气，灭火时管路中充满压力水，经喷口喷水灭火，开式喷头可重复使用。城市轨道交通中普遍采用的是闭式玻璃球喷头。

图 5-79　闭式喷头和开式喷头
a）闭式喷头　b）开式喷头

（2）按热敏元件分类　分为玻璃球洒水喷头和易熔元件洒水喷头。玻璃球洒水喷头：玻璃球体内充有不同膨胀系数的有机溶液，受不同温度的热膨胀后，玻璃球体破碎，管路内的水流开启喷洒。易熔元件洒水喷头：喷头受热时，由于易熔元件的熔化、脱落，管路内的水流开启喷洒。玻璃球洒水喷头和易熔元件洒水喷头如图 5-80 所示。

城市轨道交通中大量使用闭式玻璃球洒水喷头，其特点是造价低，但安装时容易出现破损。玻璃球洒水喷头的耐受温度通常用玻璃球泡的颜色来表示。常用喷头动作温度色标如

图 5-81 所示。城市轨道交通普遍采用的喷头动作温度是 68℃，特殊环境内按照现场实际确定。

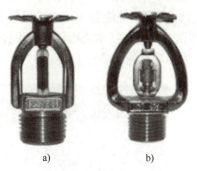

图 5-80　玻璃球洒水喷头和易熔元件洒水喷头
a）玻璃球洒水喷头　b）易熔元件洒水喷头

图 5-81　常用喷头动作温度色标
a）57℃　b）68℃　c）79℃　d）93℃

（3）按安装位置分类　根据安装位置，常见的喷头分为下垂型洒水喷头、直立型洒水喷头两种。

1）下垂型洒水喷头是下垂安装于供水支管上，水流向下冲向溅水盘，洒水形状为抛物体型，总水量的 80%~100% 被喷向地面。

2）直立型洒水喷头直立安装在供水支管上，水流向上冲向溅水盘，洒水形状为抛物体型，总水量的 80%~100% 被向下喷洒，同时还有一部分喷向吊顶，适宜安装在移动物较多、易发生撞击的场所。

此外，还有边墙型喷头（分为边墙直立式和边墙水平式两种）、吊顶隐蔽型喷头（用在对美观要求较高的公共场所）。不同安装方式的喷头如图 5-82 所示。

图 5-82　不同安装方式的喷头
a）直立　b）下垂　c）普通　d）隐蔽　e）边墙直立　f）边墙水平

城市轨道交通中安装的最常见的是下垂型洒水喷头和直立型洒水喷头。车站喷头实际安装位置如图 5-83 所示。两种喷头不是单纯安装方向不同，其对应溅水盘形式也不同，从喷水效果（喷头触发后的喷水效果如图 5-84 所示）明显可看出喷出水滴对喷头上部空间部件保护差异较大。

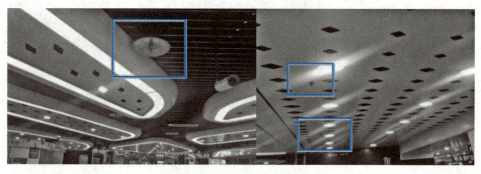

图 5-83　车站喷头实际安装位置

2. 末端试水装置

末端试水装置由试水阀、压力表及试水接头等组成，如图5-85所示，安装在每个报警阀的供水最不利处。其作用是检测自动喷水灭火系统的可靠性，测试系统能否在开放一只喷头的最不利条件下可靠报警并正常启动喷淋泵。末端试水装置测试的内容包括水流指示器、报警阀、压力开关、水力警铃的动作是否正常，配水管道是否通畅，最不利点处的喷头工作压力等。

图5-84 喷头触发后的喷水效果
a）直立 b）普通 c）下垂

图5-85 末端试水装置实物图

末端试水装置测试方法：开启末端试水装置后，报警阀、压力开关、水流指示器、水力警铃应正常动作，查看系统最不利点处喷头工作压力不应低于0.05MPa；此外，开启湿式系统的末端试水装置后，5min内自动启动喷淋泵。

3. 水流指示器

水流指示器是将喷淋管道水流动的信号转换成电信号的一种报警装置，如图5-86所示。水流指示器的叶片与水流方向垂直，管道中的水流动时，其桨片或膜片感知水流的作用力，带动微动开关动作，接通延时电路，延时器开始计时，到达设定的延时时间后，叶片仍向水流方向偏转无法回位，触点闭合输出信号；当水流停止时，桨片和动作杆复位，触点断开，信号消除。

4. 信号阀

信号阀是一种提供运行监控报警的信号装置，其功用是监视重要阀门的开启状态，以防止误操作而被关闭，消除突发火灾时影响消防使用的隐患。在车站自动喷水灭火系统中，信号阀安装在湿式报警阀进、出口处。当控制阀体开启或关闭时，连通电信号装置输出状态信号至FAS，并传递到消防控制中心。信号阀实物如图5-87所示。

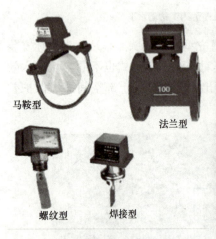

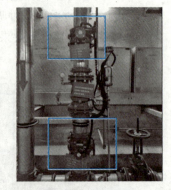

图5-86 水流指示器

图5-87 信号阀实物

5. 湿式报警阀

湿式报警阀主要由阀体、延时器、压力开关、水力警铃、压力表计组成，如图5-88所示。

在城市轨道交通中,湿式报警阀一般安装在消防泵房内,但对于较大的车站则安装在设备区配置的专用阀门设备间内。湿式报警阀实物如图 5-89 所示。

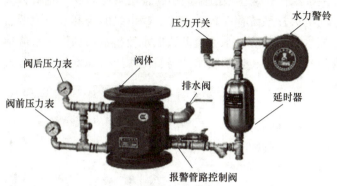

图 5-88　湿式报警阀的组成

图 5-89　湿式报警阀实物

湿式报警阀是只允许水单向流入喷水系统并在规定流量下报警的一种单向阀。在不考虑接入火灾自动报警系统时,喷淋系统通过湿式报警阀独立报警,阀后压力改变后,报警阀打开,部分水进入延时器,持续注水后催动水力警铃动作,从而达到报警功能。

6. 喷淋泵组与控制柜

城市轨道交通的喷淋系统普遍按照一主一备的方式设置消防泵,其与消火栓系统泵组组成和控制类似,即临时加压泵(在喷淋系统中称为喷淋泵,与消火栓泵类似)2 台、稳压泵 2 台、隔膜式稳压罐 1 个,稳压泵和稳压罐协作完成喷淋管网水压的机械稳压。为节约成本,车站常将消火栓系统和喷淋系统的稳压泵与稳压罐合并后共同使用,并将消火栓泵组及控制柜、喷淋系统泵组及控制柜集中布置在消防泵房的一侧墙壁处,以节约地下空间,便于集中管理。消防泵房全部消防给水系统控制柜如图 5-90 所示。

车站设置有独立的喷淋系统泵组控制柜(见图 5-91),控制柜设置有手动启泵和机械应急启泵功能。手动启泵是将控制权限收归就地后,操作控制柜的专用按钮启动相应水泵。机械应急启泵功能与消火栓系统的对应功能一致,即确保在控制柜内控制电路发生故障时由操作人员紧急启动喷淋泵,即直接控制喷淋泵电动机接通 380V 交流电源,实现水泵应急启动,避开控制柜及控制设备。

图 5-90　消防泵房全部消防给水系统控制柜　　　　图 5-91　喷淋系统泵组控制柜

三、喷淋泵组控制

喷淋泵组的控制方式与消火栓系统泵组的控制方式一致,主要有自动控制和手动控制两种控制方式;此外,针对控制系统故障失效的情况,设置有直接接通电源启动的机械应急控制。

自动喷水灭火系统

1. 自动控制

喷淋系统的自动控制与消火栓系统的自动控制原理一致；当管网水压低于控制柜设定启泵值时，控制柜发出启泵信号，启动喷淋主泵工作。若主泵故障退出，备用泵自动投入使用。

车站常见的喷淋系统水压力低启泵与消火栓系统存在较大差异。喷淋泵的管网水压力低启动原理：保护区喷头玻璃球爆碎后开启喷水，引起管网水流流动造成水流指示器动作，水流指示器反馈信号至控制室报警主机告知火灾具体位置；持续喷水使得管网水压力降低并联动湿式报警阀上的压力开关动作，自动启动喷淋泵。

2. 手动控制

当发生火情后，由于压力开关等故障导致喷淋系统不能自动启动时，消防值班人员可通过消防联动控制盘/IBP盘（或消防控制柜）手动启动喷淋泵，达到向喷淋管网增压补水的目的。消防联动控制盘如图 5-92 所示。

此外，自动喷水灭火系统的喷淋泵组控制柜设置有机械应急控制功能，其工作原理和操作方法与消火栓系统一致。

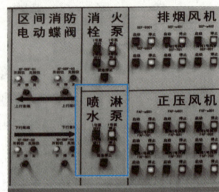

图 5-92 消防联动控制盘

课堂思考

请结合前面所讲内容概括自动喷水系统的工作原理和主要设备，分析主要设备在系统架构中的位置及明显差异。

课后知识回顾

城市轨道交通自动喷水灭火系统认知	课后知识回顾	班级： 姓名：

1. 自动喷水灭火系统的组成

1）自动喷水灭火系统由_____、_____、水流指示器、控制阀门、_____、管道和供水设施等组成。系统的管道内充满有压力水，一旦发生火灾，_____立即喷水。

2）自动喷水灭火系统按安装的喷头开闭形式不同分为_____（包括湿式系统、干式系统、预作用系统和自动喷水与泡沫联用系统）和_____系统（包括雨淋系统、水幕系统、水喷雾系统）两大类。

3）在自动灭火系统中比较常见的是_____系统，需要注意的是自动喷水灭火系统里面的消防水池和消防水箱是和_____共用的。

4）简述自动灭火系统的工作原理_____。

2. 城市轨道交通自动喷水灭火系统设备

1）_____，闭式玻璃球喷头和闭式易熔合喷头一旦开启之后，便_____恢复原状。开式喷头_____的喷口是敞开的，管路中是自由空气，灭火时管路中充满压力水，经喷口喷水灭火，开式喷头可_____。

2）玻璃球洒水喷头和易熔元件洒水喷头（喷头启动后，释放机构能_____喷头本体）。

3）为了检测系统的可靠性，测试系统能否在开放1只喷头的最不利条件下可靠报警并正常启动，要求在每个报警阀的供水最不利处设置_____装置。

4）湿式报警阀是只允许水单向流入喷水系统并在规定流量下报警的一种单向阀。（　　　）

5) 喷淋泵的自启动是通过各保护区的管网喷嘴玻璃球高温下爆碎，引起管网水流流动，从而联动报警阀压力开关动作，达到自启动喷淋泵的目的。（　　　）

6) 结合教材内容说明喷淋泵的自启动条件。

任务实施及评价

【任务实施】

认知准备：自动喷水末端设备实物、末端设备状态样片、控制柜等。

【操作步骤】

序号	图片	说明
1	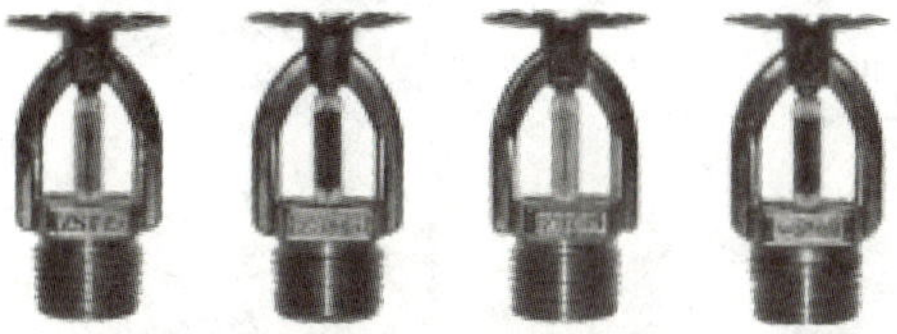	左图所示设备的名称为_____，温度色标依次为_____
2	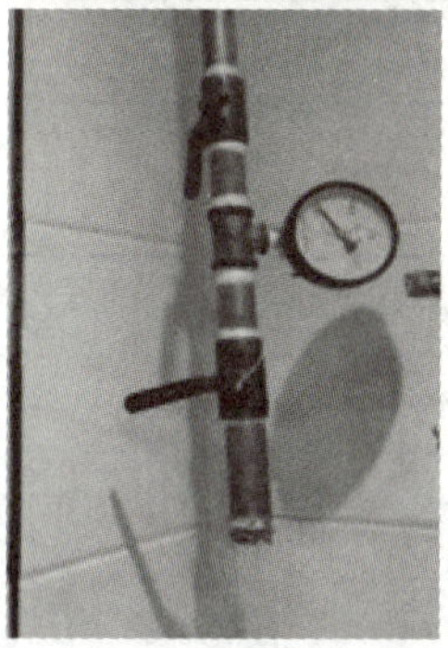	左图所示设备的名称为_____，其作用是_____
3		左图所示设备的名称为_____，其作用是_____
4		左图所示设备的名称为_____，其作用是_____

(续)

序号	图片	说明
5	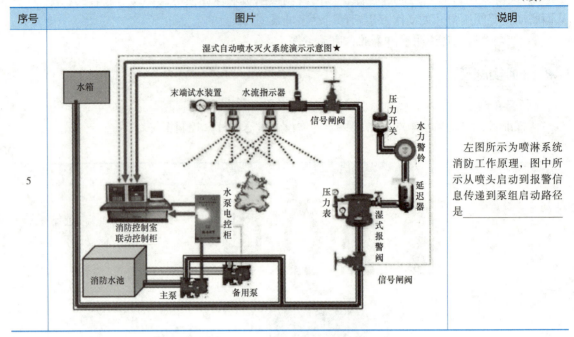 湿式自动喷水灭火系统演示示意图★	左图所示为喷淋系统消防工作原理，图中所示从喷头启动到报警信息传递到泵组启动路径是_____

【任务评价】

【课证融通考评单】城市轨道交通自动喷水灭火系统认知					日期：	
姓名：		班级：		学号：	教师签名：	
自评：□熟练 □不熟练		互评：□熟练 □不熟练		师评：□合格 □不合格		
日期：		日期：		日期：		
城市轨道交通自动喷水灭火系统认知【评分细则】						
序号	评分项	得分条件	分值	自评	互评	师评
1	接受任务	明确工作任务，理解任务在企业工作中的重要程度	5			
2	前置知识	本次实训前需要掌握的知识	5			
3	能力评价	1）能根据图片识别自动喷水设备	7			
		2）能根据图片描述设备的名称和特点	8			
		3）能结合自动喷水灭火系统示意图，简述城市轨道交通自动喷水灭火系统的工作原理	15			
		4）能结合图片描述末端设备的安装位置	15			
		5）能结合自动喷水灭火系统原理图，描述喷淋泵的启停工作原理	15			
4	素养评价	1）工作计划性强，安排得当	4			
		2）团队合作能力强，善于沟通合作	4			
		3）自主学习能力强，勇于克服困难	4			
		4）严谨认真，积极参与课堂	4			
		5）演示文稿制作精美、汇报演讲能力强	4			
5	评价反馈	1）能快速、正确地识别图片中的设备	5			
		2）在任务实施过程中能发现问题	5			
	总分		100			

视野拓展

电动车夜间自燃，自动喷淋灭火系统显"神威"

一小区用来停放电动车的地下室起火，浓烟很大。消防人员到场后，首先进入内部查看具体情况，发现地下车库的排烟系统和喷淋系统已启动，但仍有大量浓烟聚集在车库中间部位。随后在车库一角落发现一辆燃烧变形的电动车，该车当时并没有在充电，明火已被喷淋浇灭。幸运的是，火势未波及旁边停放的电动车。消防员随后将起火车辆移出车库，并反复确认现场，无明火和复燃可能。据物业负责人描述，是巡逻的保安发现电梯口有积水，随即发现地下室内有很多烟，由于不清楚具体情况，不敢贸然行动，就立即报警求助。此小区地下室装有自动喷淋系统，当时喷淋、排烟系统已经全部启动，火势被及时控制，大大降低了财产损失。

任务四　城市轨道交通消防水炮与高压细水雾灭火装置认知

任务目标

知识目标：
1. 掌握消防水炮灭火系统的架构及功能。
2. 认识高压细水雾灭火装置的组成及操作流程。

能力目标：
1. 能操作消防水炮。
2. 能操作高压细水雾灭火装置。

素养目标：
1. 培养灵活分析问题和解决问题的素养。
2. 培养一丝不苟、精益求精的工匠精神。
3. 培养严谨的工作态度和应变能力。

任务导入

某职业技术学院组织学生参观轨道交通消防大队实战基地，学生们对消防水炮产生较大兴趣，了解到消防水炮从火灾发生、自动对焦确认、系统启动、开始喷水一直到灭火完成停水的全部过程是自主完成的，对消防水炮所用的红外传感技术、信号处理以及通信技术、计算机技术等先进技术的有机结合感到震惊，在感慨消防科技先进之余，也激发了认真学习的兴趣。消防水炮炮体如图5-93所示。

图5-93　消防水炮炮体

> 知识课堂

一、消防水炮概述

消防水炮是一种能够将一定流量、一定压力的灭火剂（如水、泡沫混合液或干粉等）通过能量转换，将势能（压力能）转化为动能，使灭火剂以非常高的速度从炮头出口喷出，形成射流，从而扑灭一定距离以外的火灾。消防水炮的水量集中、流速快、冲量大，水流可以直接接触燃烧物而作用到火焰根部，将火焰剥离燃烧物使燃烧中止，能有效扑灭高大空间内蔓延较快或荷载大的火灾。

1. 消防水炮的组成

消防水炮主要由炮主体、喷管、操作部件和入口部件等组成。相同的水炮主体配备不同的喷管部件，可实现不同的水流。当防护区发生火灾后，开启消防水泵和管路阀门，灭火介质通过消防炮口喷向火源，起到迅速扑灭或抑制火灾的作用。消防水炮的组成及特点见表 5-1。

表 5-1 消防水炮的组成及特点

部件	种类	特点
喷管	柱/雾状可调喷嘴	可将水进行柱/雾状喷射
	柱状喷管	可将水进行柱状喷射
操作部件	手柄	手动操作方式，方便快捷
	手轮	手动操作方式，方便精确
	电动机	电动操作方式，可实现远程控制
入口部件	法兰连接	与底座固定连接
	弯管	与防水带连接

2. 消防水炮适用场所

消防水炮适用于扑救大空间内的早期火灾。对于设置自动喷水灭火系统不能有效发挥早期响应和灭火作用的场所，采用与火灾探测器联动的固定消防水炮或自动跟踪定位射流灭火系统，比快速响应喷头更能及时扑救早期火灾。

随着城市轨道交通的线路延伸，特殊位置的车站出现大型化、净空高等趋势（如与机场、高铁合用站厅的车站），站厅空间高度已超过喷淋系统的喷头作用高度，所以普遍采用消防水炮提供消防安全保护。高大空间车站采用的固定式智能消防水炮灭火系统，可远程控制并自动搜索火源、对准着火点、自动喷射水流进行灭火。

3. 智能消防水炮灭火系统的组成

智能消防水炮灭火系统由探测报警模块（又称为前端探测部分）、消防给水模块、水炮主机（又称控制中心部分）3 大功能模块组成，如图 5-94 所示。智能消防水炮灭火系统可在无人工干预的情况下自动发现火灾，判断火源点的位置，自动调整消防水炮的回转和俯仰角度，使其喷射口对准起火点，并展开灭火作业。其优势为主动探测、主动定位、自动控制。

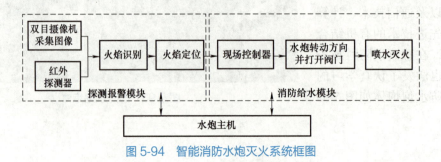

图 5-94 智能消防水炮灭火系统框图

(1) 前端探测部分　前端探测部分的作用为探测火灾，将采集到的现场信息送给系统的控制中心。普遍采用的火灾探测器有双波段红外火灾探测器、线型光束感烟探测器和图像型火灾探测器3种。3种探测器可单独使用，也可混合使用。在城市轨道交通中，多采用线型光束感烟火灾探测器和图像型火灾探测器组合，达到对防护空间全方位防护外，还能有效降低系统误报率。实物产品的探测器布置如图5-95所示。

图5-95　实物产品的探测器布置

(2) 控制中心部分　控制中心部分一般设置在消防控制室内，包括火灾监控管理主机、视频处理设备、硬盘录像机以及火灾报警设备（统称消防水炮主机部分）。该部分主要实现监控现场的设备运行、火灾信息提取、火灾报警、火灾现场图像监控等功能。监控室设备布置如图5-96所示。

(3) 消防水炮部分　智能消防水炮灭火系统的消防水炮由消防水炮炮体和消防水炮控制器组成。

① 消防水炮炮体。智能消防水炮灭火系统的炮体即是电气控制喷射水流开闭的执行设备，通过控制电磁阀实现水流的喷射和关闭；又是可进行水平、竖直方向的转动机构，通过红外定位器和图像定位器自动定位火源点，快速准确灭火。消防水炮炮体如图5-97所示。

巡检中的消防水炮炮体

② 消防水炮控制器。它是指挥消防水炮完成定位和喷水灭火，是驱动消防水炮进行火焰定位和控制电磁阀门进行喷水灭火的前端控制设备。每台消防水炮配置1台消防水炮控制器，控制器内部安装消防水炮解码器1台、电动驱动器2台、手报1个、交流220V转24V10A开关电源1台、空开1个。和消防水炮控制器连接的设备有消防炮1台、现场控制盘1台、电磁阀1台、水流指示器1个、声光报警器1个，通过总线和控制主机连接。消防水炮控制器示意图如图5-98所示。

图5-96　监控室设备布置

图5-97　消防水炮炮体

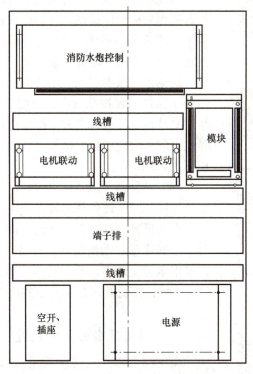

图5-98　消防水炮控制器示意图

(4) 消防水炮集中/现场控制盘　集中控制盘（集成于消防水炮主机面板上）通过消防水炮控制中心结合炮体摄像机视频对多路消防水炮进行一对一远程控制。值班人员在控制室利用集中控制盘对消防水炮炮体和微型自动扫描灭火系统的各种设备（如自动消防水炮、微型自动扫描灭火装置、电磁阀、消防泵等）进行远程手动控制。消防水炮集中控制盘盘面、消防水炮集中控制盘实物如图 5-99 和图 5-100 所示。

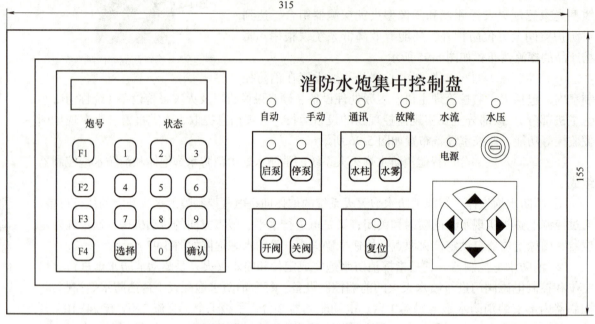

图 5-99　消防水炮集中控制盘盘面

消防水炮

消防水炮 1

消防水炮 2

在现场可以使用现场控制盘对单个炮体进行手动控制。当现场人员发现消防水炮未自动启动时，现场人员就近操作对应炮体的现场控制盘按钮，改变消防水炮的水平运动角度、垂直运动角度，使炮口指向火源，启动消防水泵、喷水电动阀实施灭火。

现场控制盘参照水炮炮体位置就近安装，使水炮炮体处于操作者目视范围内，以便于现场人员手动操作。其主要特点：具有可全方位操作的按键，操作方便。触屏式消防水炮现场控制盘与键盘式消防水炮现场控制盘如图 5-101 所示。

（5）消防联动部分　在确认火灾报警后，系统按照预设程序调度设备联动转入火灾工况，联动控制器动作：声光报警、自动实时录像、自动拨打报警电话；同时，根据需要启动消防联动设备（如消防广播、排烟风机、防火卷帘门、气体灭火系统等）。在城市轨道交通中，消防联动控制器功能由 FAS 完成，消防水炮灭火系统上传本系统状态信息到 FAS，接受 FAS 控制命令并执行。

图 5-100　消防水炮集中控制盘实物

二、高压细水雾灭火装置

高压细水雾释放

高压细水雾灭火装置采用特殊的雾化喷头在特定的压力下工作（通常喷头最小压力为 10MPa），将水流分解成细小水滴进行灭火，具有高效、经济、适用范围广等特点。在城市轨道交通中，普遍采用用泵组进行加压供水的开式细水雾灭火装置，多用于主变电所的主变电室，在部分城市线路上用于电气设备房间。

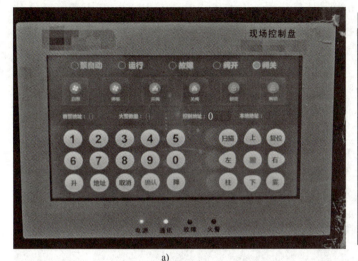
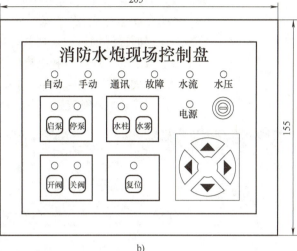

图 5-101　消防水炮现场控制盘
a）触屏式　b）键盘式

1. 高压细水雾灭火装置的组成

城市轨道交通所用的高压细水雾灭火系统主要由专用储水箱、高压细水雾泵组、补水系统、供水管网、高压细水雾分区控制阀箱组、高压细水雾喷头、高压细水雾管道及 FAS 等组成。城市轨道交通中，高压细水雾灭火装置的火灾探测由线路既有的 FAS 承担，两者通过 FAS 控制模块实现信息互通，由 FAS 将信息上传至综合监控平台。

城轨电力廊道内细水雾释放

（1）高压细水雾泵组　城市轨道交通中采用的高压细水雾灭火系统泵组单元包括工作泵（高压柱塞泵）、稳压泵、安全阀、泄压调压阀、贮水箱、补水装置、过滤器、压力显示器、信号反馈装置、减压装置、泵组控制盘（柜）等。泵组普遍采用立式安装设计。高压细水雾泵组如图 5-102 所示。

① 高压柱塞泵。高压柱塞泵的作用是完成对水流持续增压，使水流达到雾化所需的压力，其作用与消火栓灭火系统的消火栓泵、喷淋系统的喷淋泵类似。柱塞泵借助于泵组内活塞在液缸工作腔内的往复运动来使工作腔容积产生周期性变化，达到输送水流和完成增压的目的。常用的高压柱塞泵有三柱塞泵和九柱塞泵，城市轨道交通中普遍使用的是九柱塞泵。高压九柱塞泵如图 5-103a 所示。

图 5-102　高压细水雾泵组

② 安全阀与泄压调压阀。安全阀与泄压调压阀装在柱塞泵增压作用后的出口管路上，当管路压力达到预设动作压力值时，安全阀、泄压调压阀动作，将增压后的多余水流泄放至旁通管路。其主要作用是调节系统压力及防止系统超压。泄压调压阀的压力泄放值可以按需调节。泄压调压阀如图 5-103b 所示。

③ 泵组控制盘（柜）。泵组控制盘（柜）与消火栓系统、喷淋系统控制柜功能类似，主要提供可视化的泵组信息显

图 5-103　高压九柱塞泵与泄压调压阀
a）高压九柱塞泵　b）泄压调压阀

示、操作自动记录及完成人机交互功能。其显示内容包括主备电源、主备控制电源、系统状态、系统联动运行状态、自动/手动状态切换、过渡水箱补水状态、单泵运行状态、报警状态等。触摸屏面板详细显示泵组电动机故障、主出口阀关闭、过渡水箱低液位、泵组主出口阀处的压力、各泵的工作状态和电流值、过渡水箱补水电磁阀启闭等状态。高压细水雾灭火系统泵组控制屏画面如图 5-104 所示。其以按钮形式提供就地快捷操作功能，如通过单泵手动启/停旋钮、泵组停止/急停按钮，手动补水启/停旋钮，可对泵组进行就地启/停操作等。

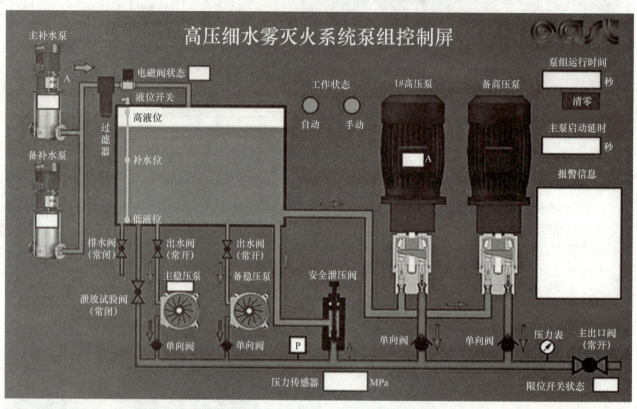

图 5-104　高压细水雾灭火系统泵组控制屏画面

（2）**分区控制阀**　分区控制阀由电动截止阀、手动球阀、压力控制器、压力表、壳体和连接管组成。其主要功能是接收 FAS 主机的控制信号后，开启相应分区的电动截止阀，将保持高压状态的水流导流至防护区并释放细水雾实施灭火及反馈动作信息。城市轨道交通采用的分区控制阀普遍以电动执行器作为动力源，并由其直接拖动阀芯动作实现阀口的关闭/开启。

分区控制阀（见图 5-105）安装在防护区附近，便于火灾发生时的应急操作、维修和检查。

（3）**细水雾喷头**　细水雾喷头（见图 5-106）的作用是在设定压力范围内将灭火介质（水）雾化，并按设计的洒水形状喷洒，对受保护区域的火灾进行扑灭。细水雾喷头分为开式和闭式两种，其工作原理类似于喷淋系统的开式和闭式喷头。细水雾灭火系统按所使用的喷头型式分为闭式细水雾灭火系统和开式细水雾灭火系统，如图 5-107 所示。

图 5-105　分区控制阀

图 5-106　细水雾喷头

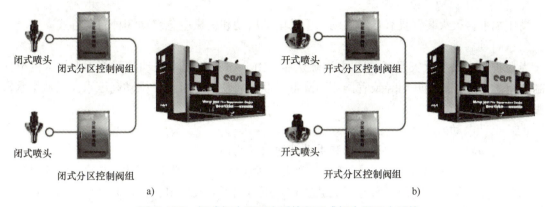

图 5-107 闭式细水雾灭火系统和开式细水雾灭火系统
a）闭式　b）开式

2. 高压细水雾灭火系统工作原理

在准工作状态下，高压细水雾灭火装置从泵组出口至分区控制阀前的管网内（闭式系统是从泵组出口至喷头的管网，与湿式喷淋系统类似）维持一定压力（该压力称为管网正常压力）。当压力低于稳压泵设定的启动压力时，稳压泵启动；当管网压力恢复至正常压力时，稳压泵停止工作。若稳压泵运行设置时间后压力仍持续降低，则确认发生火灾，此时工作泵启动，稳压泵停止工作。高压细水雾灭火系统工作原理如图 5-108 所示。

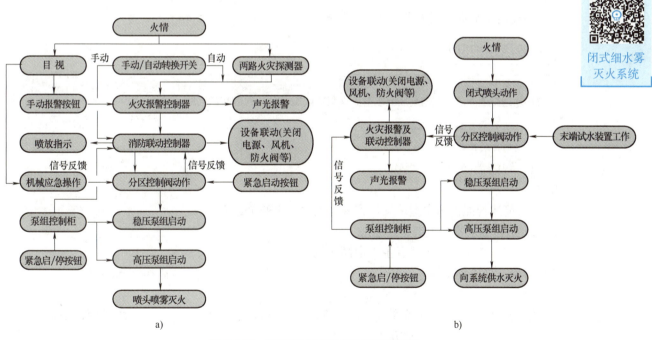

图 5-108　高压细水雾灭火系统工作原理
a）开式系统　b）闭式系统

当 FAS 探测到并确认火灾后，联动开启保护区对应的控制阀组电动阀，管网内压力迅速下降，延时（0~30s 可调）完成后，高压泵组自动启动。泵组运行时，水箱进水口处接有补水电磁阀，水源经补水电磁阀和过滤器后进入消防水箱；消防水箱配有液位控制器，补水电磁阀在消防水箱补水位时打开、高水位时关闭，实现对消防水箱水位的自动控制和自动补水的动作。此外，分区控制阀组的电动阀可以手动、电动或远程直接启动，高压泵组也可以手动、联动或远程直接启动。

3. 高压细水雾灭火装置操作

高压细水雾灭火装置具有自动启动、手动电动启动和机械应急启动 3 种启动方式。

（1）自动启动

当保护区内发生火灾且经 FAS 主机确认后，由 FAS 控制模块联动打开着火保护区的分区控制阀组。分区控制阀开启导致管网压力降低，联锁启动工作泵组，推动高压水介质从细水雾喷头喷射扑灭火灾。

（2）手动电动启动

手动电动启动分为电动远程启动和手动就地启动两种方式。

远程启动：当人员先于火灾探测器发现火灾发生时，通过消防控制室启动装置开启着火区域的分区控制阀组，高压细水雾灭火装置转入压力判断启泵环节，在延时结束后启泵供水灭火。另外，可利用设置的高压细水雾泵组远程启动按钮远程直接启动泵组。

就地启动：当人员先于火灾探测器发现火灾发生时，手动开启着火区域分区控制阀按钮（或类似电动控制装置），高压细水雾灭火装置转入压力判断启泵环节，延时结束后启泵供水灭火。

（3）机械应急启动

闭式细水雾灭火系统的紧急启动可通过敲碎闭式喷头的玻璃柱来实现。在火灾报警系统失灵的情况下，可手动操作分区控制阀上的手柄（直接操作阀体开启方式）打开分区控制阀进行灭火。

🕒 课堂思考

描述高压细水雾灭火系统的灭火机理。

➤ 课后知识回顾

城市轨道交通消防水炮与高压细水雾灭火装置认知	课后知识回顾	班级： 姓名：

1. 消防水炮的组成

1）智能消防水炮主要由_____、_____、_____和_____等组成。

2）简述智能消防水炮从发现火源至喷水灭火的全过程。

2. 高压细水雾灭火装置的组成

1）高压细水雾灭火装置主要由高压细水雾_____、_____、_____、供水管网，高压细水雾_____、高压细水雾_____、高压细水雾_____及 FAS 等组成。

2）高压细水雾灭火系统具有_____启动、_____启动（远程或就地）和_____启动 3 种启动方式。

3. 高压细水雾灭火系统的工作原理

1）绘制高压细水雾开式灭火系统的工作原理图。

2）绘制高压细水雾闭式灭火系统的工作原理图。

模块五 城市轨道交通自动化灭火系统

任务实施及评价

【任务实施】

认知准备：消防水炮系统机组及末端设备实物、高压细水雾灭火系统机组及末端设备实物、工作动画样片等。

【操作步骤】

序号	图片	说明
1	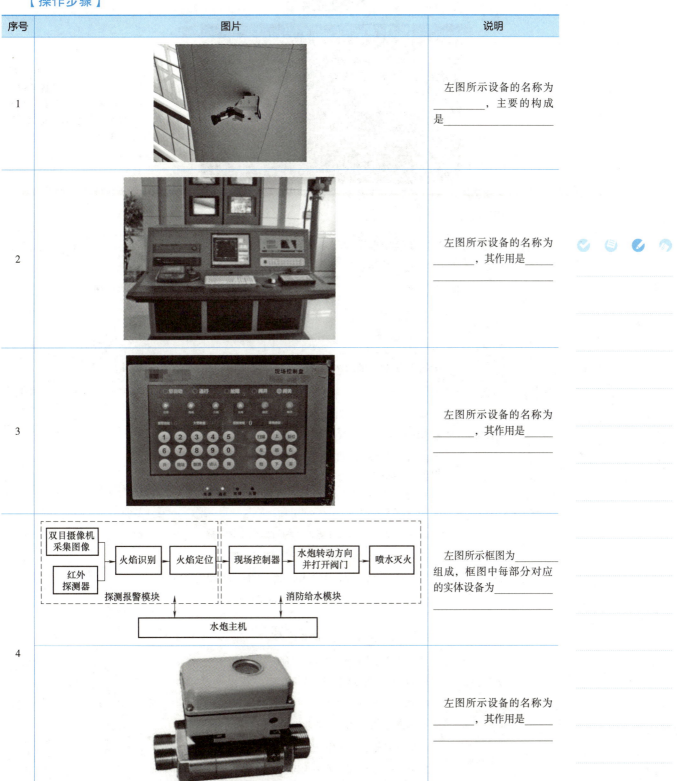	左图所示设备的名称为_____，主要的构成是_____
2		左图所示设备的名称为_____，其作用是_____
3		左图所示设备的名称为_____，其作用是_____
4		左图所示框图为_____组成，框图中每部分对应的实体设备为_____
		左图所示设备的名称为_____，其作用是_____

(续)

序号	图片	说明
5		左图所示设备的名称为_____，其作用是_____
6	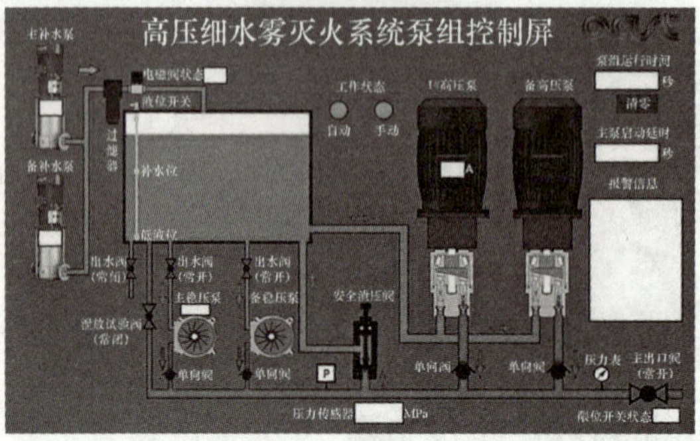	左图所示为高压细水雾灭火系统泵组控制屏的显示内容，从图中所示设备状态可获取的信息为（至少3项）_____

【任务评价】

【课证融通考评单】城市轨道交通消防水炮与 高压细水雾灭火装置认知		日期：	
姓名：	班级：	学号：	教师签名：
自评：□熟练　□不熟练	互评：□熟练　□不熟练	师评：□合格　□不合格	
日期：	日期：	日期：	

城市轨道交通消防水炮与高压细水雾灭火装置认知【评分细则】

序号	评分项	得分条件	分值	自评	互评	师评
1	接受任务	明确工作任务，理解任务在企业工作中的重要程度	5			
2	前置知识	本次实训前需要掌握的知识程度	5			
3	能力评价	1）能阐述消防水炮系统、高压细水雾灭火系统维护的基本要求	7			
		2）能熟练掌握消防水炮系统、高压细水雾灭火系统维护检查的项目	8			
		3）能准确描述高压细水雾灭火系统试验项目的名称	10			
		4）能正确掌握消防水炮系统各项目检查的频次	5			
		5）能正确掌握高压细水雾灭火系统各项目试验的频次	15			
		6）能正确运用所学知识进行实战演练并能解决实际问题	15			
4	素养评价	1）工作计划性强，安排得当	4			
		2）团队合作能力强，善于沟通合作	4			
		3）自主学习能力强，勇于克服困难	4			
		4）严谨认真，积极参与课堂	4			
		5）演示文稿制作精美、汇报演讲能力强	4			
5	评价反馈	1）能对完成任务表现情况进行客观评价	5			
		2）在任务实施过程中能发现问题并及时解决问题	5			
	总分		100			

视野拓展

应急管理部消防救援局消防救援科技创新奖技术革新奖
——充气救援浮台

充气救援浮台采用新型高分子材料制作，工艺简单，结合指战员反馈的不同使用场景需要的尺寸，分为3个型号，长度分别为2.6m、3.6m和4.6m，宽度为1.5m，厚度为0.2m，质量为16~25kg，能装入背包轻松携带；多个救援浮台可以任意拼接；可在–25~60℃的环境中使用；充气展开后能形成一个高刚度的硬面，既可用于冰面、平静水面、泥地、沼泽、湿地等环境救援时快速搭建浮桥等救援通道或救援作业面的平台，又可以在城市内涝时转移人员物资（荷载4~8人，载物300~600kg）。采用便携式高、低压充气泵充气，也可通过充气软管直接从空气呼吸器气瓶快速充气；具有良好的耐高低温、耐磨、抗穿刺性能，重量轻，体积小，可快速充气、快速拼接、快速展开救援，机动灵活，性价比高。

任务五　自动化灭火系统检修与应急故障处置

任务目标

知识目标：
1. 掌握自动化灭火系统计划检修的工作内容。
2. 掌握自动化灭火系统设备的维修保养内容与作业标准。
3. 掌握自动化灭火系统的故障应急处置流程。

能力目标：
1. 能按照保养与作业标准对自动化灭火系统进行周期性检修及专项检修。
2. 能在发生具体故障时，对自动化灭火系统进行应急处置。

素养目标：
1. 培养学生的安全防护意识。
2. 培养面对突发事件时沉着冷静对待的心理素质。
3. 培养精益求精、毫厘必究的责任意识。

任务导入

某城市轨道交通车站气体灭火系统发生了不明原因气体释放，工作人员对受保护房间进行设备受损状态确认，在气瓶存放间查看释放后瓶组情况后，按照"先通后复"的原则及时将设备复位，保障车站安全运营持续进行。气体灭火系统释放后设备状态如图5-109所示。

图5-109　气体灭火系统释放后设备状态

> 知识课堂

一、自动化灭火系统设备计划检修周期与工作内容

城市轨道交通配置的自动化灭火系统设备主要为气体灭火系统设备、消火栓系统设备、自动喷水灭火系统设备（又称为喷淋系统）、消防水炮灭火系统与细水雾灭火系统。其中，消火栓系统设备、自动喷水灭火系统设备、消防水炮灭火系统与细水雾灭火系统合称消防给水系统。自动化灭火系统设备维护在各城市轨道交通运营维保公司的维保界面划分存在一些差异，但检修可划分为以时间为单位的计划检修和针对故障率高且重复性出现问题的专项维修（简称专项修）。其中，专项修一般以改造项目方式进行单系统内的同型设备批量更换或单系统设备整体更换。

计划检修按照时间周期划分为日常设备巡检、月度计划检修、季度计划检修、每年期计划检修与年度检测。其大致与 FAS 时间同步，如果自动化灭火系统设备与 FAS 设备由同一家消防维保公司负责则合并执行。

1. 日常设备巡检工作内容

日常设备巡检简称日巡检，工作内容为设备外观检查、消防水炮主机检查故障报警记录、查看设备运行状态等；利用位于消防泵房内消防给水系统控制柜（含巡检柜、功能柜等）查看报警记录（其报警种类和数量大于接入 FAS 主机的种类和数量），如泵组电压电流参数、消防水池和消防水箱参数及泵房表计数据，压力开关、水力警铃、延迟器及附件紧固检查，启泵次数及设备自巡检记录等；对标识标牌、管道阀门和泵组基座锈蚀检查、阀门井（如有）井盖外观检查等；对气体灭火系统就地控制盘开箱检查、气瓶存放间瓶组等巡查；细水雾保护房间外部就地控制设备状态检查等。

工作人员应如实填写日巡检记录，根据设备运行状况及事件记录发现的异常，并及时采取措施处置。自动化灭火系统设备日巡检是通过"目视+报警""表记+指示灯"显示及时发现异常。

2. 月度计划检修工作内容

月度计划检修简称月检，按照检查区域分为车站和区间两部分。车站部分检查内容为通过 IBP 盘、控制柜手动操作消防泵启/停测试；电磁阀开启/关闭功能验证；铅封、锁链完整性检查；气压罐压力、有效容积检查；倒流防止器压差检查；室内消火栓箱开箱检查（检查卷盘、水带、水枪头等附件，室内消火栓开箱检查内容如图 5-110 所示）；利用末端试水装置对水流指示器及喷淋系统自动启动功能进行测试；喷头外观检查；消防水炮炮体、控制装置、探测装置、模拟末端试水装置等主要组件的工作状态检查；高压细水雾灭火装置手动操作装置的保护罩、铅封等的完整性检查，储气容器内的气体压力检查等。

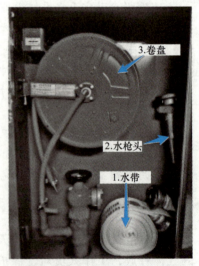

图 5-110 室内消火栓开箱检查内容

区间部分检查内容为：区间消防电动蝶阀（包含设置在车站设备区的区间消防电动蝶阀）远程/就地开启与关闭功能测试；利用测压水枪测试消火栓水压；目视检查区间给水系统设备（如消防管道、过轨管线、栓头及附件、电动蝶阀控制箱）固定是否松脱、管道接头漏水导致的锈蚀等，区间消火栓漏水问题如图 5-111 所示。针对发现的问题应及时处置，不能彻底解决的应按照"先通后复"的原则采取临时措施后报计划专项处置。

3. 季度计划检修工作内容

季度计划检修简称季检，工作内容为对气体灭火系统设备的基本功能进行测试（如模拟火灾触发探测器，测试自动喷气功能）；对消防给水系统手动蝶阀、闸阀闭水性能进行测试；对消防水泵（含消火栓泵、喷淋泵及消防水炮泵等）控制柜体功能进行测试（如压力报警测试、放水模拟启泵测试等）；对水炮主机功能及就地控制盘控制炮体转向功能进行测试；检测 FAS 主机对自动化灭火系统设备监控与反馈功能；利用细水雾泄放试验阀对泵组系统启动、主备泵切换及报警联动功能进行测试等。

季检是以车站为单位对自动化灭火系统及末端设备进行的一次主要功能检查；对故障率较高的部件进行预防性更换（如处于潮湿环境的模块）；此外，对机械部件进行系统化保养，如活动部件涂抹润滑油、除锈、涂刷防锈漆等。

图 5-111　区间消火栓漏水问题

4. 每年期计划检修工作内容

每年期计划检修简称年检，工作内容为除完成季检的全部功能测试内容外，对自动化灭火系统设备的机械特性（如设备安装稳固性、标识标牌的固定、接地线缆紧固等）检查与电气特性测试（如电气防火测试、接地性能测试等）、对设备零部件年度保养或整体更换等。

年检是对自动化灭火系统（按照属性可分为电控部分和机械部分）及末端设备的软硬件全面检修、质量大检查，确保系统的可靠运行，利用智慧健康检测及全生命周期监控系统对设备质量进行评估、统计、分析，为后期大、中修积累真实而详实的基础数据。

5. 消防年度检测

自动化灭火系统设备消防年度检测跟 FAS 类似，每年一次彻底检测，一般检测时间为每年最后一个季度，检测单位出具专项检测报告；检测内容除年检涉及的全部自动化系统设备本体功能测试和性能评估以外，还需要与 FAS 进行联合测试，如 FAS 主机命令下发与信息反馈功能测试（又称对点测试）。

二、自动化灭火系统设备维修保养与作业标准

1. 日巡检

（1）气体灭火系统（电控部分）　气体灭火系统主机（含主机蓄电池）、烟感/温感探测器、控制模块等外设状况、运行状况检查，作业标准及简图等与 FAS 主机要求一致。

工器具：抹布、毛刷			
编号	作业内容	作业标准	补充说明及简图
1	气体灭火系统就地控制盘外设状况检查	目测箱体完好无损、无变形，安装牢固，内、外无明显积尘，无冷凝水，防火封堵良好，开、关门无卡滞，门锁完好无损	—
		目测接线端子紧固、电路绝缘良好，线鼻子、电阻绝缘套管齐全	

（续）

编号	作业内容	作业标准	补充说明及简图
1	气体灭火系统就地控制盘外设状况检查	目测蓄电池无爬酸、漏液、鼓包，无异常发热现象，接线柱无异物，绝缘套齐全，接线牢固	
		目测气体灭火系统控制盘气体喷洒紧急启动按钮字迹清晰，封条完好无损，张贴牢固。气体灭火系统控制盘上方房间名称标识牌正确、安装牢固、完好无损	
2	手/自动转换盒及紧急启停按钮外设状况检查	1. 目测手/自动转换盒外观完好无损、安装牢固、无明显积尘、无冷凝水，防护罩完好无损，安装牢固 2. 目测紧急启动按钮字迹清晰，封条完好无损，张贴牢固。手/自动转换盒及紧急启停按钮房间名称、使用要求等标识正确、完好无损、张贴牢固	
3	放气指示灯、警铃、声光报警器外设状况检查	目测放气指示灯、警铃、声光报警器安装牢固、完好无损、无遮挡	
4	设备铭牌、封条、保护罩外设状况检查	目测气体灭火系统防护区及控制盘铭牌、保护罩、封条、铅封完好无损、安装牢固、字迹清晰	—
5	24V 直流电源箱运行状况检查	箱体完好无损、无变形，安装牢固，内、外无明显积尘，无冷凝水，防火封堵良好，门锁完好无损。状态指示灯主电工作灯绿色常亮，其他指示灯不亮	

（2）气体灭火系统（管网部分）

工器具：抹布、毛刷			
编号	作业内容	作业标准	补充说明及简图
1	气体灭火系统管网及附件外设状况检查	目测气体灭火系统管网、高压软管、单向阀、连接管、集流管、安全泄放装置、选择阀、阀驱动装置、喷嘴、信号反馈装置、泄压阀等全部系统组件，应无碰撞变形及其他机械性损伤，表面应无锈蚀，保护涂层应完好，固定支架安装牢固。压力表指针处于绿色区域	
		目测选择阀处于关闭状态，选择阀永久标识牌完好无损、字体清晰，包含防护区名称及释放瓶体编号	
2	启动瓶、储气瓶压力表检查	目测启动瓶、储气瓶压力表数值处于绿色区间	
3	启动瓶、储气瓶外设状况检查	目测启动瓶/储气瓶完好无损，无脱漆、锈蚀情况，固定支架安装牢固。瓶头阀铅封完好。启动瓶永久标识牌完好无损、字体清晰。储气瓶张贴正确的瓶体编号	
4		目测储气瓶张贴有灭火剂合格证且标记有灭火剂名称、工作压力等基础信息。瓶身检测日期清晰且未超期	
5	各信号线接线检查	目测电磁阀启动信号线、压力反馈装置接线无脱落、虚接	
6	气瓶放置设备间标识检查	气瓶放置设备间应急操作流程、制度等上墙制度完整，安装牢固，地面整洁，天地墙及房间内附属设备设施完好	—

(3) 消防水炮主机

工器具：抹布、毛刷			
编号	作业内容	作业标准	补充说明及简图
1	消防水炮主机外设状况检查	目测、触摸主机外观完好无损，安装牢固，内、外无明显积尘，门锁正常，无冷凝水，防火封堵良好	
2	消防水炮主机运行状态检查	目测主机所处状态，显示屏画面清晰、状态指示灯正常，视频监控画面清晰，无黑屏，画面数量与炮体数量一致	
2	消防水炮主机运行状态检查	无故障、火警报警，无电磁阀开启，无消防水泵启泵等设备异常状态反馈	
3	UPS及蓄电池运行状况检查	目测UPS主机指示灯正常。主机无异常发热，清洁干净，风扇无明显积尘、无冷凝水。蓄电池无爬酸漏液鼓包、无异常发热现象，接线柱无异物，绝缘套齐全，接线牢固	

(4) 消防给水系统（含消防水炮管网部分）

工器具：抹布、毛刷			
编号	作业内容	作业标准	补充说明及简图
1	控制柜体外设状况检查	目测安装牢固，柜体完好无损，控制面板及指示灯完好无损，按钮标识字体清晰，柜体标识牌正确且字体清晰，张贴牢固。柜体内、外无明显积尘，门锁照明正常，无冷凝水，防火封堵完好，无异响，无异味。显示屏画面清晰	

消火栓系统巡检

(续)

编号	作业内容	作业标准	补充说明及简图
2	控制柜体运行状况检查	目测控制柜、巡检柜为自动位。电动蝶阀（如有）控制为自动位。电源状态指示灯常亮，消防主泵/稳压泵处于停泵状态，故障灯未报警 若消防主泵/稳压泵处于启泵状态，需确认启泵原因，若故障则需将控制柜置于手动位，并上报信息	
		1. 查看柜体历史记录：稳压泵启泵频率每小时不超过15次 2. 历史记录显示，消防主泵、稳压泵启泵间隔最多7天	
		核对控制柜体参数设定值：消防稳压泵启停压力值、消防主泵启泵压力值、自动巡检周期、巡检时间、巡检频率、消防水池高低液位报警值、出入口超高超低压报警值应与"标准值"一致	
		1. 控制柜液位、压力值与实际参数一致性核查：检查控制柜消防水池与消防水箱液位与液位仪数值是否一致，并抄录 2. 检查控制柜压力值与管网压力表读数是否一致，并抄录	
3	室内消防水池外设状况检查	1. 目测水池无漏水渗水，无明显裂缝。泄水管、溢流管无排水 2. 控制柜有状态指示灯的，通过指示灯确认状态。无指示灯的，通过执行器标识确认状态。电动蝶阀（如有）常开 3. 目测有限空间作业标牌完好、安装牢固、字迹清晰	
4	消防水箱外设状况检查	1. 目测消防水箱完好，无漏水渗水，无裂缝，无明显锈蚀，底座安装牢固，支架无明显锈蚀。泄水管、溢流管无排水 2. 控制柜有状态指示灯的，通过指示灯确认状态。无指示灯的，通过执行器标识确认状态。补水管道的电动蝶阀（如有）常开	

(续)

编号	作业内容	作业标准	补充说明及简图
5	消防泵房管网及附件外设状况检查	目测消防泵房消防阀门处于工作状态，进、出水管闸阀常开。阀门及法兰螺栓无松动、无锈蚀、无渗水	出水口 进水口
		目测进、出水管支架正常，无松脱、无缺失	
6	消防水泵外设状况检查	1. 目测消防水泵地脚螺栓无松动、无锈蚀 2. 目测消防水泵电源线和接地线无破皮、接线端子无松脱、无虚接	
7	气压罐外设状况检查	罐体铭牌、标志等清晰完整。外观完好，无脱漆锈蚀，无变形，无漏水。压力表（如有）显示正常	
8	机械压力表、压力传感器、电接点压力表外设状况检查	目测外观完好，安装牢固，无漏水。消防泵房内机械压力表、压力传感器、电接点压力表读数满足设计值	

（续）

编号	作业内容	作业标准	补充说明及简图
9	喷淋湿式报警阀组外设状况检查（如有）	1. 湿式报警阀阀前压力表与阀后压力表压差小于设计值，并抄录 2. 供水区域标识牌字体清晰，粘贴牢固	 两个压力表压力
		目测压力开关、水力警铃、延迟器等附件安装牢固，接线正常。信号阀为常开状态，控制柜显示状态与现场一致	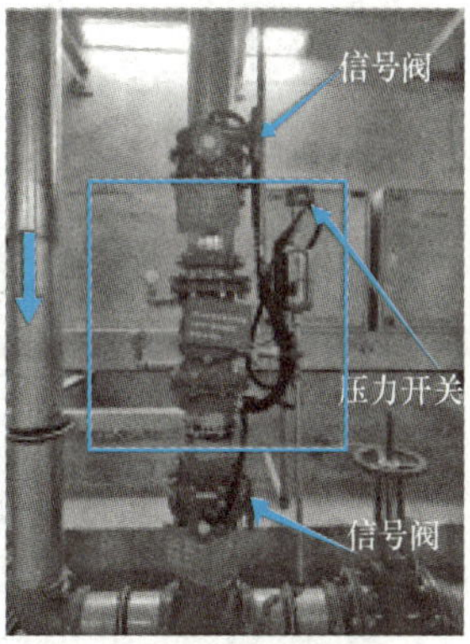 信号阀 / 压力开关 / 信号阀
10	消防泵房、消防水箱间属地检查	目测消防泵房整洁、天地墙及属地设备正常。上墙制度正确、完好，安装牢固	

2. 月检
（1）室内消火栓箱

工器具：测压水枪、抹布、封条

编号	作业内容	作业标准	补充说明及简图
1	消火栓箱状况检查	1. 目测消火栓门体完好无损、无明显变形，无大面积锈蚀 2. 消火栓门锁完好灵活，箱门开关无卡滞。门体标识完好，无脱落 3. 月检表张贴于箱门内侧或箱体内侧，无脱落，内容填写正确	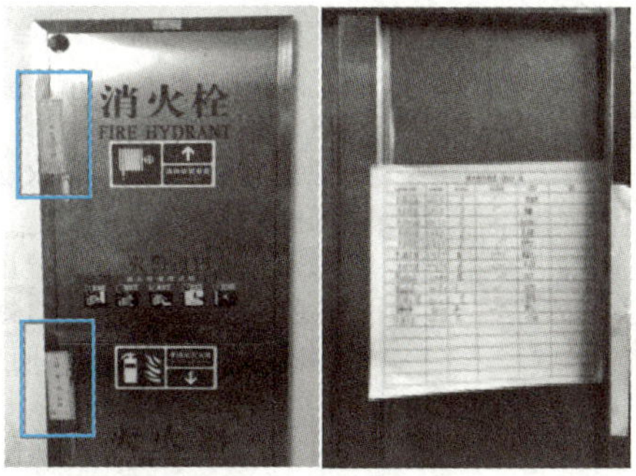

(续)

编号	作业内容	作业标准	补充说明及简图
2	消火栓箱配置情况检查	开箱检查消火栓箱（单栓）内至少配置消防水带1卷、消防卷盘1个，水枪头1只。箱体内外无明显积尘	
3	消防卷盘外设状况检查	1. 目测消防卷盘完好无损，安装牢固，转动卷盘，转轴灵活，可打开角度大于120° 2. 目测软管无鼓包、漏水，无明显磨损痕迹。水枪头无锈蚀。消防卷盘给水阀门常闭，软管喷枪阀门常开，软管内部无压力	
4	消防水带、水枪头外设状况检查	1. 消防水带接口牢固，胶圈完好无损，水带无破损、干燥、绑扎，水带叠放整齐 2. 目测水枪头无破损，胶圈完好无损	
5	消火栓按钮外设状况检查	目测消火栓箱内消火栓报警按钮外壳完好，安装牢靠，附近无漏水、无遮挡。指示灯正常	
6	消火栓静压测试	检查消火栓手轮、消火栓快速接头完好无损。栓头无明显漏水 最不利点位检测消火栓压力，原则上消火栓栓口静压不小于0.15MPa，不大于1.0MPa（以竣工图设计说明为准）	

(2）消防水泵手动启泵测试、喷淋系统功能测试

工器具：带压力表枪头、室外消火栓扳手			
编号	作业内容	作业标准	补充说明及简图
1	消防水泵手动启泵测试	将消防水泵出水闸阀关闭，打开水泵泄水阀 通过 IBP 盘启泵按钮、控制柜启泵按钮，启泵后按下停泵按钮 测试结束后打开消防主泵出水闸阀，关闭泄水阀，恢复控制柜为自动，并检查控制柜记录是否正常 1. 启停泵正常。控制柜、FAS 主机、综合监控信息与现场一致 2. 水泵运行平稳，无异常震动、噪声。控制柜无故障报警	消防泵、稳压泵启泵按钮
2	喷淋信号阀开关测试	关闭喷淋信号阀，观察 FAS 主机、综合监控是否收到信息。测试完成后，确认信号阀为开状态。FAS 主机、综合监控收到关阀信号，位置信息与现场一致	—
3	喷淋喷头外设状况检查	目测喷头安装正确，溅水盘、框架、感温元件、隐蔽式喷头的装饰盖板等无变形、无渗水、无污损，周围无遮挡，感温元件未变色、未泄露	溅水盘　感温元件
4	区间电动蝶阀控制箱（安装于设备区）外设状况检查	1. 目测区间电动蝶阀箱内、外无明显积尘，箱内封堵良好，无冷凝水，无灼烧痕迹，门锁完好，未侵限 2. 阀体无损，安装牢固。阀体常开，就地控制箱指示灯显示常开	—

（3）室外消火栓、水泵接合器

工器具：带压力表枪头、室外消火栓扳手			
编号	作业内容	作业标准	补充说明及简图
1	室外消火栓、水泵接合器外设状况检查	消火栓、水泵接合器无漏水、无遮挡、无掩埋。永久性标识完整清晰。外表油漆无脱落、锈蚀等情况	
2	室外消防水池/消防取水口外设状况检查	1. 室外消防水池/消防取水口水位正常。检修井锁闭，标识清晰。井盖完好无损 2. 水池防坠网（如有）安装牢固，无松脱	消防水池请勿跨越

编号	作业内容	作业标准	补充说明及简图
3	消防阀门井外设状况检查	1. 井盖完好无损，专用标识清晰，色环清晰（如有），周围无遮挡 2. 检修阀保持常开状态，无漏水，阀体无锈蚀。井内清洁、无杂物	

（4）区间消防给水设备

工器具：抹布、扎带、个人工具1套、各型号螺栓若干、绝缘橡胶1块、手报/消报防水盒若干、接线盒盖若干、电动蝶阀控制箱钥匙1把（1号线区间）、防锈喷雾

编号	作业内容	作业标准	补充说明及简图
1	区间消防管（含立管）及管道附件、阀门外设状况、稳固性检查	1. 区间消防管、管道附件（金属软接头、卡箍、管卡等）、阀门（泄水阀、排气阀、蝶阀、闸阀等）无变形、无左右上下位移、无裂缝、无砂眼、无漏水、无侵线，无明显锈蚀，锈蚀面积不得超过该段管道表面积的15%（若超过则需除锈喷漆，有漏水的采用防水材料进行保护） 2. 区间消防管、管道附件、阀门消防管支架无缺失，蝶阀及闸阀处于全开状态，阀门手轮完好无损，泄水阀处于关闭状态 3. 采用工具或手触对每个金属软接头、变线处、管道末端、过轨管道处卡箍及管卡螺栓紧固情况进行检测。区间消防管、管道附件、阀门固定螺栓无松动、脱落。消防管管卡无松动	
2	区间消防管动压测试	将测压水枪连接到消火栓栓口后，打开水枪阀门，缓慢打开消火栓阀门，记录水压。消火栓栓口动压不小于0.25MPa、不大于0.5MPa（以竣工图所给参数为准）	
3	区间电动蝶阀控制箱（安装于轨行区）外设状况检查	安装牢固，无变形，内、外清洁无明显积尘，门锁正常，无冷凝水，防火封堵良好。安装在区间的未侵限 阀体（如有安装在区间）完好无损，安装牢固。阀体常开，就地控制箱指示灯显示常开	

3. 季检
（1）气体灭火系统设备测试

工器具：烟枪 1 把、温枪 1 把、万用表

编号	作业内容	作业标准	补充说明及简图
1	烟、温感（或感温棒）外设状况检查	1. 安装牢固，无异物遮挡，安装环境正常，安装位置与竣工图一致 2. 探测器检查方式与 FAS 检查内容与方式一致	—
2	气体灭火系统防护区预警	1. 现场测试人员采用发烟枪触发烟感，烟感触发后指示灯长亮 2. 气体灭火系统主机收到报警信息并以声光形式提示值班人员。消防控制室测试人员确认气体灭火系统主机、FAS 主机、综合监控报警信息与现场一致	室内声光报警响起
3	气体灭火系统防护区火警测试	现场测试人员触发气体灭火系统防护区全部温感火警，查看现场设备动作情况，声光 / 警铃 / 放气指示灯 / 防火阀动作并反馈信息 声光或警铃动作、放气指示灯闪烁、防护区防火阀关闭，气体灭火系统主机、FAS 主机、ISCS 报警信息与现场一致 倒计时 30s 结束后，气瓶间测试人员测试启动瓶电磁阀启动电压，电磁阀启动电压在其铭牌额定电压范围内	
4	气体灭火系统控制盘故障	现场测试人员通过短接、插拔电路人为制造故障（如可拔掉气体灭火系统控制盘备用电源接线端子）。气体灭火系统控制盘故障指示灯长亮红色，蜂鸣器动作，气体灭火系统主机、FAS 主机、综合监控报警信息与现场一致	
5	气体灭火系统控制盘手/自动转换	现场测试人员将手/自动转换装置置于手动位，随后恢复自动位，气体灭火系统主机、FAS 主机、综合监控报警信息与现场情况一致	操作后，气灭主机、手自动转换盒 QT 盘显示状态应一致
6	气体灭火系统防护区气体喷洒反馈	现场测试人员拨动气瓶间对应防护区的压力开关行程，气体灭火系统主机、FAS 主机、综合监控气体喷洒报警信息与现场一致，防护区外的气体释放灯亮起	

气灭联动测试

(续)

编号	作业内容	作业标准	补充说明及简图
7	气体灭火系统控制盘、就地紧急启动/停止装置的气体喷洒启停测试	1. 紧急启动成功,声光/警铃/放气指示灯/防火阀等外围设备按照联动规则动作,系统进入30s倒计时 2. 30s倒计时内操作紧急停止成功,倒计时停止,电磁阀启动线无启动电压信号(再次启动则倒计时重新计算) 3. FAS主机、气体灭火系统主机(若有)、气体灭火系统控制盘收到火警等报警信息与现场一致	
8	对时校对	气体灭火系统控制盘与气体灭火系统主机、IBP盘时间一致	—

(2) 电动蝶阀及重要阀门开、闭测试

工器具: 无

区间电动蝶阀测试

编号	作业内容	作业标准	补充说明及简图
1	IBP盘远程开闭测试	测试人员通过就地控制箱、IBP盘、综合监控系统远程操作开闭,观察电动蝶阀执行器是否开关到位,状态指示灯是否与执行器状态一致。测试结束后,恢复自动位,电动蝶阀开/关到位,状态指示灯与现场执行器状态一致,FAS主机、综合监控报警信息与现场一致	
2	手工开闭测试	手动操作阀门,观察阀门闭水情况 1. 开关困难时,采用除锈剂等处理,必要时更换阀门 2. 阀门操作顺畅,无卡滞;对机械部分涂抹润滑剂 3. 阀门闭水良好,可有效截断系统水源	

(3) 控制柜、消防水泵、稳压泵功能测试

工器具: 无

消防泵控制柜运行状态

编号	作业内容	作业标准	补充说明及简图
1	控制柜体功能测试	控制柜手/自动转换操作:控制柜、FAS主机、综合监控收到手/自动报警信息,且信息一致	
		将控制柜出口高压报警参数值(如有)按需调整为大于/小于管网实时压力值 查看是否有超高/超低压力报警,控制柜、FAS主机、综合监控收到出口高压报警信息,且信息一致 测试结束后,恢复至初始设置值	
		将控制柜低液位报警参数值(如有)调整为大于/小于消防水池实时液位,查看控制柜是否有低/高液位报警,控制柜、FAS主机、综合监控收到低液位报警信息,且信息一致 测试结束后,恢复至初始设置值	

(续)

编号	作业内容	作业标准	补充说明及简图
2	试水阀（细水雾灭火系统中为泄放试验阀）启泵测试	1. 开启泵房内消火栓管网上的试水阀（泵房内），检查消防水泵是否能正常运转，并测试消防水泵的流量和压力是否在正常范围内 2. 细水雾灭火系统开启泄放试验阀对泵组进行放水试验，检查水泵启动、主备泵切换及报警联动功能是否正常	
3	出水压力及流量测试	现场测试人员确认控制柜设置为"手动"状态，关闭对应水泵出水管闸阀，打开泄水阀，按下各系统控制柜消防水泵启泵按钮，通过观察泄水管流量计，调节泄水阀至设计流量，查看出水管压力表读数。消防水泵出水管压力表读数满足设计压力值	—

（4）喷淋系统功能测试

工器具：无

作业内容	作业标准	补充说明及简图
喷淋系统末端试水装置放水测试	1. 消防泵房测试人员将控制柜置于自动位，现场测试人员打开末端试水装置阀门，放水 5min 内水泵正常启动 2. 消防水泵启泵后，现场测试人员查看末端试水装置压力表读数，记录压力表读数及启泵时间。末端试水装置压力表数值不得低于设计值 3. 控制室测试人员查看 FAS 主机、综合监控是否接收到水流指示器动作信号，湿式报警阀压力开关动作信号，FAS 主机、综合监控信息与现场一致	
	1. 消防泵房测试人员观察水力警铃是否动作、湿式报警阀是否漏水。水力警铃动作且声音清晰（不小于 70 分贝）。湿式报警阀无漏水 2. 测试结束后，将控制柜置于手动位，手动关停消防水泵。观察主阀系统侧与供水侧压力差。主阀系统侧与供水侧压力差应小于设计值，若超过该值则对系统侧放水泄压	

（5）消防水炮系统功能测试

工器具：无

编号	作业内容	作业标准	补充说明及简图
1	主机功能测试	1. 撤除消防水炮主机备用电源，观察消防水炮主机是否收到故障报警。测试结束后恢复接线。消防水炮主机应收到故障报警信息 2. 将消防水炮主机置于手动位，观察消防水炮主机是否收到手动报警。测试结束后，恢复"半自动"位。消防水炮主机应收到手动报警信息	—

(续)

编号	作业内容	作业标准	补充说明及简图
2	就地控制盘炮体转向控制功能测试	操作就地控制盘为手动位,按下就地控制盘"上""下""左""右"按钮,查看炮体转动情况。炮体转向应无卡滞,运行过程中无遮挡,转动方向与操作一致。转动极限满足 ±180°	
3	就地控制盘电磁阀开关功能测试	通知消防泵房测试人员将消防水泵控制柜置于手动位,将消防水炮就地控制盘置于手动位,按下就地控制箱电磁阀开启按钮。测试结束后,按下电磁阀关闭按钮。电磁阀打开、关闭应正常,消防水炮主机应收到电磁阀开关反馈,且与现场一致	
4	就地控制盘启泵测试	测试前,消防泵房测试人员确认消防水炮控制柜为自动位,关闭消防水炮水泵出水管上的闸阀(出水管压力表后),打开水泵试验阀 现场测试人员确认就地控制盘为手动位,按下就地控制盘启泵按钮;消防泵房测试人员查看消防水炮主泵是否启泵。测试结束后,手动停泵	
5	消防水炮主机远程启泵测试	1. 消防泵房测试人员确认消防水炮水泵出水管上的闸阀(出水管压力表后)关闭,水泵试验阀打开 2. 消防控制室测试人员确认消防水炮控制柜为半自动位,按下消防水炮主机启泵按钮;消防泵房测试人员查看消防水炮主机是否启泵 3. 测试结束后,打开消防水炮水泵出水管上的闸阀(出水管压力表后),关闭消防水炮水泵试验阀	
6	主机参数检查	目测消防水炮主机参数设置,应符合设计要求	—

(6) 消防水池和消防水箱补水功能测试

工器具:无

编号	作业内容	作业标准	补充说明及简图
1	浮球阀外设及水质状况检查	目视检查浮球阀外观、消防水池和消防水箱中的水质 1. 浮球阀完好无损,连杆无明显锈蚀 2. 消防水池和消防水箱中的水质正常,无异味,无明显漂浮物	
2	浮球阀补水功能测试	打开消防水池和消防水箱泄水阀,将水池和消防水箱液位降至浮球阀"停止补水液位"以下,观察浮球阀是否正常开启补水。消防水池和消防水箱浮球阀应正常开启,停止补水液位应不小于设计有效液位	—

(续)

编号	作业内容	作业标准	补充说明及简图
3	补水管电动蝶阀（如有）开关测试	修改控制柜/电动蝶阀控制箱高液位报警参数，使其小于目前消防水池和消防水箱实际液位。补水管电动蝶阀应联动关闭。控制柜、综合监控应收到高液位报警	
		修改控制柜/电动蝶阀控制箱低液位报警参数，使其大于目前消防水池和消防水箱实际液位。补水管电动蝶阀联动打开。控制柜、综合监控应收到低液位报警	
		消防水泵控制柜/电动蝶阀控制箱手动打开补水管电动蝶阀，查看电动蝶阀是否开启。补水管电动蝶阀应打开	—
		测试完成后，将控制柜/电动蝶阀控制箱高低液位报警参数恢复至初始值，并记录。控制柜/箱高低液位报警参数应恢复至初始值	—

4. 年检

（1）设备电气检查维护及蓄电池容量检测　蓄电池容量检测与FAS蓄电池容量检测内容一致。

工器具：万用表、测温仪、绝缘手套			
编号	作业内容	作业标准	补充说明及简图
1	电源主备切换	断开设备主电，观察设备电源是否自动切换至备电供电。设备电源应自动切换至备电供电，设备运行正常，无黑屏。设备报"主电故障"，主电指示灯熄灭	—
2	气体灭火系统控制盘保养	断开气体灭火系统控制盘主备电源，验电须双人确认，1人作业1人监护 1. 检验电笔有效性，将电笔接入插座，指示灯亮，断开则指示灯灭 2. 对气体灭火系统控制盘进线侧进行验电，电笔指示灯不亮，确认无电	—
		用专用工具或软布、刷子清除箱体内外部、板卡、开关电源、继电器等电气元件、接线端子、线槽内的灰尘杂物等 1. 箱外、箱内触摸无明显灰尘，无杂物，无冷凝水 2. 开关电源、继电器等电气元件、接线端子、线槽内无明显积尘、无冷凝水 3. 元器件用无水纸巾擦拭无明显灰尘，各元器件无锈蚀、腐蚀现象 保养结束后，恢复主备电源供电	
3	弱电箱体（24V）保养	防火封堵箱体进出线封堵严密，无缝隙。检查箱内防火封堵是否严密，对失效的防火泥进行更换，对脱落的进行填充，防火泥平整有黏性	

(续)

编号	作业内容	作业标准	补充说明及简图
4	强电箱体（220V以上）保养	检查防火封堵，确保电源箱体进出线处孔洞封堵严密。对失效的防火泥进行更换，对脱落的进行填充。防火泥表面应平整有黏性，防火泥外观应方正规整，防火泥周围应干净卫生、无残渣	
		检查柜/箱内部一次回路各电气元件（接触器、双电源切换装置、PLC、变频器、软启动器）等。有机械损伤或锈蚀、灼烧痕迹的进行更换。电气元件完好无损，无机械损伤、无锈蚀、无灼烧痕迹、无冷凝水。各接触器、双电源切换装置、PLC、变频器、软启动器固定牢靠，无晃动。设备与设备之间间隔规整一致。设备干净卫生，无水渍潮湿情况。各元器件测量温度正常，无高温现象	
		检查二次回路电气元件（继电器、模块、按钮、指示灯）外观。对损坏的进行更换。继电器、模块、按钮、指示灯电气元件完好无损，无机械损伤、无锈蚀、无灼烧痕迹、无冷凝水。设备干净、干燥、无潮湿水渍情况，设备安装平稳牢固，无松动、倾斜现象。各设备干净整洁	
		检查柜/箱内部一次回路和二次回路电路、接线端子。对老化的电路、锈蚀端子进行更换。接线端子应无锈蚀、无冷凝水，电路应无明显老化、绝缘良好。端子应平整、无杂乱现象。电路应规整无乱接现象，按照要求从桥架穿过。线标应清晰可见，电路无腐蚀破损现象，干净整洁	
		用螺丝刀检查接线端子是否紧固，对于虚接电路重新压接。电路应压接牢固。用螺丝刀对端子的上、下每一个螺钉进行紧固，看是否有余量，将线压紧。晃动检查线是否牢固。目测螺钉是否生锈、腐蚀，若有此情况，需要立即进行更换	
		检查控制柜柜体外观：柜体无明显锈蚀，箱门与箱体连接牢靠，门锁完好无损、可锁闭，开、关门时无异响卡滞，柜内照明灯正常，箱体标识牌完好清晰且无误。箱体与桥架的连接紧密平整无缝隙。箱体下方空隙处挡板遮挡到地面。箱体外表面和桥架无灰尘，干净整洁。箱体上方无灰尘，无漏水滴水	
		用吹尘器或软布或刷子清除柜体内外部、接触器、继电器、熔断器、旋钮、开关、指示灯等电气元器件、接线端子、线槽内灰尘杂物等 1. 箱外、箱内用手摸无明显灰尘，无杂物，无冷凝水 2. 继电器、熔断器、旋钮、开关、指示灯等电气元器件、接线端子、线槽内无明显积尘、无冷凝水 3. 元器件用纸巾擦拭无灰尘，各元器件无锈蚀腐蚀现象	

（2）控制柜、消防水泵、稳压泵功能测试

工器具：无		
编号	作业内容	作业标准
1	双电源切换测试	佩戴绝缘手套后，断开控制柜内Ⅰ段开关。观察双电源切换装置Ⅱ段指示灯，控制柜电源指示灯。安全注意事项：操作电源开关需佩戴绝缘手套 1. 将Ⅰ段开关断开，Ⅰ段指示灯熄灭，Ⅱ段指示灯常亮绿色 2. 将Ⅰ段开关闭合，Ⅰ段指示灯常亮绿色，Ⅱ段指示灯熄灭 切换时间不超过时间限制
2	机械应急启停装置测试	目视检查机械应急启停装置手柄外观 关闭消防水泵出水管阀门，打开试验管阀门。闭合主备消防水泵机械应急启停装置手柄，观察消防水泵运行情况。测试完成后断开 1. 机械应急启停装置手柄应完好无损 2. 机械应急启停装置闭合、断开应无卡滞。消防水泵成功启动/停止，运行正常 安全注意事项： 1. 操作机械应急启停装置手柄前需佩戴绝缘手套 2. 测试期间需风水电维保专业人员在400V电源处值守，确认配电柜运行状态 3. 测试须在非运营时段进行
3	消防水泵故障主备切换测试	1. 现场测试人员将水泵控制柜手/自动转换开关置于手动位，按下各系统控制柜消防水泵启动按钮 2. 查找控制柜内运行的消防水泵主泵控制回路热继电器，按下"测试按钮"，观察消防水泵主泵是否停止，消防水泵备用泵启动。主备消防水泵自动切换成功，控制柜、FAS主机、综合监控收到故障报警，且信息与现场一致 3. 复位热继电器的"测试按钮"，观察消防水泵备用泵是否停止，消防水泵主泵启动。测试结束后，手动停泵

（3）消防给水系统设备功能测试　细水雾灭火系统压力低联锁启泵测试与季检测试内容及标准一致。

工器具：无			
编号	作业内容	作业标准	补充说明及简图
1	FAS主机启泵测试	测试人员确认消防水泵控制柜置于自动位。根据火灾情况下FAS启泵原则，按压触发消火栓按钮和火灾报警按钮。消防水泵应在正常时间范围内正常启泵（如果主泵故障，则在规定时间内切换至备用水泵），FAS主机、综合监控报警，且信息与现场一致	—
2	消火栓压力联锁启泵测试	1. 现场测试人员将消火栓泵控制柜置于自动位。开启最不利点消火栓（喷淋系统为开启末端试水装置、高压细水雾灭火装置、水炮系统为开启专用试水阀门），消防水泵应在正常时间范围内正常启泵（如果主泵故障，则在规定时间内切换至备用水泵）。FAS主机、综合监控信息与现场一致 2. 稳压泵起停泵、消火栓主泵起泵时，管网压力与电接点压力表或消防水泵控制柜设置参数一致 3. 管网设置有流量开关或流量计的，正常报警	—

（4）消防水炮保养及系统功能测试（泵组联锁启动测试除外）　检查前将稳压泵、主泵控制柜设置为手动状态。

工器具：无			
编号	作业内容	作业标准	补充说明及简图
1	炮体机械部件外设状况检查	目测炮体、基座、电磁阀、手动阀等机械部件无明显锈蚀、无明显变形（不影响炮体转动），所有机械部件连接件及支架螺栓应紧固	—

(续)

编号	作业内容	作业标准	补充说明及简图
2	机械部件保养	1. 采用抹布、刷子等完成所有机械部件、转动机构、连接件螺栓、手动阀清洁，在转动机构、连接件螺栓、手动阀阀杆上涂润滑油 2. 炮体及转动机构内、外无杂物，无明显积尘。给螺栓涂润滑油。手动阀开关无卡滞 3. 使用抹布擦拭炮体光学部件，确保炮体光学部件表面无明显划痕、杂物、积尘、水雾	—
3	红外探测器（若有）检查	目测红外探测器安装牢固，电路完好无损，电路不遮挡炮体转动	—
4	电磁阀及电路外设状况检查	目测电磁阀安装牢固，电路完好无损，电路不遮挡炮体转动	—
5	电源功能测试	确认主机/控制箱内工器具出清，测试人员与炮体保持安全距离 1. 按下 UPS 主机上"开机键" 2. 闭合车控室/消防控制室双电源切换箱电源开关 3. 检查主机/控制箱/炮体/红外探测器（如有）电源指示灯正常 主机/控制箱/炮体/红外探测器（如有）电源指示灯长亮	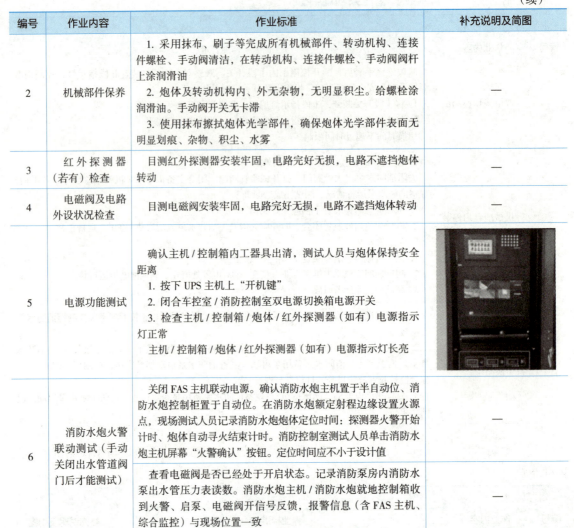
6	消防水炮火警联动测试（手动关闭出水管道阀门后才能测试）	关闭 FAS 主机联动电源。确认消防水炮主机置于半自动位、消防水炮控制柜置于自动位。在消防水炮额定射程边缘设置火源点，现场测试人员记录消防水炮炮体定位时间：探测器火警开始计时、炮体自动寻火结束计时。消防控制室测试人员单击消防水炮主机屏幕"火警确认"按钮。定位时间应不小于设计值	—
		查看电磁阀是否已经处于开启状态。记录消防泵房内消防水泵出水管压力表读数。消防水炮主机/消防水炮就地控制箱收到火警、启泵、电磁阀开信号反馈，报警信息（含 FAS 主机、综合监控）与现场位置一致	—

(5) 消防水池/水箱补水功能测试 同季检内容一致。

(6) 电动蝶阀保养及功能测试 同季检内容一致。

(7) 管网附件保养及功能测试

工器具：润滑脂、钢刷、抹布		
编号	作业内容	作业标准
1	重要阀门保养	1. 清洁阀门，在外露螺纹后执行机构处涂润滑脂 2. 在阀门支架螺栓外露螺纹处涂润滑脂
2	倒流防止器有效性检查	1. 关闭倒流防止器进水端闸阀，打开倒流防止器进水端试验阀泄水，泄水一段时间后，观察试验阀是否无水或无压力 2. 目视检查倒流防止器外设状况。倒流防止器连接件螺栓应无松动、无明显锈蚀
3	水泵接合器充水试验	1. 关闭水泵接合器与管网接驳处附近阀门，打开附近消火栓箱泄水 2. 泄水完成后，将水带一头接室外消火栓，另一头接水泵接合器，缓慢打开室外消火栓阀门，观察室内消火栓箱是否有水 3. 测试完成后，通过消火栓箱进行水泵接合器管网泄压，泄压完成取下水带。水泵接合器内部应畅通，可进行充水
4	管网安全泄压阀有效性检查	安全泄压阀有效
5	过滤器清理	关闭过滤器前、后检修阀，取下过滤器，清理内部杂质，过滤器内部过滤网应完好无损、无杂质

三、故障应急处置

1. 气体灭火系统释放应急处置

气体灭火系统发生释放后,必须在现场人员到发生释放的气体灭火系统保护房间、气瓶存放间查看确认后,才能启动气体灭火系统发生释放应急处置流程。其处置流程为在气体灭火系统主机、FAS 主机、综合监控工作站查看气体灭火系统释放报警信息与确认发生释放的保护区域,记录并安排人员及时到现场核实,如出现气体灭火系统主机与 FAS 主机报警信息、综合监控工作站不一致情况,以气体灭火系统主机报警信息为准。

1)确认释放现场(含气瓶存放间)情况。现场人员在发生释放保护的房间外确认气体释放的联动报警设备(在灭火气体介质的灭火浸渍时间内禁止进入房间),如声光报警器触发、气体释放灯闪烁、就地控制盘状态释放指示灯亮并发出持续报警声;现场人员还需进入释放区域对应的气瓶存放间查看,查看储气瓶、集流管及气体输送管道存在白霜或冷凝水,手背触摸后感知明显的低温差。两项确认条件满足即可确认灭火气体介质已释放。

2)现场保护与气灭设备复位。在达到灭火气体介质的灭火浸渍时间后,穿戴防毒面具进入发生气体释放房间内检查设备受损情况。按照"先通后复"原则对设备进行复位,首先复位发生释放房间对应的气体灭火系统就地控制盘,再复位气体灭火系统主机(若气体灭火系统引发车站消防联动,在复位气体灭火系统主机后,还需按照消防联动复位流程操作 FAS 设备及机电设备等)。完成气体灭火系统(电控部分)复位后安排人员值守,同时申报作业计划,在夜间停运后更换灭火气体介质已释放的空储气瓶。

3)若为末端设备硬件故障造成气体灭火系统主机无法复位,则在气体灭火系统主机操作隔离故障设备后,按照2)中复位要求处置。

4)消防专业维保人员调集移动工程师工作站(含厂家授权密钥工具)、专用下载工具等,从发生释放保护区域外的气体灭火系统就地控制盘导出操作记录;车站控制室打印气体灭火系统主机操作记录(必要时,按需调取综合监控报警记录)查找引发释放的原因。

2. 车站 / 区间消防爆管应急处置

区间消防爆管影响范围明显大于车站消防爆管影响范围,但两者处置步骤大部分相同。区间消防爆管应急处置可概括为"关阀、看水泵",具体应急处置流程如下:

1)发生区间爆管后,调度指挥中心值班人员与车站人员协作,在第一时间远程关闭爆管区间两端车站的全部区间消防电动蝶阀,以及车站与市政管网连接的总阀门关闭;如果发生消防电动蝶阀远程关闭失败,则立即去阀体所在区域手动操作关闭。消防专业维保人员到达现场后,应将两个车站的消防泵置于就地控制状态,避免管网压力低而自动联锁启泵。

2)车控室值班人员监视车站消防泵(如有)的异常启动,如发生启泵,则立即操作停泵装置停止消防泵运行;值班人员需通过综合监控监视爆管区间废水泵的状态和集水坑水位,如果出现泵故障或水位超高报警,及时告知维保专业。维保专业人员应通过添乘查看爆管点水流信息,确保关阀后现场信息精准。视情况让列车在区间泵房附近临时停车以便于维保人员进入区间泵房进行现场排水作业。

3)待区间水流停止或减小至影响较小范围后,组织两端车站开启除爆管区间两侧4个电动蝶阀外的所有被关闭的阀门(非爆管区间两端的区间消防电动蝶阀、车站与市政管网连接的总阀门)。申报作业修复计划,待夜间停运后进行故障处置。

车站区域发生爆管后,应急处置遵循"关阀、看水泵"的大原则,具体应急处置流程如下:

1)调度指挥中心值班人员与车站人员协作,在第一时间远程关闭事发车站的区间消防电动蝶阀(若远程关闭失败,则立即去阀体所在区域手动操作关闭),关闭车站与市政管网连接的总阀门。

2）车站值班员除监视车站消防泵的异常启动外，值班人员通过综合监控监视车站主废水泵的运行状态和主废水坑水位信息而不是区间泵组信息。

课堂思考

请结合消火栓、喷淋系统的泵房设备（控制柜、成套泵组）的通用性，分析思考消火栓、喷淋系统的泵房设备在各计划检修内容及标准执行的主要异同点。

课后知识回顾

自动化灭火系统检修与应急故障处置	课后知识回顾	班级： 姓名：

1. 自动化灭火系统设备计划检修周期与内容

1）气体灭火系统（电控部分）检修设备中的＿＿＿＿＿、＿＿＿＿＿、＿＿＿＿＿与 FAS 通用。

2）气体灭火系统设备根据构造分为＿＿＿＿＿部分与＿＿＿＿＿部分。

3）月检中应对室内消火栓开箱检查，箱内（单栓）至少配置＿＿＿＿＿1 卷、＿＿＿＿＿1 个、＿＿＿＿＿1 只。

4）安装在区间的消防设备巡检后必须进行箱门锁闭和固定，否则将＿＿＿＿＿影响行车。

5）归纳总结月检中安装在区间的自动化灭火系统设备种类、工作内容及重点要求。

2. 自动化灭火系统设备维修保养与作业标准

1）月检中消防主泵手动启泵测试是通过车控室＿＿＿＿＿启泵按钮、泵房内＿＿＿＿＿启泵按钮启动水泵，控制柜、FAS 主机、综合监控信息与现场一致。

2）气体灭火系统烟 / 温感测试是由现场测试人员采用＿＿＿＿＿触发烟感，采用＿＿＿＿＿触发温感，烟感 / 温感触发后＿＿＿＿＿长亮。

3）进行气体灭火系统功能测试时，应将 FAS 主机置于＿＿＿＿＿状态位。

4）气体灭火系统中设备正常状态常用指示灯常亮绿色展示。（＿＿＿＿）

5）区间电动蝶阀开启状态、消防泵组启动状态采用绿色指示灯显示。（＿＿＿＿）

6）综合监控工作站可以远程操作及复位全部自动化灭火系统末端设备。（＿＿＿＿）

7）对于消防给水系统的重要手动蝶阀、闸阀，除功能检查外，还应对机械部分定期涂抹润滑剂。（＿＿＿＿）

3. 自动化灭火系统设备应急故障处理

1）发生区间或车站爆管的应急处置主要处置为"＿＿＿＿＿、＿＿＿＿＿"。发生区间或车站消防爆管时，应以最快速度关闭事发车站或事发区间两端车站的＿＿＿＿＿。

2）区间消防爆管发生后，除重点关注车站消防水泵的异常启泵外，还应密切注意＿＿＿＿＿的运行状态和＿＿＿＿＿水位信息。发生车站消防爆管时，应密切注意车站＿＿＿＿＿和主废水坑水位信息。

3）在气瓶存放间查看释放状态是通过查看内容为＿＿＿＿＿及气体输送管道在＿＿＿＿＿，手背触摸后感知明显的低温差。

任务实施及评价

【任务实施】

认知准备：消火栓系统、喷淋系统、消防水炮系统及细水雾灭火系统泵房内设备、控制柜等实物，自动灭火系统设备检修作业流程，标准及应急故障处置方法介绍等。

【操作步骤】

_____号线区间设备（月度）巡检记录表					
巡检区间		巡检人员		巡检时间	年　月　日 时　分至　时　分
序号	巡检项目	巡检内容	巡检标准	检查结果	问题/故障描述
1	区间手报、消报	外设状况检查	外壳完整无裂痕，手报固定无松动现象，防水盒闭合且无损坏现象	☐	
			穿线钢管安装牢固且无腐蚀损坏，单段浮锈面积不超过该段管道表面积的10%	☐	
2	感温光纤	外设状况检查	固定钢绳无明显锈蚀现象，无断裂现象，固定支架安装牢固无松动	☐	
			光纤保护层无破损，过接触网光纤无明显下垂现象。多余光纤绑扎牢固	☐	
			感温光纤终端盒安装牢固、无松动	☐	
3	站台板下感温电缆	外设状况检查	感温电缆无破损，断裂	☐	
			终端盒、电缆安装牢靠，无松动、脱落现象。过接触网感温电缆无松脱	☐	
			过接触网感温电缆无明显下垂	☐	
4	过轨消防水管	外设状况检查	过轨水管牢固无松动，卡箍螺栓稳定	☐	
			过轨线管绝缘保护套完整、无损坏	☐	
			过轨水管无灼烧痕迹	☐	
5	FAS过轨线管	外设状况检查	线管稳固无松动，线卡无锈蚀现象，无掉落隐患	☐	
			线管绝缘保护套完整无损坏，无松动，无灼烧痕迹	☐	
6	电动蝶阀控制箱	外设状况检查	箱体锁扣正常，箱门锁闭	☐	
		设备检查	箱体内无进水，无积尘，接线牢固，导线无破皮，指示灯显示设备处于正常状态	☐	
7	消防水管接地线	外设状况检查	接地线接线牢固，无松脱	☐	
8	区间消防管道及阀门	外设状况检查	管道、阀门无漏水、锈蚀现象（单段锈蚀面积不得超过该段管道表面积的10%，螺栓未出现浮锈），无水泥块和混凝土等垃圾	☐	
			管道支架无脱漏现象或松动现象	☐	
			管道（含附件）正常、表面无水泥块和混凝土等垃圾	☐	
			消火栓栓头无杂物	☐	

【操作步骤】

(续)

序号	巡检项目	巡检内容	巡检标准	检查结果	问题/故障描述
8	区间消防管道及阀门	外设状况检查	所有管道、阀门、消火栓头无侵限安全隐患	☐	
			所有区间消防水管闸阀、手动蝶阀处于正常状态	☐	
		现场抽查	阀门开启灵活，无渗水	☐	
			消火栓水压正常（每个区间不少于2处）	☐	
			消火栓位置：　　　　　　　水压：		

问题/故障处理情况：

巡检人员（签名）：　　　　　　　　　　运营管理人员（签名）：
日期：　　　　　　　　　　　　　　　　日期：

注：1. 情况正常的，在对应"☐"内画"√"；存在问题或故障的，在对应"☐"内画"×"，并在"问题/故障描述"栏内填写相应内容；根据处理情况应及时在"问题/故障处理情况"栏内填写相应内容，若无问题/故障，则填写"本次巡检设备正常"。
　　2. 无此项设备，在对应"☐"内画"/"。

_____号线车站自动化灭火系统季检记录表

季检站点		季检人员		季检时间	年　月　日　时　分至　时　分		
序号	季检项目	季检内容	季检标准		检查结果	问题/故障描述	
1	气体灭火系统主机	主机外观检查	外观完好，无积尘、破损情况		☐		
		对时检查	气灭主机时间与IBP时钟一致		☐		
		主机显示屏查看	无故障、报警、隔离等异常信息显示		☐		
		主机状态指示灯检查	状态指示灯显示正常，与主机状态一致		☐		
		主机箱体检查	主机箱体内无积尘，无杂物，无冷凝水		☐		
		蓄电池检查	蓄电池外观正常，蓄电池表面无污垢；切断主电后，蓄电池正常供电工作		☐		
		控制/反馈信号检测	保护区设备动作正常，反馈信息正常		☐		
			气体灭火主机显示正常，复位功能正常		☐		

（续）

序号	季检项目	季检内容	季检标准	检查结果	问题/故障描述
2	远程紧急启动/停止装置	各保护区标示牌检查	各防护区标示标牌完好，无脱落，无字迹不清等	□	
		紧急启动/停止按钮	紧急启动/停止按钮置于正确位置	□	
		控制/反馈信号检测	保护区设备正常动作与反馈，复位功能正常	□	
3	气灭控制盘（又称QT盘，不少于总数量的25%，全年覆盖）	就地控制盘外观检查	外观完好，无积尘，无破损，无冷凝水现象	□	
		就地控制盘显示查看	无故障、报警、隔离等，时间与主机/IBP时钟一致	□	
		主机状态指示灯检查	状态指示灯显示正常，与当前主机状态一致	□	
		控制盘箱体内部检查	控制盘箱体内无积尘、杂物	□	
		蓄电池检查	蓄电池外观正常，蓄电池表面无灰尘污垢	□	
			切断主电后，蓄电池可正常供电	□	
		控制/反馈信号检测	保护区设备动作正常	□	
			气体灭火控制盘显示正常，复位功能正常	□	
4	气瓶间	气瓶间环境检查	环境无异常，标识正常，无积尘	□	
		启动气体储瓶及附属部件检查	气瓶外观正常，气瓶压力正常，标识正常，启动电路导线无松动脱落，纯铜管无松动脱落、无铜锈，铅封无异常	□	
		瓶组及附属部件检查	气瓶外观正常，压力表、标识、铅封无异常	□	
		瓶组压力检测	气瓶压力经测试后指标位于正常压力区间	□	
		管网及附属部件检查	选择阀置于关闭位置，管网及附属部件外观正常，标识正常，螺栓未出现浮锈	□	
5	标识标牌	保护区标识标牌	标识标牌完好，无脱落、字迹模糊	□	
6	电磁阀	外观检查及测试	电磁阀外观正常，输入有直流24V电压	□	
7	探测器	探测器外观检查	烟感/温感探测器外观完整、清洁	□	
		探测器功能性检测	烟感/温感探测器巡检、报警功能正常	□	
8	泄压阀	泄压阀外观检查	泄压阀外观正常	□	
9	模块箱	外观及内部卫生、接线检查	模块箱外观无损坏，标识完好，卫生良好，接线牢固，无松动	□	

(续)

序号	季检项目	季检内容	季检标准	检查结果	问题/故障描述
10	系统功能测试（抽测25%的气体灭火系统保护房间，全年覆盖）	保护区火灾模拟	报警信息正常	□	
			警铃、声光、气体释放灯动作正常	□	
			远程紧急启动/停止装置功能正常	□	
			保护区手/自动启动功能正常	□	
			防火阀动作正常	□	
			卸下的电磁阀启动机构动作正常	□	
			气体灭火系统主机显示信号及设备动作正常	□	
			FAS/ISCS显示信号及环控联动正常	□	
			相关反馈信号正常	□	
			系统复位正常	□	
			具体测试的气体灭火系统保护房间：		
11	消防水系统管网	外观及功能检查	管网支吊架牢固，管道无锈蚀。消防水泵接合器的接口及附件接口完好，无渗漏，端盖齐全	□	
			阀门开关灵活，阀杆螺纹清洁，增加润滑油，最不利点消火栓（试压消火栓）压力正常。不少于1次市政给水管网的压力和供水能力测试，记录试验数据	□	
12	消防水池、消防水箱	功能检查	浮球阀连杆安装牢固，无锈蚀，测试正常补水	□	
			手动补水阀开关1次，阀杆螺纹清洁，增加润滑油，补水阀为常开状态	□	
			电动蝶阀常开，控制柜为自动位	□	
			电动蝶阀控制柜手动开关1次	□	
			溢流管、泄水管排水通畅	□	
			消防水池、水箱的水质正常，水位正常，无漏水	□	
13	泵组	外观及功能检查	水泵底座连接螺栓安装稳固，无松动	□	
			气压罐外观良好，无缺损，无泄漏，压力正常	□	
			进行不少于1次的消防水泵的出流量和压力试验，记录试验数据	□	
		IBP、控制柜启停	IBP盘、控制柜手动操作启停消防泵，水泵正常启停，FAS收到相应报警、反馈信息	□	

（续）

序号	季检项目	季检内容	季检标准	检查结果	问题/故障描述
14	消防控制柜、巡检柜	外观检查	柜内无积尘、冷凝水、打火现象，1次、2次回路接线牢固、无脱落	□	
			PLC指示灯正常，水位参数核对与给定值一致	□	
15	区间电动蝶阀	外观检查	就地控制箱内无积尘、冷凝水，接线无松脱，接线图齐全	□	
			清洁阀杆螺纹，增加润滑油	□	
		手动开关测试	手动开关阀体开关正常，无卡阻，就地控制箱、IBP盘指示灯正常，状态一致	□	
		控制箱开关测试	就地控制箱开关阀正常开关，指示灯正常	□	
		远程开关阀功能测试	IBP远程开关阀正常开关，现场状态与IBP一致，指示灯正常	□	
16	自动喷水灭火系统	湿式报警阀放水测试	水力警铃、压力开关正常动作，水泵正常启动，各部件阀门操作灵活、无卡阻，管道连接处无渗漏	□	
		外观检查	水泵底座连接螺栓安装稳固，无松动	□	
		末端试水功能测试	打开末端试水装置，记录编号、压力表读数	□	
			水流指示器，综合监控动作反馈正常	□	
			湿式报警阀组，综合监控动作反馈正常	□	
			现场警铃动作，正常报警	□	
			正常启泵，从开阀到启泵时间少于5min	□	
17	消防水炮	主机检查	消防水炮主机（操作台）外表无损坏，无异物遮挡或阻挡，显示屏能正常显示，程序可正常启动	□	
			主机时间与IBP时钟一致	□	
		就地控制盘	外表无损坏，无异物遮挡或阻挡，显示屏能正常显示，输入密码可正常进入程序	□	
			就地控制盘的时间、水炮主机时间与IBP时钟一致	□	
			处于自动位置，各类指示灯显示正常	□	
			就地控制盘对电机操作控制功能正常	□	
			消防水炮遥控测试正常，能上下、左右正常摆动，无卡滞，跟随操作指令正常转动与停止；炮体与定位装置安装稳固，转动时无松脱、掉落等现象	□	测试编号：

(续)

序号	季检项目	季检内容	季检标准	检查结果	问题/故障描述
17	消防水炮	消防水炮主体	消防炮体各连接部位无泄露，密封件完好	□	
			通过就地控制盘控制炮体旋转，调整喷射角度，炮体旋转灵活，无卡顿，喷射角度能达到应有范围	□	
			炮体水平旋转机构、垂直旋转机构机械传动部位为齿轮传动，定期清除齿轮咬合部位的灰尘、杂物	□	
		消防水炮电磁阀	电磁阀外观无锈蚀，开、闭正常	□	
			关闭检修阀，启、闭电动阀，反馈信号正常	□	
		消防水炮检修阀	水炮检修阀外观无锈蚀，开、闭正常	□	
			水流指示器显示和反馈正常	□	
18	消防泵房	外观检查	泵房门、锁、墙、天花板完好，房间无冷凝水	□	
			属地其他设备（双电源切换箱、照明灯、疏散指示灯、离壁沟等）状态正常	□	
			设备房和柜体通风口无积尘；清洁用具和工器具摆放整齐，地面卫生状况良好	□	

问题/故障处理情况：

季检人员（签名）： 　　　　　　　　　　　运营管理人员（签名）：
日期： 　　　　　　　　　　　　　　　　　日期：

注：1. 情况正常的，在对应"□"内画"√"；存在问题或故障的，在对应"□"内画"×"，并在"问题/故障描述"栏内填写相应内容；根据处理情况应及时在"问题/故障处理情况"栏内填写相应内容，若无问题/故障，则填写"本次季检设备正常，位点信息正确，联动功能正常"。
2. 无此项设备，在对应"□"内画"/"。

【任务评价】

【课证融通考评单】自动化灭火系统检修与应急故障处置			日期：			
姓名：		班级：		学号：		教师签名：
自评：□熟练　□不熟练		互评：□熟练　□不熟练		师评：□合格　□不合格		
日期：		日期：		日期：		
自动化灭火系统检修与应急故障处置【评分细则】						
序号	评分项	得分条件		分值	自评	互评	师评
1	接受任务	明确工作任务，理解任务在企业工作中的重要程度		5			
2	前置知识	本次实训前需要掌握的知识		5			
3	能力评价	1）能正确说出自动化灭火系统检修作业周期、作业内容		5			
		2）能正确说出自动化灭火系统作业风险源管控及安全防护措施		10			
		3）熟悉各自动化灭火系统的计划检修全流程作业内容及注意事项		10			
		4）能结合车站自动化灭火系统计划检修任务，组织进行车站的自动化灭火系统设备检测与保养		20			
		5）能根据自动化灭火系统的应急处置流程，熟练进行重要设备的应急处置操作		15			
4	素养评价	1）工作计划性强，安排得当		4			
		2）团队合作能力强，善于沟通合作		4			
		3）自主学习能力强，勇于克服困难		4			
		4）严谨认真，积极参与课堂		4			
		5）演示文稿制作精美、汇报演讲能力强		4			
5	评价反馈	1）学生能快速、正确地识别图片中的设备，以小组评价方式组织客观评价		5			
		2）对学生在任务实施过程中发现的问题，进行小组审议后及时反馈		5			
		总分		100			

视野拓展

安全重于泰山

成都地铁成立了质量安全部，以确保地铁建设、安装、运行期间的安全。在地铁车站，设置空气采样探测系统、防毒面具、排爆工具等设备，为乘客提供火灾等紧急情况下所需的防护用品等。

乘客可以在成都地铁上见到许多特殊的安全装置。成都地铁采用一整套先进的安防系统，包括车辆安防系统、早期空气采样探测系统、爆炸物探测仪、排爆工具等。在火灾等紧急情况下，乘客将获得保障安全的防护用品。同时，在地铁的车载电视以及电视、广播、新闻、报纸上也反复介绍乘坐地铁的安全常识、教授逃生方法并发放安全手册，以增强乘客的安全意识。地铁车站、列车上都配备了安全锤等用具。保障市民安全出行，是地铁人不懈的追求。

模块六

城市轨道交通智慧消防系统

任务　城市轨道交通智慧消防系统认知

任务目标

知识目标：
1. 掌握常规消防系统与智慧消防系统的差异。
2. 掌握智慧消防系统的组成架构和常用功能。
3. 掌握智慧消防系统各模块的功能。

能力目标：
1. 能熟练完成智慧消防系统的操作。
2. 当智慧消防系统出现异常情况时，能迅速进行应急处置。

素养目标：
1. 培养学以致用的实践能力。
2. 培养勤学好问的优秀品质。

任务导入

某城市轨道交通线路主要换乘站的站厅因乘客携带充电宝冒烟触发 FAS 烟雾探测器，引发车站消防联动。OOC 值班人员按照智慧消防系统指引启动应急处置程序，顺序执行应急处置流程，批次调度车站人员、消防维保人员应急处置，根据智慧消防系统内显示的技术熟练专业人员候选名单，按照就近原则呼叫支援和远程指挥；按照智慧消防系统内置的处置程序应急信息表，立即向消防专业各岗位人员推送到场后的应急处置工作岗位内容，确保现场人员到达车站后快速将设备复位，包含：恢复车站的非消防电源，开启车站正常照明等，保障高峰时段运营持续进行。车站火灾联动命令下发示意图如图 6-1 所示。

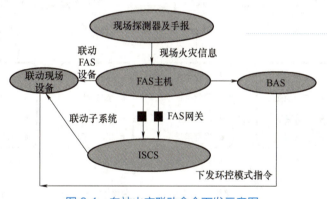

图 6-1　车站火灾联动命令下发示意图

知识课堂

一、智慧消防系统的组成

智慧消防系统以子系统模式融入 ISCS，在 ISCS 中以页面形式显示告警信息，将消防系统设备的重点告警信息集中显示在 ISCS 的集中告警页面中，主要显示车站消防联动设备状态、消防联动控制设备状态一键取消与执行、区间管道流量监控与爆管监控、消防专业人员定位信息（与智慧调度系统定位结合）等。紧急情况下切换至智慧消防系统全屏显示，综合展示消防系统信息。智慧消防系统全屏显示如图 6-2 所示。

二、智慧消防系统的特点

1. 破除信息孤岛效应，将信息有效整合发布

消防设备监控及告警是由 FAS 主机完成，并通过其网关设备以通信协议方式上传至 ISCS

上的。智慧消防系统应综合运用物联网、云计算、大数据、移动互联网等新兴信息技术将多源信息有效融合，辅助维保人员完成日常安全管理到应急数字预案管理，通过完善的巡检、检查、监管制度建立全方位的防范处置体系，将可能发生的消防安全风险降到最低并提高城市轨道交通的消防应急管理智能化水平，如图6-3所示。

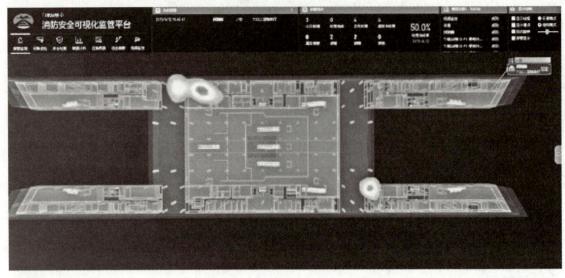

图6-2 智慧消防系统全屏显示

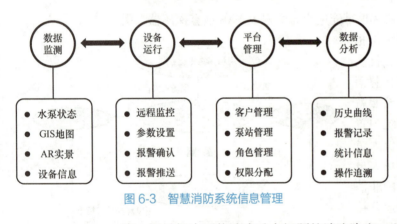

图6-3 智慧消防系统信息管理

2. 实现消防设备全生命周期管理

建立消防设备全生命周期管理（见图6-4）三维实景模型，将消防类信息整合与分类后，实现消防设备全生命周期管理，保证消防设施档案资料时刻处于更新的状态，为消防设备统计分析、台账、巡检、维保提供准确的数据信息。支持不同终端随时查询设备档案资料以及设备维修、巡检记录，实现账、物一致，达到台账、巡检、维保数据信息准确，能综合运用设备现场反馈数据提前预判消防专业设备故障，提早解决可能造成重大问题的消防隐患，避免给运营造成严重影响。

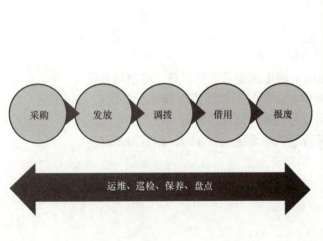

图6-4 消防设备全生命周期管理

3. 消防工作有序自动化开展

将消防设备以及外围设备设施纳入日常检查，具体到每个设备，确保所有设备按时、按标准落实日常检查；针对非设备类管理规范的检查和登记，定制规范模板，自动下发任务；检查内容可以进行计分，形成量化考核，以实现安全检查、标准化规定检查等；发现问题，联动隐患问题解决流程，隐患归零，自动生成检查记录、台账，共享查询监督。换言之，实现工作痕迹电子化，达到技防手段与人防措施的有效结合。

三、智慧消防系统的功能

智慧消防系统是根据线路的具体设备情况、巡检计划检修及维保台账资料等定制开发而成的，能掌控城市轨道交通消防专业全流程相关的人、机、物，提高消防专业设备维保效率。

1. 设备故障和隐患预判

通过对线路车站消防事件的监测数据、日常巡检数据、消防设备运维保养数据的智能分析，对车站的消防安全工作做出全面评估。根据评估结果显示当前消防安全态势，结合历史趋势进行预判。例如依据车站的巡查人员巡检时间，监管站内是否有动火施工计划或者高危设备维修等自动判断火警隐患区域；根据高危阶段的设备更换时间区段，在智慧消防系统中重点提示。智慧消防评估原理如图 6-5 所示。

2. 实时信息更新和监督

对 FAS 末端设备的状态监控，实现消防泵组、各信号阀门、联动控制系统设备（如消防风机、应急电源、防火卷帘门、非消防电源及疏散指示等）的受控状态监控；出现故障时，通过在线监测系统掌握实时运行状态，总体判断故障大小及处置时间。结合权限管理模式，查看巡检任务完成情况、及时提醒严重隐患和故障、实时掌控消防系统安全态势。工作站过程监控页面与手持终端过程监控页面如图 6-6 所示。

图 6-5 智慧消防评估原理

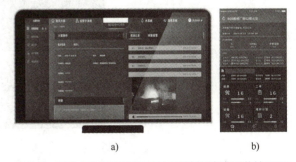

图 6-6 工作站过程监控页面与手持终端过程监控页面
a）工作站过程监控页面 b）手持终端过程监控页面

例如，根据故障属性定人、定岗、定时间节点完成，处置程序规范化，依规顺次推进，结果附带证明材料等方式强化；当出现处置延期时，自动生成告警措施，再将故障处置过程自动关联量化考核指标；达到虚假信息过滤和监督手段强化，全面推进隐患及时处理。

3. 巡检与检修全流程监管

对车站的消防设备设施进行唯一性身份标识管理，在保证了消防设备身份的唯一基础上，生成单站标准化巡检路线、规范化作业流程等手段，实现对设备档案查询、巡检任务扫描触发、故障快速申报、保养检修对象关系等业务现场处理关联，确保现场数据采集的真实性，实现"技防发现问题，人防解决问题"。霍尼韦尔的智慧消防解决方案如图 6-7 所示。

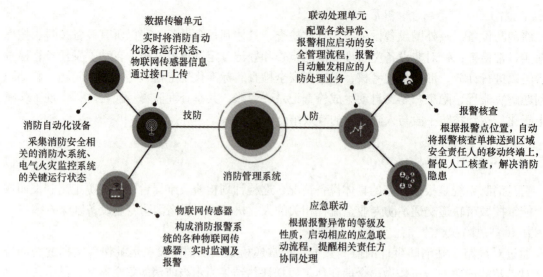

图 6-7　霍尼韦尔的智慧消防解决方案

4. 智慧消防系统监控

（1）**消防安全态势评估预测**　将原分布于不同辅助生成软件系统的数据进行集中提取汇总，并有效过滤后形成专业的消防安全态势评估预测，如当前消防安全形势分析、运行状态统计、计划检修统计、故障率统计分析及维修趋势生成、备品备件及耗材的实时计量统计、消防隐患整改跟踪与闭环、委外维保单位人员台账实时掌控等。以一张图展示，能及时发现问题、处理问题、反馈问题，便于预测性指导维护工作。消防安全监管图页面如图 6-8 所示。

图 6-8　消防安全监管图页面

（2）**消防管压实时监测**　通过在消防管网上安装流量开关，实时监控流量状态，可掌握室外消火栓埋地管网是否渗漏、区间消防水流流向等。爆管的提前预警：通过监控爆管后的管网流量，如流量值大于设计值时，报警信号传送至智慧消防系统，触发车站消防报警功能，并上传至综合监控界面，确认后按照爆管应急处置流程处理，避免事件影响范围扩大。

（3）**消防联动设备的状态监控、一键执行与取消**　车站发生消防联动时，FAS 末端设备与联动控制设备的动作状态反馈信息共享尤为重要。充分利用 FAS 将受控的设备信息通过网关上传，利用系统实时信息同步显示，将受控设备信息集中显示在联动监视图页面，便于集中查看设备，如图 6-9 所示。火灾联动后的综合监控系统联动执行页面如图 6-10 所示。通过在综合监控系统增加的联动执行控制页面，可使站务人员在非正常联动后，能利用一键取消按钮快速取消联动；或在联动执行失败后点击一键执行按钮使设备转入应急模式。综合监控系统联动执行页面如图 6-11 所示。

车站消防联动监视页面

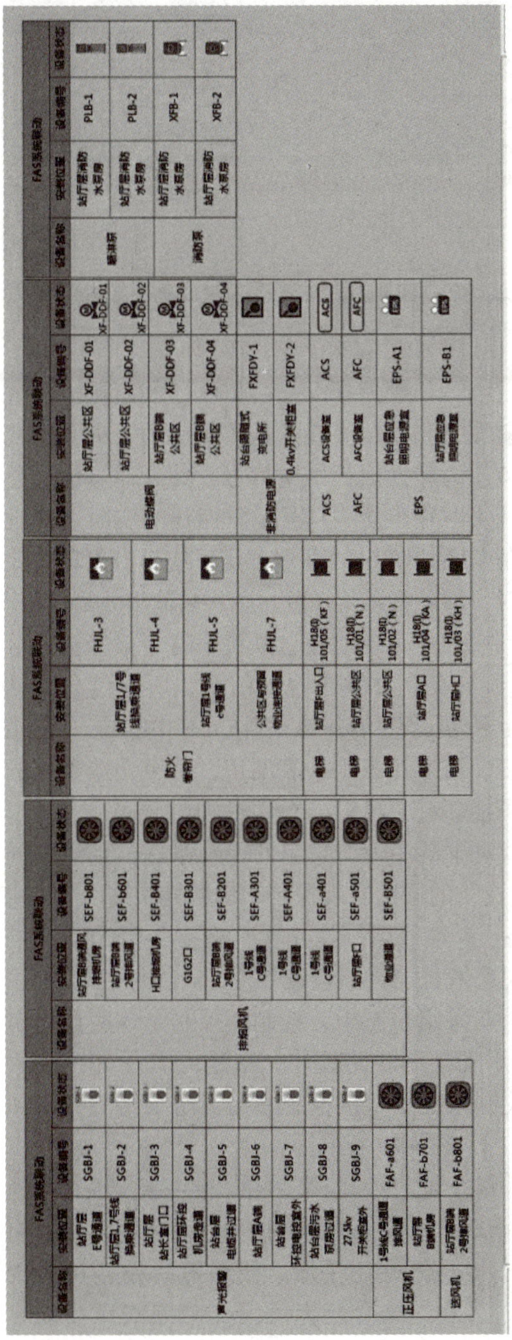

图 6-9 车站设备联动监视图

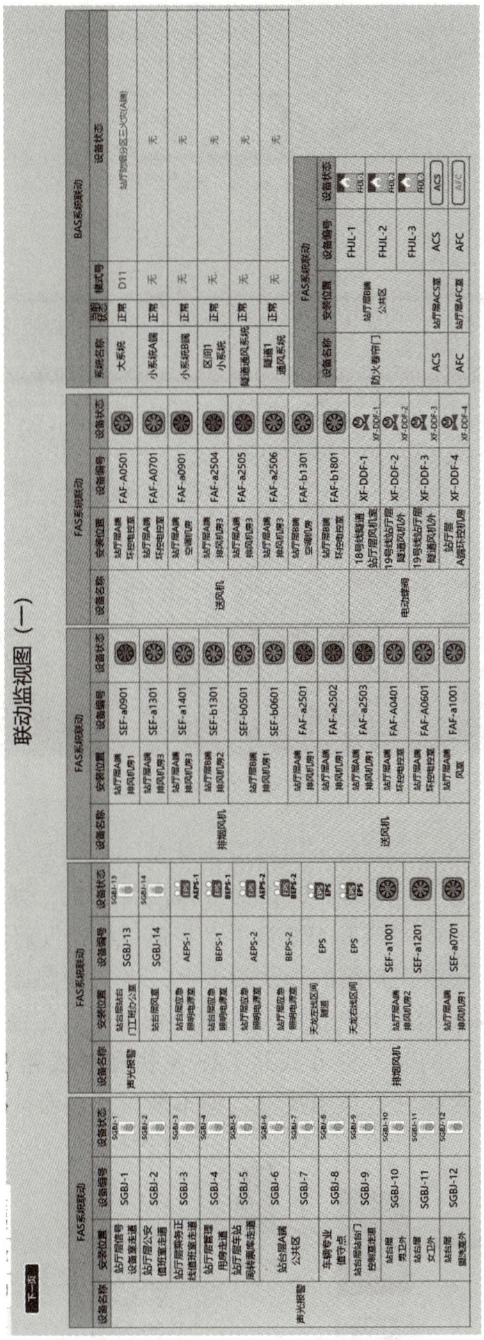

图 6-10 火灾联动后的综合监控系统联动执行页面

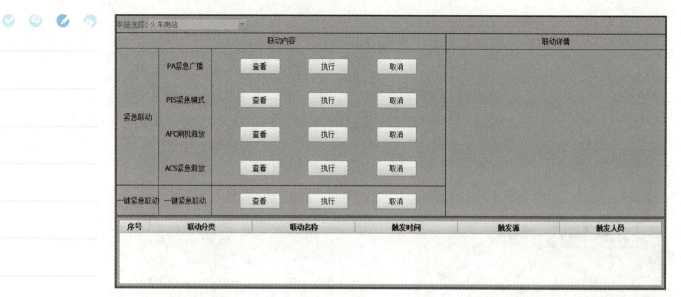

图 6-11 综合监控系统联动执行页面

图 6-12 气瓶压力实时监测设备全图

（4）气瓶压力实时监测 气瓶压力实时监测是利用压力变送器将气瓶内灭火介质气体压力转换成标准电信号，然后通过信号总线实时输出压力信号，气瓶压力实时监测设备全图如图 6-12 所示。当系统自身出现故障时，故障指示灯（黄）亮，并输出故障信号。当瓶内压力变化超过预设值时，报警指示灯（红）亮，并输出报警信号。所有信息自动上传至智慧消防系统中，并生成电子记录表，可避免人工抄表漏记，甚至伪造数据的可能。

（5）换乘站不同控制系统共用消防泵组控制 对于共用消防泵组的换乘车站，泵组需同时接受不同线路 FAS 的命令，按照"谁启动、谁负责"的原则实现控制。例如换乘站 A、B 线路的 FAS 主机和 IBP 盘手动控制线路（仅启泵线路，反馈线路排除），经"互锁"环节后共同接入泵组控制箱的接线端子上，当 A 线路区域出现火情且消火栓按钮作用时，A 线路 FAS 主机或 A 线路 IBP 盘手动控制按钮发出启泵命令至消防泵组控制柜，控制柜控制泵体实现启泵动作；同时，将 B 线路 FAS 主机和 B 线路 IBP 盘手动控制线路锁住，由此可实现 B 线路人员正常观测到泵组反馈，但不能贸然停泵。不同控制系统下直接控制共用消防泵组的控制如图 6-13 所示。

（6）消防维保关键流程评分 消防系统将线路使用的产品信息，厂家出具的使用手册、线路消防设备检修规程，结合已完成图文对照式作业指导书、消防专业抢险流程卡片，在固化巡检路径与作业规范化的基础上，将消防维保关键流程细化制定对应评分，并对评分做出数据评价，既用于对巡检人员工作完成度判断，又对维修人员的及时性和维修情况判断，以 KPI 方式评判线

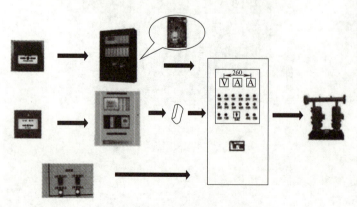

图 6-13 不同控制系统下直接控制共用消防泵组的控制

路所用消防产品质量。

（7）设备巡检与应急处置可视化　专业人员梳理了消防应急事件关键信息卡控点，包括车站\区间消防爆管、车站气体灭火系统误喷与车站消防系统误联动处置。每一项内容均将关键点信息固化，有效指导现场事件处置。应急事件发生后，各级处置人员将获取图文式应急处置指南，减少抢险决策耗费时间，降低抢险人员要求的技术难度。设备巡检与应急处置可视化示意图如图6-14所示。

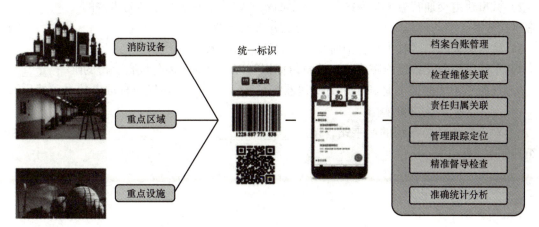

图6-14　设备巡检与应急处置可视化示意图

四、智慧消防系统故障应急处置措施

当智慧消防系统出现故障无法实现系统功能时，当班人员需按照以下流程进行应急处置。

1. 故障判断

因为智慧消防系统大部分功能以综合监控系统和各生产辅助系统提供的数据为基础，所以除本系统软硬件故障造成消防系统瘫痪以外，故障原因多为系统传输网络、子系统设备或应用软件故障等。

当出现故障时，可通过智慧消防系统界面的图标显示状态和颜色初步判断各接入子系统的故障点位置。若全部程序功能无法使用，无法进入功能界面、多项数据调取失败、命令下发失败，但通过综合监控系统能下发成功，则故障点在智慧消防系统处；若部分功能无法使用，例如单设备或单子系统离线、设备参数显示错误等，则故障点在接入该系统的下位子系统处。

2. 应急处置

当全部功能无法使用时，应立即回归传统消防运行模式，如果无法使用系统生成的巡检路线，则安排维保人员自主安排巡检路线，手动记录巡检结果。若智慧消防系统工作站显示状态异常，则通过综合监控界面、FAS主机显示预判故障，联系维修人员，同时督促使用人员采用加大巡检频次等方式确保系统安全。

3. 后续措施

按照智慧消防系统使用维修手册的说明，依次对智慧消防系统各进程重启、卡滞的终端软件或应用服务器重启，检查系统网络通信状态，检查末端设备通信状态，重新录入巡检数据，及时更新系统所需资料。

> 课堂思考
>
> 请概括城市轨道交通传统消防系统与智慧消防系统的差异。

课后知识回顾

城市轨道交通智慧消防系统认知	课后知识回顾	班级： 姓名：

1）智慧消防系统以_____融入 ISCS，在 ISCS 中以_____显示告警信息。
2）城市轨道交通智慧消防系统的车站全面安全评估是基于车站消防事件的_____、日常巡检数据、消防设备_____的智能分析做出的。
3）站内动火施工区属于智慧消防系统中火警隐患区域_____。
4）车站对消防设备设施实施唯一性身份标识管理，保证了消防设备身份的唯一_____。
5）气瓶压力实时监测是利用压力变送器将_____转换成标准电信号，然后通过_____信号总线实时输出。
6）对于共用消防泵组的换乘站，按照_____、_____的原则实现消防泵组控制。

任务实施及评价

【任务实施】
认知准备：智慧消防模拟软件、智慧消防应用视频、展示用计算机等。
【操作步骤】

序号	图片	说明
1	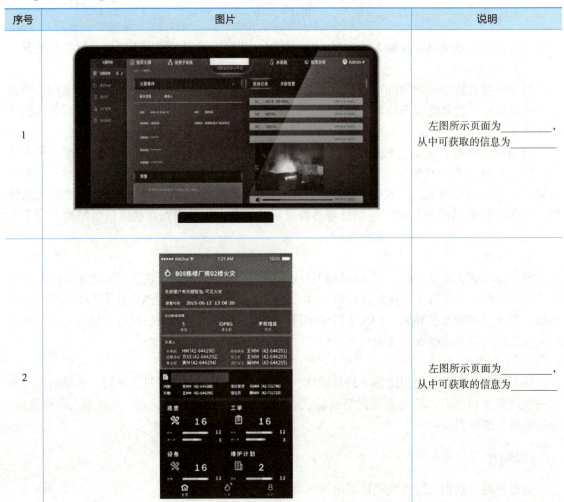	左图所示页面为_____，从中可获取的信息为_____
2		左图所示页面为_____，从中可获取的信息为_____

（续）

序号	图片	说明
3	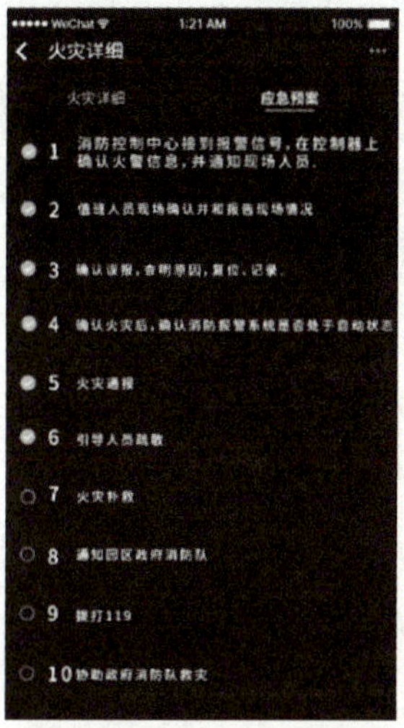	左图所示页面为_____，从中可获取的信息为_____
4		左图所示设备的功能是_____，与传统设备的差异为_____
5	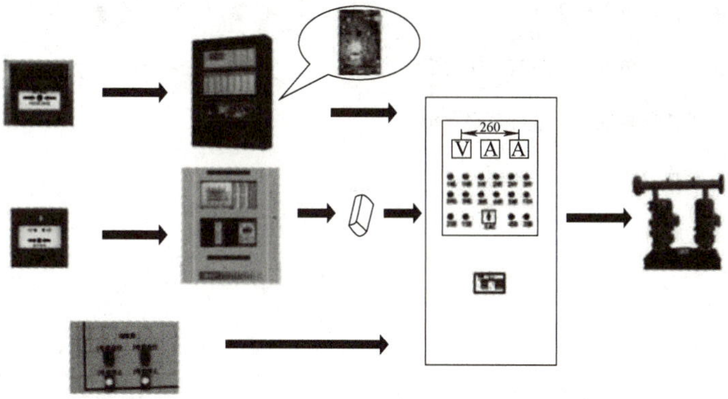	左图所示是换乘站共用消防泵组的控制示意图，其工作原理为_____，当A线发生火灾启泵后，B线只能_____，而不能_____
6	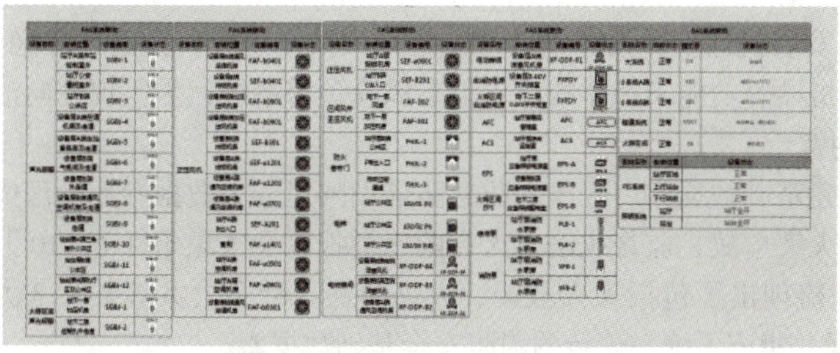	左图所示页面为_____，从中可获取车站设备反馈状态信息

【任务评价】

【课证融通考评单】城市轨道交通智慧消防系统认知		日期：	
姓名：	班级：	学号：	教师签名：
自评：□熟练 □不熟练	互评：□熟练 □不熟练	师评：□合格 □不合格	
日期：	日期：	日期：	

城市轨道交通智慧消防系统认知【评分细则】

序号	评分项	得分条件	分值	自评	互评	师评
1	接受任务	明确工作任务，理解任务在企业工作中的重要程度	5			
2	前置知识	本次实训前需要掌握的知识	5			
3	能力评价	1）能正确说出车站的常规消防的全部工作内容	7			
		2）能正确说出车站的消防系统计划性维修维护与应急处置内容	8			
		3）能正确说出智慧消防系统与ISCS的关系及信息传输流程	10			
		4）能正确说出智慧消防系统的重要监控功能	15			
		5）能正确使用消防联动设备的状态监控、一键执行与取消功能	5			
		6）能正确阐述换乘站不同控制系统共用消防泵组的控制功能和控制原理	15			
4	素养评价	1）工作计划性强，安排得当	4			
		2）团队合作能力强，善于沟通合作	4			
		3）自主学习能力强，勇于克服困难	4			
		4）严谨认真，积极参与课堂	4			
		5）演示文稿制作精美、汇报演讲能力强	4			
5	评价反馈	1）能对完成任务表现情况进行客观评价	5			
		2）在任务实施过程中能发现问题	5			
		总分	100			

视野拓展

智慧消防：基于大数据分析的火灾动态风险预警系统

在"智慧城市"建设的发展机遇下，天津消防总队运用大数据思维，搭建了集隐患分析、风险预警、部署预判、干预指导等功能于一体的火灾动态风险预警系统，为实现靶向治理、精准防控提供了强大的科技支撑。

整理汇总历史数据，搭建基础数据库。天津消防总队借助阿里云大数据专业治理优势，对天津市近5年来的接处警、火灾事故、监督执法、火灾隐患举报以及气象条件等110万条历史数据进行标准化层级整理，梳理出了包括灭火救援、火灾防控、社会公共等共计3大类、15个小项的40余万条有效数据，建成了统一规范的消防安全基础数据库。

对照分析基础数据，挖掘要素规律。将消防安全基础数据库中的接处警数据和相应的气象条件数据进行逐一对照分析，总结挖掘出了基本规律，作为火灾动态风险预警模型分析运算的"基础层"，并将火灾事故发生场所、发生时间、报警人、警情描述等与接处警相关的各类延伸数据，分别与气温、风力、湿度、节气等与气象条件相关的各类延伸数据进行综合对照分析，充实"基础层"。

多维采集实时数据，发布预警预报。将接处警平台、监督执法平台等内部系统以及高德地图等外部系统，与火灾动态风险预警模型进行无缝对接，搭建了实时数据采集的"高速公路"。

天津消防总队着力在促进新型信息技术与预警平台深度融合上下功夫，在拓宽数据采集和系统应用渠道上做文章，加温、加压、加速，奋力开创"智慧消防"，建设新篇章。

参考文献

[1] 刘乙橙,杨韬.城市轨道交通智慧运维[M].北京:人民交通出版社股份有限公司,2023.
[2] 陈舒萍.城市轨道交通车站空调与通风系统[M].成都:西南交通大学出版社,2018.
[3] 刘海娥.城市轨道交通通风与空调系统[M].成都:西南交通大学出版社,2020.
[4] 徐胜南,李桃.城市轨道交通环控系统维护与检修[M].北京:人民交通出版社股份有限公司,2020.
[5] 王青林.城市轨道交通环境控制与消防系统运行维护[M].北京:人民交通出版社股份有限公司,2023.
[6] 齐晓华,杨辉.城市轨道交通FAS及气灭系统[M].成都:西南交通大学出版社,2021.
[7] 张杨,李助军.城市轨道交通车站消防与给排水系统维护(智媒体版)[M].成都:西南交通大学出版社,2021.
[8] 颜月霞.城市轨道交通综合监控系统[M].2版.北京:人民交通出版社股份有限公司,2021.